中公文庫

パリの日本人

鹿島　茂

中央公論新社

パリの日本人　目次

挿画・岸リューリ

パリの日本人

まえがき

徳川二百五十年の鎖国によって生じた「遅れ」を一気に取り戻すべく「進歩」に向かって突っ走り始めた近代日本において、欧米への留学は日本を欧米先進国並の「一等国」へと飛躍させるジャンピング・ボードと見なされた。

留学へのこうした考えは、今日では、ある意味、常識と化しているし、発展途上国はどこも、このような見地から、先進国へ国費で留学生を送り出している。

だが、日本が開国を余儀なくされた十九世紀半ばには、この手の国家的支援による留学というのは、世界的レベルで見れば、「常識」どころか「非常識」であった。

そのことは、日本より一足先に開国を迫られた中国（清）の対応を見れば、よくわかる。中国は、近代化には、知識と人ではなく、近代的なモノ（とりわけ武器）を輸入すればそれで足りると考え、留学生の派遣には消極的で、お雇い外国人の導入にさえ積極的にならなかった。中国が留学生の重要性に気づくのは、日清戦争で敗北し、日本の急速な近代化の動因が留学にあると悟ってからのことである。

以後、中国は、日本とアメリカに大量の留学生を送り出して、今度は、その留学生（たとえば、日本の陸軍士官学校に留学した国民政府主席・蔣介石、およびアメリカに留学したパリ講和会議の中国全権代表・顧維鈞《こいきん》）の学んできた軍事知識と英語力により、日本に一泡吹かせることになるのである。

このように、少なくとも実用レベルでの後進性を運命づけられた日本にとって、留学というのは、避けることのできない通過儀礼と見なされたわけだが、世界史的に見て興味深いのは、日本がいわゆる宗主国というものを持たずに済んだことである。日本が、留学生の送り出し先として、英・米・仏・独・露・蘭など、非常にヴァラエティに富んだ選択を行いえたのは、そのためである。

これは、日本の近代化を論ずるさい一般に思われているよりもはるかに重要なことと言わざるをえない。アジア・アフリカ・中南米などの国々が、宗主国の存在によって、留学生の送り出し先を自動的に決定され、その結果、文化的影響の方向性もおのずから決められてしまったことと比べると、大きな意味を持ってくる。

たとえば、ヴェトナム、ラオス、カンボジアはフランス、インド、ミャンマーはイギリス、インドネシアはオランダというように、宗主国の影響は言語に始まって法制、経済、インフラ、文化、食生活などありとあらゆる方面に及んでいるが、そこでは、宗主国への留学から帰国した留学生によってもたらされた要因が少なからぬ比重を占めている。

この意味で、近代日本の経験した留学というのはかなり特殊なものであり、留学先のヴァラエティが、近代日本のハイブリッド性を決定したともいえるわけである。

したがって、日本の近代の研究においては、それぞれの分野における先駆的留学生の留学先がどこの国であったかをまず問うてみなければならないが、しかし、その反対のベクトルでの研究、つまり、イギリスならイギリス、フランスならフランス、ドイツならドイツというように、明治・大正・昭和における日本人留学生の留学先をいったん国別に分けておいて、その国の影響が留学生を通じてどのように日本人に現れたかを問うてみる研究もおもしろいのではないだろうか？

具体的な例を挙げるなら、陸軍大学校・海軍大学校卒業生の留学先が、日本の軍事的政策や思考法に与えた影響、たとえば、アメリカへの留学生の少なさが対米研究の貧弱さを招いたのではないかといった研究がなされるべきではないだろうか？

では、この方向性で、フランス屋である私になにができるかと問うてみると、それは、幕末から昭和にかけてフランスに留学した日本人留学生がフランスから持ち帰ったものは何かというテーマ以外にはないということになるが、しかし、これはいうまでもなく、手付かずの分野ではない。それどころか、高橋邦太郎氏や河盛好蔵氏それに清岡卓行氏などの先駆者が立派な業績を残されている。

とはいえ、それらの日仏文化交流的な研究は、永井荷風や島崎藤村、金子光晴や藤田嗣治などに多くのページが割かれているのみで、文学や美術以外は、思いのほか手薄であるといわざるをえない。

先の軍人の留学の例でいえば、大山巌あたりに端を発する、親仏派軍人の系譜などに関する研究が真剣になされている話はあまり聞かない。

また、今日、フランスというと、日本ではファッション、グルメの国というイメージが強いが、この方面でのフランス留学の研究がなされたという痕跡も少ない。

つまり、日本人のフランス留学というテーマにおいては、探査すべき未踏の地はまだまだ残っているということになるのである。

というわけで、本書は文学と美術以外の分野でフランスに留学（遊学）した、日本人の足跡をたどることを目標とするが、その焦点は、一つの例外（稲畑勝太郎）を除いて、パリに絞ることにする。パリこそは、異邦人にある種の特権的な覚醒を呼びおこさずにはいられない都市だからである。

明治の元勲・西園寺公望

いまから二十五年ほど前、南仏はモンペリエに語学研修に出かけ三カ月ほど滞在していたときのこと。土曜日に、同じ学生寮にいた日本人の友人と誘い合わせて早朝のマルシェに出かけたところ、輪切りになったマグロが売られていた。見れば、中トロがたくさんついた部分である。両手広げて丸めたくらいの大きさで厚さ一〇センチの輪切り一つが七百円くらい。

「これはすごい。今日は、日本人みんなを集めて、中トロ食い放題のパーティーだ」と、思わず買ってしまったはいいが、よく考えたら醤油がない。いかに脂の乗ったトロとはいえ、醤油なしで刺身を食べるというのは、「味気ない」どころの騒ぎではない。

そこで、八方手を尽くして探したが、モンペリエではどこにも日本製の醤油など売っていないのであった。いまでこそ、サシミやスシはフランス人にも親しまれ、醤油は大手スーパーなら必ず置いてあるし、大都市には回転ズシの店もある（ただし、中国系）が、二十五年も前に、それもモンペリエでは、だれも醤油など見たこともなかったのだ。

「しかたない、ベトナム醤油（ニュクマム）で我慢するか」ということになったが、その時、ふと自然食品の店を覗いてみることを思いついた。なんと、棚の高いところにキッコーマンの卓上瓶が一つだけ置いてあった。

いや、これほどうれしかったことはない。醤油をかけた中トロの味もまた格別であった。改めて、日本人は、醤油を糧として生きる生物であることを確認した次第である。以後、フランス人もトロは日本人に高く売れると気づいたらしく、こんなオイシイ体験をすることはなかった。

先日、明治の元勲、西園寺公望《さいおんじきんもち》の回想録『陶庵随筆《とうあんずいひつ》』（中公文庫）を読んでいたら、これとほとんど同じ経験が語られていた。

「明治の初め、始めて巴里に遊学したるころ、万里の故郷を恋想せるは、日本料理の得がたきに始まる。一日邦人相会して日本料理を手製したりしが、野菜、魚肉は略ぼ調ひたるも日本料理の眼目たる、醬油の得がたきに窮し手を分ちて、市中を捜して、漸くリウドラペーといえる所の商店にて、白瓶に盛りたる醬油を発見したり。当時同人の悦は趙壁を得たるに同じ。日本人、相伝唱して之を得んことを競ひ、遂に一瓶二合入の価三円余に達したりき」

西園寺公望がフランス留学に出発したのは明治三年（一八七〇）の十二月三日、帰国は明治十三年（一八八〇）だから、ほぼ十年に亘る留学である。ゆえに、この「醬油発見譚」が正確には一八七〇年代のいつ頃のことかは同定できないが、いずれにしろ、この時代に、オペラ座前の目抜き通りリュ・ド・ラ・ペではもう日本製の醬油を売っていたというのは驚きである。

西園寺公望によると、この醬油は、鎖国の時代から引き続いてオランダ人が長崎で仕入れ、パリに卸していたものだという。

醤油ばかりか日本酒もオランダ人の手によって輸入されていたらしく、西園寺が徳川昭武から直接聞いたところでは、将軍の名代として昭武が慶応三年のパリ万国博覧会でナポレオン三世に謁見したさい、皇帝は「各邦人に対し卓上一瓶ずつの保命酒を供したり」という。

このエピソード一つをとってもわかるように、西園寺公望は、ファースト・インカウンターとしてのパリ体験の系譜を調べるのにまたとない貴重な回想録を残しており、「パリの日本人」の一番手として御登場願うには、最適任人物といえる。

以下、明治・大正・昭和の三代に亘って親仏派の大物として知られたこの元勲の足跡を追いながら、今から百三十年以上も前の日本人の目に映ったパリを再現してみよう。


この時代、日本からフランスに行くには、フランスの郵便船でインド洋を渡り、スエズ運河を通った後、地中海に出てマルセイユに着くか、さもなければ、アメリカの西海岸まで太平洋を横切り、大陸横断鉄道でニューヨークまで行って、そこから大西洋航路の船に乗るかのいずれかだった。

西園寺公望が明治政府からフランス留学を命じられた明治三年十一月十二日には、まだ普仏戦争の講和はなっておらず、フランス郵船の運行も不定期だったので、東回りの航路がより確実な選択といえた。事実、西園寺も、アメリカの郵便船グレート・リパブリック号に乗り、単身、太平洋を渡ることになる。

西園寺公望は、明治政府の右大臣となった尊攘派の公家徳大寺公純《きんいと》の次男として嘉永二年（一八四九）に生まれ、幼い頃に右中将西園寺師季の養子となって孝明天皇に仕えた。戊辰戦争では山陰道鎮撫総督、越後国大参謀として転戦した後、新政府では新潟府知事に任命されたが、すぐにこれを辞去、東大の前身である開成学校に入って仏学を志す。この軍事から仏学への転向は、師事した大村益次郎のサジェスチョンに拠るものだったと西園寺自身が語っている。

「大村益次郎とは親しく交わり、むしろ師事して軍事の教えを受けました。洋行するつもりを大村に話したら、どこに行くかと尋ねる。フランスだと答えたら、例の普仏戦争前で、フランス陸軍が世界中に評判が高くて、日本にも幅をきかしていた時だからわたしを陸軍志望だと早合点して、それはお止めなさい、あなたは軍人には適してないと忠告する。わたしももとより軍人は望まない。ただ、フランスはヨーロッパ文明の中心で、法律制度もととのっているそうだから、主として法制を研究するつもりだと云ったら、大村は大へん賛成してくれました」（木村毅編『西園寺公望自伝』大日本雄弁会講談社）

開成学校ではフランス人プッセやガローについてフランス語を学び、明治三年の秋から長崎に遊学したが、この遊学中に太政官（明治政府）からのフランス留学命令を受け取ったのである。

ところで、戦前の皇族留学や華族留学の贅沢さを知る者としては、政府高官の息子である西園寺が、一人の従者もつれずに異国に旅だったというのは、いかにも腑に落ちない気がするが、じつは、この時代にはまだ明治政府自体が裕福というには程遠く、高位の華族でも、懐具合はかなり苦しかったのである。皇族や華族の大名旅行が話題になるのは、明治も後半になってから、より厳密にいえば、第一次大戦後のことである。

西園寺はワシントンに寄って時の大統領グラントと会見している。サンフランシスコまで同船した駐アメリカ少弁務使森有礼《ありのり》のはからいだったと言われる。

明治四年一月十六日にニューヨークを発ち、ロンドン経由で、二月六日にパリに着いた。ロンドンからは、栗本鋤雲《じょうん》の養子で、外務省の二等書記官となっていた栗本貞次郎と一緒だった。

それはさておき、明治四年二月六日というのは、西暦にすると、一八七一年三月二十六日になる。ときあたかも、パリ・コミューンが進行中の沸き立つような日々であった。

具体的にいうと、三月十八日、共和国行政長官ティエールの命を受け、パリ開城と国民衛兵武装解除のためにモンマルトルの高台に据え付けてある大砲二百門を撤去に向かった正規軍は、激高したパリ民衆に阻止され、二人の将軍が銃殺されるという事件が起こる。ティエールは革命勃発と判断してヴェルサイユに政府を移転、パリの実権は、国民衛兵中央委員会の手に握られることとなったのである。

西園寺がパリに到着する前日の三月二十六日には、コミューン議会の選挙が行われ、到着翌日の二十八日には、パリ・コミューン宣言がパリ市庁舎前広場で読み上げられた。

文字通り、西園寺は、パリ・コミューン成立という歴史的な日時にパリに現れたのである。

では、このパリ・コミューンの動乱を、フランス初見参の西園寺はどのように見ていたのだろうか？　一八七一年四月十六日に書いたといわれる『欧羅巴紀遊抜書』の「跋文」にはこうある。

「此地は昨年普国の戦に負けしより三カ月之囲を受、和議の後も一揆蜂起、日々騒動到今日未止、まことに難儀なり、元来此国ハ欧羅巴州之中央に在て繁華に過き、人心頗薄軽にして奢靡に長し、只目前之事而已に心を用成」

さらに、ヴェルサイユ軍がパリに入城して血なまぐさい攻防戦が展開した「血の一週間」の後には、留守中の家政を託した橋本実梁《さねやな》宛てに次のように書き送っている。

「賊ハ則巴里斯に拠政府を偽立し頗暴威を張る、是より政府両立之形となり日々砲声止ム時なく、万民之疾苦実に不可言、然ども賊ハ是れ多は各国浮浪之屯集、其暴行日々相益し人望尽ク去れり」

マルクス主義全盛時代にはパリ・コミューンの蜂起と人民政府がずいぶんと持て囃され

たが、冷戦後の客観的な史観によれば、パリ・コミューンの最中に連盟兵が働いた暴虐は、西園寺が直接的な目撃者として証言している通りであり、末期には完全にパリ民衆の支持を失っていた。ゆえに、マクマオン将軍率いるヴェルサイユ軍が突入した後は、こんな光景が展開されたのである。

「政府兵巴里斯に入や否や、是迄賊兵之為メ圧服されし府下之住民我も我もと携砲一賊ニ向フ、其光景も亦盛なりし、既而政府之方大ニ打勝賊兵敗走す、政府之兵則四方ニ散て放火を救、賊を捕ふ、捕れハ則尽ク是を誅す、其屍路頭に横れり、欧州に珍敷愉快之所置なり」

この西園寺の反応は、坊ちゃん育ちの公家特有の民衆嫌いというのではなく、むしろコミューン派の圧政に呻吟していたパリジャンの本音に近いのだろう。連盟兵が虐殺されて、死体が累々とする光景は、実に「愉快」と映ったのである。

いずれにしろ、パリ・コミューンの現場に立ち会って、至近距離から両軍の戦闘を観察した日本人はまことに珍しく、西園寺はパリ到着早々、貴重な体験を積むことになる。

西園寺公望は、晩年の回想『陶庵随筆』で、パリ・コミューンの際のこんなエピソードを伝えている。

「かかる危険の地も、余には極めて珍らしければ、同学の士と共に、戦場に出でて見物したること数々なりき。一日去る街端にてバリカードの建築、未だ十分ならざるに、官軍已に寄せ来ると聞くや激徒倉皇、邦人駒留某を促して、バリカードの営造に与からしむ。駒留氏がウイ・モッシュ（諾、君）と云うや、彼喜びずして曰く、何ぞ『モッシュ』（君）の語を除かざると。駒留氏声に応じて改めて曰く、『ウイ・シトワイヤン』（諾、市民よ）と。彼悦びて握手し、且つ曰く我友かくてこそ我同志の士なりと」

「モッシュ」とはMonsieurのことで、語源的には「私の（mon）殿（sieur）」の意味。封建的な身分関係を残した呼びかけであるゆえ、「平等」を原則とするコミューン派においては「市民citoyen」に置き換えられていたのだ。

注目すべきは、西園寺がこのエピソードをある種の親しみを込めて記述していることである。十年に及ぶフランス留学を経た後では、初め暴徒集団扱いしていたパリ・コミューンに対する理解がかなり変化してきたのである。

ただ、私は、西園寺がその間に、共和思想を咀嚼《そしゃく》したからとは考えない。むしろ、バカロレア（大学入学資格試験）に必要なディセルタシオン（課題作文）の書き方を習う過程で、フランス文学の古典を読み込み、人間を善悪の二元論で裁断しない相対的な見方を身につけたものと見るべきである。西園寺は、フランス人のリセアン（高等中学生）とまったく同じようにバカロレア準備をすることで、フランス人的な思考法を体得したのだ。

これは、われわれが考える以上に重要なことである。というのも、その後の日本人留学生たちは、留学といってもせいぜい二、三年で、しかも、日本の国力充実の助けとなるような即戦力的知識だけを身につけてくるよう指導されたから、西園寺のような、教養主義的な全人教育を受ける機会を逸してしまったのだ。

実際のところ、フランスにおける西園寺の留学は、いまから考えると、非常に悠長なものだったようだ。明治から昭和にかけて政友会の代議士として活躍するかたわら史談家としても重きをなした小泉三申（策太郎）が、晩年の西園寺公望の別荘に通って聞き書きした『坐漁荘《ざぎょそう》日記』には、こんな証言がある。

「ベルギーの人でコンブランといふものが薩摩へ傭われたことがある、それの世話で前田正名が先にわたしが入つた私立学校に居て、已に相当仏蘭西語に通じてゐたので、通訳をして貰つたりなどして、世話になつた。中江、光妙寺、松田などは後から来た」（「随筆西園寺公」『小泉三申全集　第三巻』岩波書店）

「コンブラン」というのは、正しくはモンブラン伯爵のこと。私は、『妖人白山伯《モンブラン》』（講談社、二〇〇二年）という時代小説を執筆した際に、この怪人のことを徹底的に調べたのでよく知っているのだが、たしかに、モンブランは明治二年に日本代理公使の肩書を太政官から貰い、帰仏して、パリのティヴォリ街に最初の日本公使館を設けている。

その際、薩摩藩の藩医の息子だった前田正名が学僕として雇われ、フランス行きに同行した。西園寺がパリに到着した頃、前田正名はモンブラン邸からバカロレア準備の私塾に通いつつ、公使館で事務を執っていたのである。

西園寺公望はこの前田正名の導きで私塾に入ったのである。その私塾の所在地は、さまざまな記述から判断して、サン＝ジェルマン地区のバック街だったと思われる。時期は明治四年二月十六日（西暦一八七一年四月五日）。この私塾には、後に留学生としてパリにやってきた中江兆民、光妙寺三郎、松田政久などが入ることになる。

このうち、西園寺がとくに親しく交わったのは、光妙寺三郎である。

「余巴里に遊学せし時、一夕、星旗楼に飲す。先に一客あり。釵光燭影杯盤狼藉、余はその光妙寺三郎なるを知れども、未だ親近の人たらざる時なれば、知らぬ様して堂の一隅に座を占めて独酌す。既にして彼の視線は数々余の方に向いしが、突然起て余の前に来り曰く、如何なるこれ風流と、余声に応じて曰く、執拗これ風流と。余の意、実は諷する処ありしなり。彼哄然大笑して余の手を執て曰く、真に知己なり、乞う今より交を訂せんと。これ余が彼と友たるの初めなりき。今を距ること三十年に近し。そして三郎の墓木もまた已に拱す。そして余の意は猶昨日の如し」（『陶庵随筆』）

光妙寺三郎は本名を三田三郎という。光田ないしは光妙寺（光明寺）とも名乗った。周防三田尻の光明寺住職の子として生まれ、幕府の長州征伐があった際、長州軍に参加、維新後、長崎でフランス語を学び、明治四年に留学生としてパリにやってきたのである。

西園寺は、この光妙寺三郎のことがよほど好きだったらしく、後年、小泉三申から自筆の手紙を見せられた際、そこに、光田三郎の名前を見いだして、こんな風に答えている。

「公はこれを一覧され、光田三郎、これが光妙寺三郎だよと、如何にもなつかしげに読まれ、長州の三田の者で、なか〳〵役に立つ才物であつた。三田の三を光の字に替へて、（中略）やはりミタと称したが、三田に光妙寺といふ寺があるとかで、わたしが西園寺だからとて、自分も光妙寺と勝手に改めたのだ。中江、松田と同じく仏蘭西の学友にして、悪友を兼ねたものだよ、三田を光田としたり、光妙寺としたりして、公家の出か何かのやうな顔をするひどい奴だなど、悪るく言ふ者もあつたが、それ程の衒気《げんき》からではない、何か仔細ありげな姓を名乗る方が女にもてる位の稚気はあつたがね、あちらで大学校を卒業したし、漢学詩文の素養もあつて、水賓と号した。これは兄弟の如く交わると書いてあるが、其通り親しくした」（『小泉三申全集　第三巻』）

たしかに、西園寺が光妙寺三郎とともにパリの紅楼に残した武勇伝はあまたある。その一つがガラス割り事件というものである。

パリ留学中、西園寺が光妙寺と連れ立ってカフェに出掛けたところ、誤って窓ガラスを壊してしまった。ボーイが東洋人と見て居丈高になり、法外の弁償金を要求したので、西園寺が頭に来て、弁償金を並べておいてから、ステッキで端から窓ガラスを壊していったというものである。ところが、小泉三申が直接、西園寺に真相を尋ねたところ、全くの誤聞であるという答えが返ってきた。

「公は光妙寺三郎と一緒に、あるカフェで遊んでゐた時、そこに居合した婦人――いはゆる社交職業婦人――が、誤つて備附の鏡に疵をつけた。それをボーイがやかましく言つて居るのを見かねて光妙寺が、その鏡の代金を出してやつて、鏡をさん〴〵に打毀したのである。それが何ういふわけか、西園寺公と間違へられて日本に伝つたのです。

『自分なら、鏡の代も弁償するし、ボーイにチップもやるし、そのまま綺麗に別れるが、光妙寺はあゝいふ男だつたものだから』

老公も、さう仰在つて居られる」（同書）

ちなみに、西園寺が光妙寺三郎を伴ってしばしば遊び、二十年後に再訪して、光妙寺を追想しながら書いた漢詩「星旗楼題壁」の「星旗楼」とは、カフェ・アメリカンだろうと『西園寺公望自伝』の編者木村毅は当たりをつけている。アメリカの星条旗からの連想でカフェ・アメリカンをこう呼んだにちがいないというのだ。たしかにキャピュシーヌ大通りの入口にあったカフェ・アメリカンは、一八七〇年代から八〇年代にかけては、うまいビールを飲ませるブラスリとして有名になり、モーパッサンの『ベラミ』にも登場している。

「デュロワは、ヴォードヴィル座の前を通って、カフェ・アメリカンの前にきた。そしてもう一杯飲もうかと思った。喉がかわいてたまらなかった。しかし、そう決める前に、ふと車道の真ん中に光る時計柱を見た。九時十五分すぎだった。カフェに入ったら、ビールの溢れたジョッキが来るが早いか、一気に飲みほしてしまうのはわかっている。そうなったら、十一時までどうしてすごしたらいいかわからない。デュロワはカフェ・アメリカンを素通りした。《マドレーヌ寺院まで行って、ぶらぶら戻ってくるか》と思いながら。オペラ座の広場のはずれに来たとき、太った若い男とすれちがった」（拙訳）

長めに引用したのは、カフェ・アメリカンの位置を理解してもらうためである。カフェ・アメリカンはブールヴァール・デ・キャピュシーヌ二番地にあったヴォードヴィル座（現在は映画館パラマウント）の隣の四番地の二にあったカフェレストランで、深夜まで開いていることで知られていた。装飾の割に価格は手頃で、通りに面した一階ではビールを、二階では食事を取ることができた。

売り物は、牛ステーキ。ダンスもでき、客待ちの娼婦が多いことでも有名だった。

あるいは、モーパッサンと西園寺公望がカフェ・アメリカンで袖を触れ合わせたことがあったかもしれない。

「琴情詩景夢茫々　二十年前旧酒桜
無数垂楊生意尽　傷心不独為三郎」

明治の漢詩人森槐南《かいなん》は、この詩を明治の名詩の一つに数えている。

西園寺公望の留学が十年近くに及んだのは、フランス人のリセ（国立高等中学）の生徒と同じ資格で、バカロレアに合格し、パリ大学で正式のディプローム（修了免許状）を取ろうとしたためである。

　西園寺は、このバカロレア準備のために、パリ、ジュネーヴ、マルセイユなどの私塾を渡り歩き、三年半の年月をかけてようやくバカロレアに合格、一八七四年の秋学期からパリ大学法学部（ソルボンヌ大学）に履修登録して、四、五年かけて大学の単位を取り、法学士の試験に挑戦したが、一次は合格したものの二次は惜しいところで不合格となり学位修得は断念したようだ。明治大学法学部教授・村上一博氏の研究では光妙寺三郎の方は学位を得たが、西園寺が学位を修得した形跡はないという。

　ただ、学位修得には至らなかったものの、ソルボンヌで真面目に勉強したことには誇りを持っていたらしく、木村毅が聞き書きした『西園寺公望自伝』には、他の日本人留学生はフランス留学とは名ばかりで、彼の地に「いた」というだけだとして、こんな皮肉まじりの回想を残している。

「わたしが〔ジュネーヴの〕此の家を去るに就いて、わたしが世話をして大山（巌）を置いて貰った。大山はフランスへ来て、半年ばかり其処にいた。後に其処の主人が、あなたは仏語が大変進歩して自分もお世話した甲斐があると喜んでいるが、大山さんは半年の間に少しも初めと変わらなかったといって笑った」

　たしかに、大山巌がフランス語をペラペラと語っている図というのは想像しにくい。日本語でさえ大山が流暢に語るのを聞いたという人はいないのだから。

また、「東洋のルソー」と呼ばれた中江兆民についても、次のような思い出を記している。

「マルセーユから帰って、その上で正式にソルボンヌ大学に入って専ら法律を学んだ。経済のことも幾らかあった。学校の試験も正式に受け、そして卒業した。大学の課目の一つとして水彩画があって、いやいやながらではあったが、それまでやっているのです。中江だの、今村（和郎）などは、留学でも正式に入学したのではない、入ろうとしても、実は入れなかった。勉強よりも高談放論の方だった」（同書）

つまり、中江兆民や今村はバカロレアを取って大学に登録したのではなく、受験私塾や実用的法律学校で学んだだけで、もっぱら日本人留学生の間で「高談放論」していたというのだが、二人のために弁護しておけば、一八七四年（明治七）に留学生に対する悉皆《しっかい》帰国命令が出たため、彼らはバカロレアも取らずに帰国せざるをえなかったのである。

ただ、いずれにしても、悉皆帰国命令にもかかわらずに留学を全うし、パリ大学法学部で正式に学んだと胸を張っていえるのは、西園寺と光妙寺三郎くらいで、この時代にはたいへんなエリートだったのである。

では、何ゆえに西園寺は十年もの長きにわたって留学することができたのか？

これについては、実家が裕福でたっぷりとした仕送りがあったからだろうと推測したくなるが、実際は、思いのほか、実家の台所は苦しかったようだ。

まず、官費留学生としての送金額からみると、これは、一般留学生は年額一〇〇〇ドル、華族留学生は一四〇〇ドルと決まっていた。西園寺は堂上《どうじょう》華族（明治維新後華族になったもののうち、もともと公家の家柄）なので、一四〇〇ドルを受給していたが、この差別待遇が心苦しかったらしく、駐仏鮫島小弁務使を通じて自分も皆と同じように一〇〇〇ドルにしてくれるよう嘆願した。

この嘆願は、尤もしごくと一八七二年には受理され、以後、華族留学生も一律一〇〇〇ドルということになったが、それを憤った華族留学生もいた。

ただ、官費留学生としての扱いは結局一八七三年（明治六）一杯で打ち切られたため、西園寺は翌年からは私費留学に切り替えざるをえなかった。

この間、日本では大きな変化が起こっていた。

一つは、一八七一年（明治四）の太政官（明治政府）の改正で、宮家・華族のほとんどが政府幹部から外され、役人としての俸給を食《は》むことができなくなったこと。もう一つは秩禄処分によって定期的な収入の道が閉ざされたことである。西園寺家は原米四百六十五石八斗で、草高二万石の大名家に匹敵したが、秩禄処分でこの家禄も公債証書に切り替えられることになる。

こうした変化については西園寺も、実兄で宮内卿の徳大寺実則《さねのり》や西園寺家の留守を預かる橋本実梁から逐一、事情を知らされてはいたのだろうが、せっかくバカロレアにも合格し、大学進学のメドがつきかけた頃だったので、なんとか大学を卒業するまでは留学を続けることはできないかと、橋本実梁に宛てて、その留学費用の見積もりを知らせている。「打ち切りが決定し、私費を決意した時の七三年月日不明の橋本実梁らあてと思われる書簡は、『弟之志ヲ遂ルト否ハ』四、五千金の問題だとし、今年半期五百両、明年明後年二千両、帰朝年欧州内地遊歴および帰国旅費千五百両と計算している」(立命館大学編『西園寺公望伝』岩波書店)

ちなみにこの時代、一両というのは一ドルに相当した。西園寺は私費留学に切り替えた場合も、官費留学のときと同じ年一〇〇〇ドルが必要だから、大学卒業までの三年で三〇〇〇ドル、帰国の年のヨーロッパ周遊と帰国旅費に一五〇〇ドルは送金してほしいと訴えていたのである。

結果からいうと、西園寺のこの願いは、曲折はあったものの聞き届けられ、留学は予定の一八七六年を超えて、一八八〇年まで続行されることになる。この間、西園寺は留学費の不足を補うためか、日本公使館で現地雇いの通訳として、若干の学資を得ていたと、自ら語っている。

「後には〔官費送金〕を全部辞退して、家から取寄せたり、公使館へ雇われて月給をもらったりして、不自由はしなかったが、固《もと》より豊かではないから、人の想う程の贅沢は出来なかった」(『西園寺公望自伝』)

たしかに、後に宮様や華族が繰り広げるような派手な散財はできなかったかもしれない。しかし、十年に及ぶ留学によって得たコネクションによって、西園寺が、別の意味での贅沢ライフ、つまり、当時のサロンに出入りして有名人と親密に交際するという、後の人には不可能な文化的贅沢を満喫していたことは、確実である。

察するに、その切っ掛けは、西園寺がバカロレア準備のためにルソー派の急進的政論家エミール・アコラースの私塾に通ったことにあるようだ。

「余が師エミル・アコラス翁はこの世紀の半ば頃より、仏国の政治思想界に少なからぬ勢力を有し、学問の淵博《えんぱく》と云わんよりは、寧ろ識見の透徹を以て知られたる碩儒にしてまた一種の慷慨《こうがい》家なり。クレマンソウ、フロッケー等の急進党多くその門に出入し、余もまた彼等と翁の家に於て相会したること少なからざりき」(『陶庵随筆』)

西園寺は、ジュネーヴ、マルセイユと私塾を渡り歩いた後、一八七二年から大学に入学した七四年頃までアコラースの塾に在籍し、公私両面で教えを受けたのである。その証拠に、引用の続きにはこんなことが書かれている。

「余が少時巴里にあるや多く交遊を主として一事を勉めざるを見て、アコラス翁余に告げて曰く、君が悠遊もまた已に足りしならん、悠遊必ずしも不可ならずと雖も、君門閥一世に秀づ、何ぞ国に帰りて政治を行わざると」(同書)

つまり、アコラースは、西園寺が勉学を怠け、グラン・ブールヴァールのカフェ・アメリカンなどに入り浸って遊んでいるのを見て、君は日本の名門の出なのだから、国に帰ったら、自動的に政治に携わることになるはずだから、もっと勉強しておかなくてはだめではないかと諭したのである。そこで、西園寺はこう答えた。

「余曰く、師よ我れ思うに凡そ政治家たらんと欲するものは常にその思う所を云う能わず、云う所を行う能わず、時に虚言を吐き、偽善を行わざるべからず、これ余の堪ゆる所にあらずと」

「翁愕然として曰く、君が国に於ては政治家は時に虚言をし、時に偽善を行うて以て足れりとするか、我が仏国の如きは凡そ政治家たる者は時にすら真実を語らざるなりと哄然大笑す」(同書)

このアコラースの塾で知り合った門下生の一人に急進社会党左派の大物ジョルジュ・クレマンソーがいたことは先の引用にある通りだが、西園寺は、アコラースのみならず、クレマンソーとも非常に親しくなり、彼らのために大きな危険を買って出ることさえした。

「アコラスとクレマンソーが、ある学説を著述したパンフレットをジュネーヴで出版したが、政府の禁忌に触れた議論であったから、パリで出版することが出来ず、ジュネーヴで出版したので、これをパリへ入れることが出来ない、君は外国人だから税関でも気を許すだろうと、クレマンソーに頼まれ、宜しいと引受けてジュネーヴへ出かけたが、果して無事に国境を越えて、その印刷物を持ち込むことが出来た」（『西園寺公望自伝』）

　クレマンソーは後に二度フランスの首相をつとめ、第一次世界大戦後にヴェルサイユで開かれた講和会議では議長として会議をリードしたが、その席で日本政府主席全権として出席した西園寺と再会し、旧交を温めた。

　クレマンソーと並んで西園寺が親しんだ政治家の一人に、同じ急進社会党の右派ガンベッタがいた。このガンベッタについて、西園寺はこんな思い出を残している。

「余が始めて巴里に遊びし頃はガムベッタの声名、その絶頂に達したる時にして、世人の彼を仰ぐこと、啻《ただ》に泰山北斗《たいざんほくと》のみならず、余また好奇心にかられて、一日親友の紹介を得て彼を訪うや、四方山《よもやま》の談話の末に、彼余に問うに、日本に於ける新聞紙のことを以てし、余が新聞紙の発行に関しては、日本政府が何等の制限法をも、何等の取締法をも設けざるを語るや、彼大いに驚きて曰く、果して然るか、日本民風の美、以て知るべきなり。余は一日たりとも如此《かくのごと》き国に於て政ごとを為す事を得ば、我願い足らん、これ理想の自由境なるべしと。その後間もなく新聞条例は発布せられ、ガムベッタが理想国は須臾《しゅゆ》にして消え失せぬ」（『陶庵随筆』）

　クレマンソーやガンベッタから何を学んだかはさておき、これらの大物政治家と対等に付き合うことができたというだけでも、パリにおける西園寺の交際の「贅沢」ぶりが充分にしのばれるのではなかろうか？

十年に及ぶ留学は決して無駄ではなかったのである。以後、こうした留学のできた日本人はほとんどいなくなるのだから。

西園寺公望のフランス留学が、われわれのような「完全文科系」の人間にとっても興味あるのは、西園寺が当時の有名政治家とつきあったばかりか、一流の文人や芸術家とも親しく交わったからである。これだけは、後の時代の留学生には絶対真似できない点である。一人西園寺にのみそれが可能だった理由は、彼のフランス語能力がたんに「読む・書く」だけではなく、「聞く・話す」においても格段に優れていたからにほかならない。西園寺は、これについてさりげなくこんな回想を残している。

「その時分には日本人の在留者もかなりおったが、わたしは主としてフランス人と多く交際した」(『西園寺公望自伝』)

その交際したフランス人の中に、ガンベッタやクレマンソーがいたが、西園寺は彼らを介して多くのサロンに出入りし、文人や芸術家の知己《ちき》を得たのである。

「交わることは、ずい分多方面の人と交ったので、殊に美術家がすきで、画家、小説家など、総じて美術、芸術の人士と交歓した。ゴンクールという日本の浮世絵に趣味を持った人、又美術省を創設したガンベッタとも相知った。其の美術省で、ギリシア、ローマなどの美術を取り寄せたが、東洋美術、殊に日本美術がフランスへ紹介されたのもその時の風

潮からであった」（同書）

　ここで具体的に名前があげられているゴンクールについて言うと、西園寺がゴンクールと初めて相知ったのは、一八七五年十月十六日土曜日のことである。ゴンクールは懇意にしている美術商ビュルティの店に出入りしているとき、ビュルティから日本刀を見せられ、その美しさに魅了されたが、この日本刀をビュルティに譲ったのが西園寺だったらしい。西園寺はＳＡＹＯＵＮＳＩという綴りでゴンクールの『日記』に登場している。

「最近のことだが、ＳＡＹＯＵＮＳＩ（西園寺）という若きプリンスがビュルティに家族伝来の日本刀を譲った。そのさい、プリンスは、この日本刀の状態の悪さについてしきりに弁解したという。なんでも、パリにいる友人たちがその日本刀でシャンペンの蓋を空けようとしたからだそうだ。いずれにしろ、こんな経緯を経て、かくのごとき残忍な刀、この素晴らしい鋼鉄が私の手に入ったのである」（拙訳）

ゴンクールは続けて日本刀の上に浮かんだ雲のかたちをした波形模様に言及し、西園寺はその雲の数を数えることで、刀の製造者がだれであるかを知ることができると語ったと述べている。

　このように、美術商ビュルティを介してゴンクールと知り合いになった西園寺は、ゴンクールの『日記』に依る限り、その後二回ビュルティの家で会食しているが、一八七六年二月十七日木曜日という日付のあるゴンクールの『日記』には、西園寺の容貌が、もう一人の日本人と並んで次のように描写されている。

「プリンスは、典型的中国人というべき風貌である。突き出た目玉、厚い唇をした口、子供のような微笑を浮かべた顔、これらすべてが、頭の真ん中で分けた髪の分け目、パリの洒落者のような分け目と調和をなしている」

たしかに、写真に残された若き日の西園寺は、このゴンクールの描写にぴったりである。ただ、ゴンクールはそれが醜いとはかならずしも感じていなかったようで、この二人の日本人の身体的特徴について、続けてこう記している。

「二人とも甘美で音楽的な声をしていた。繊細極まる小さな足、手もまた、猿が手探りでなにかものを摑むさいのようなデリケートな摑み方ができるように出来ている」

西園寺が語った話の内容が示されているのは、一八七七年五月三日木曜日の『日記』である。

「この晩、ビュルティの家で、プリンス西園寺は、フランスの食べ物の中で、日本人の味覚を驚かせ、魅惑したものが三つあると語った。イチゴとサクランボとアスパラガスである。彼はまた、夢の中で、あるときはフランス語で、あるときは日本語で話していると言った。そこで、どのようなときにどちらの言語を用いているのかとわれわれが尋ねると、こんな告白をした。法律に関することとか、人工的な事柄についてはフランス語が口をついて出るが、自然についてのことや愛についてのことは日本語で表現されると」

こうした証言から分かるように、ゴンクールにとって、西園寺というのは、彼が憧れてやまない日本の文化を生身のかたちで教えてくれる、文字通りの「生きた資料」だったのである。ゴンクールは西園寺という人間を介して、じかに日本に触れたのである。

ゴンクールのほか、西園寺が親しんだ文人にジュディト・ゴーチェがいた。

ジュディト・ゴーチェは、ロマン派の詩人テオフィル・ゴーチェとイタリアの名バレリーナ、エルネスタ・グリジ（『ジゼル』で知られるカルロッタ・グリジの妹）の間に生まれた美貌の閨秀詩人である。幼いころ、父ゴーチェが自宅に下宿させた中国のさる高官と会話を交わすうちに、東洋の美術や文学に興味を持つようになり、十七歳のとき中国の選詩集を仏訳した『翡翠の本』を著した。ついで、『帝国の龍』を始めとする中国や極東に着想を得た小説や詩集を刊行し、フランス文壇に東洋ブームを巻き起こした。

そんなジュディト・ゴーチェが日本に興味を移すきっかけとなったのが西園寺との出会いであるが、二人の人脈から考えると、交流の仲立ちとなったのは、西園寺と重なる時期にパリに留学していた画家山本芳翠《ほうすい》と見られる。

山本芳翠は一八七八年万博のさいに、日本で初めて活版新聞を発行したことで知られる岸田吟香《きしだぎんこう》の世話でフランスに渡り、ジェロームの画塾で絵画を学んだが、西園寺とは、おそらく美術商の林忠正を通じて知り合ったらしい。

「日本人で交わった者の中には、山本芳翠という絵かき、林忠正という骨董商もある」

（『西園寺公望自伝』）

ジュディト・ゴーチェは山本芳翠とはかなり親しく、互いに家に出入りしていた。林忠正の孫の妻である木々《きぎ》康子《やすこ》氏が著した評伝『林忠正とその時代　世紀末のパリと日本美術』（筑摩書房、一九八七年）には、ヴィクトル・ユゴーの曽孫ジャン・ユゴーの家に保存されているというジュディトの手紙が再録されているが、そこには、ジュディトが山本芳翠の家から、ジャン・ユゴーの祖母（ポーリーヌ・メナール・ドリアン）宛ての手紙を書いているという記述がある。

西園寺は、山本の仲介でジュディトの家を訪れ（あるいは山本の家でジュディトと出会い）、すっかり意気投合したらしい。

その証拠となるのが、西園寺が、日本の詩について知りたいというジュディトの願いに応えて、『古今集』の中から選んだ八十八首の和歌をフランス語に逐語訳してみせたという事実である。公家出身の西園寺にとって、『古今集』や『新古今集』などは完全に暗記されて頭の中に残っていたから、ジュディトのリクエストに応じて、これはと思う和歌を即興で次々にフランス語に変えてみせたのだろう。

この西園寺の訳文を介して日本の和歌を知ったジュディトは、すっかり日本文学に夢中になり、興味を中国から日本にシフトさせることになった。

その具体的な成果が、ジュディトが、豪華本造りで知られるシャルル・ジロ書店から一八八四年に小部数出版した『蜻蛉集《Poèmes de la Libellule》』である。日本から取り寄せた和紙に、西園寺の逐語訳をジュディトが五行詩に訳し直した和歌が印刷され、山本芳翠による挿絵が添えられている。

西園寺は、一八八〇年（明治十三）に十年間の滞在を切り上げて帰国しているが、一八八二年には伊藤博文の憲法取調べに随行して再渡仏しているので、ジュディトが訳文を練り上げるにあたっては、いろいろと尽力したはずである。

ところで、このジュディトの『蜻蛉集』の出版には、西園寺の友人である光妙寺三郎が一枚かんでいたという説があるので、これも紹介しておこう。

「西園寺は留学中にゴーチェに光妙寺三郎を紹介しており、光妙寺は八二―八四年にフランス公使館書記官として再びフランスに滞在していた。ゴーチェの訳業に光妙寺の協力を想定するのは自然である。西園寺は、光妙寺がゴーチェの愛人であったという説を一笑に附しているが、織田万《よろず》が一八九七年（明治三十）に西園寺とともにゴーチェを訪問した時、応接室のシュミネに光妙寺三郎の瀟洒たる写真が大事に飾られてあったと証言している。愛人問題のせんさくはできないが、ゴーチェにとって光妙寺が忘れがたい人物だったことはたしかなようである」（『西園寺公望伝』）

光妙寺にしろ、西園寺にしろ、周囲からとかくの噂を立てられるほどにジュディトの家に親しく出入りし、『蜻蛉集』の訳文に協力したわけだが、思えば、明治から大正にかけての「桂園時代」、フランスに十年も留学して闊秀詩人と交わった「親仏派」がドイツ派の軍人桂太郎と交替で何回も内閣を組織するという、ある種の「奇跡」が演じられた典雅な時代であったのだ。

戦後には、こうした奇跡が起こるはずもない。

明治は、そしてフランスも、いまや、はるかに遠くなりにけり、なのである。

江戸最後の粋人・成島柳北

『柳橋《りゅうきょう》新誌』で知られる成島柳北《なるしまりゅうほく》が、東本願寺新法主現如上人《げんにょしょうにん》の随行として、明治五年から六年にかけてパリに遊んだという事実を知ったのは、ご多分に漏れず、山田風太郎の中編「巴里に雪のふるごとく」（『明治波濤歌《はとうか》』収録）だった。

「西暦一八七二年十一月三十日、午前十一時、マルセーユ発パリゆきの汽車に乗り込んだ十七人の日本人があった。（中略）彼らは、ほんの五年前、敵味方であったはずなのだが、日本を出てから一カ月半ばかり、同じ船に乗って来たので、かくは汽車でも同室となり、ともかくも一応は笑い合う仲となっていたのであった」

敵味方、といっても、それは薩軍の一将であった川路利良《かわじとしよし》と、元幕臣、しかも騎兵奉行であった成島甲子太郎《きねたろう》との間のことで、肥後人の井上毅《こわし》は、その中間というところだろう。もっとも成島が民間人であるのに対し、川路と井上は司法省の役人という違いはある。彼らは横浜からゴダベリー号というフランス船で出航したのだが、はじめから承知して同乗したわけではない。

歴史好きなら、この記述だけで、少なからぬ興味が湧いてくるはずだが、読者の中には高校で「日本史」を選択しなかったため幕末史には不案内という方もおられるかもしれない。とりあえず、成島柳北の人となりについて簡単に説明しておこう。

成島柳北（本名・甲子太郎。後に惟弘《これひろ》と改名）は天保八年（一八三七）、代々将軍に侍講《じこう》する儒者の名家に生まれた。家督相続後、徳川家定に経学を講じるかたわら、『徳川実記』

の編纂に当たるという「堅実な生活」を送っていたが、ペリー来航で引き起こされた安政の大獄をきっかけに、遊里柳橋での「放蕩生活」に惑溺するようになる。

ここから生まれたのが『柳橋新誌』初編で、柳北はその中で自ら「狂愚の一書生」と名乗り、柳橋の風俗を「伝聞」と称して克明に描写し、『江戸繁昌記』の系譜につらなることに心掛けた。その一方で、柳北はなにくわぬ顔で少年将軍家茂に進講を続けていたが、文久三年（一八六三）八月、狂詩を賦して幕僚を風刺したかどで侍講の職を解かれ、閉門となるという逆運に見舞われる。

しかし、柳北は、この閉門を好機と捉え、桂川家の洋学者たちと積極的に交わることでオランダ語と英語を身につけ、欧米に関する知識を貪婪《どんらん》に摂取していった。

雌伏期間はやがて幕府に小栗忠順《おぐりただまさ》・栗本鋤雲という「親仏派」の幕僚が台頭することで終わりを告げる。柳北は栗本鋤雲によって歩兵頭並《ほへいのかみなみ》に登用され、ついで騎兵頭並となって、フランス公使ロッシュの肝煎りで来日した軍事教官団との折衝に当たることになる。

このときに柳北が知り合ったのが軍事教官団の団長シャノワーヌで、騎兵頭となった柳北は、シャノワーヌの指導のもと、騎兵、砲兵、歩兵の三兵伝習を実施する。

慶応三年の末、柳北はいったん騎兵頭の職を解かれるが、鳥羽伏見の戦いに敗れた徳川慶喜が軍艦開陽に乗って品川沖に舞い戻ってきた一月十一日には外国奉行に、勝海舟が陸軍総裁になった一月二十三日には会計副総裁の要職に登用された。ぎりぎりのタイミングで、柳北は幕閣に連なったのである。

では、柳北は、かつての上役である小栗忠順・栗本鋤雲路線に忠実な主戦派であったかといえば、どうもそうではなかったらしい。前田愛は『成島柳北』の中で、このときの柳北のポジションを次のように描いている。

「向島で柳北の隣人だった依田学海の回想によれば、かつて柳北は、外国軍隊の力をかりて東下する官軍を阻止しようとした主戦論者の意見にたいして、『其の不可を痛論』し、事を未然に防いだ秘話を洩らしたことがあったという（『談叢』）。この学海の証言が真実を伝えているとすれば、三兵伝習の責任者として親仏派の圏内にいた柳北は、幕府瓦解の最終段階には、強硬な主戦論をとことんまで捨てようとしなかった小栗忠順・シャノワヌらから、もっとも遠い位置にいたことになる。親仏派の小栗の退場と入れかえに、柳北が幕閣の枢機に参画することを許された意味も、あるいはここに求められるかもしれない。柳北の上司にあたる会計総裁大久保一翁は、勝海舟とともに恭順派の最右翼だったのである」

では、幕府瓦解後、柳北がどのように身を処したかといえば、官軍の江戸入城の前日に会計副総裁の職を辞し、家督を養子に譲って向島須崎村の隠宅に引きこもった。幕臣の多くが新政府に再び仕え始めるのをはた目に見ながら、「無用の人」を貫こうとしたのである。

だが、歴史の転換期である明治初年には、政府以外のところにも、和漢洋の学識深いこの人材を新しい時代のために用いようと考える者がいた。東本願寺の新法主現如上人である。

「明治四年一月、文明開化の新時代にそくした教学の発展に、積極的に取りくもうとしていた法主は、東本願寺浅草別院内に真宗東派学塾を開設する。柳北は、パーレーの万国史、マーランドの経済学など、洋学のカリキュラムを大幅にとりいれたこの学塾の学長に迎えられることになった」（『成島柳北』）

それから一年後、東本願寺法主は、自ら外遊して、自分の目で諸外国を見聞してこなければ埒が明かないと判断したらしく、一年間の予定で世界一周の視察旅行に出る決意を固める。このとき、柳北は、洋学の知識と会計副総裁だった経験を買われて、通訳兼会計係として法主一行四人に随行することとなったのである。

われわれが、今日、成島柳北のパリ滞在の詳細を知ることができるのは、柳北がこの旅の途中に鉛筆で記していた漢文日記が『航西日乗』として三巻残っているからである。

柳北は、帰国後に創刊した雑誌「花月新誌」の第百十八号（一八八一年十一月三十日）から第百五十三号（一八八四年八月八日）にかけて毎号「航西日乗」を連載したが、そのとき、自ら漢文を読み下し文に改めた。これが『明治文化全集』（明治文化研究会）の「外国文化篇」に収録されているテクストである。

冒頭、柳北はなぜ欧米への旅に出発したのか、その経緯を次のように述べている。
「本願寺東派ノ法嗣、現如上人、将ニ印度ニ航シ転ジテ欧洲ニ赴キ彼ノ教会ヲ巡覧セバヤト思ヒ立タレ、余ニ同行セヨト語ラレシハ壬申ノ八月中旬ニテ有リキ。余ノ喜ビ知ル可キナリ」(『航西日乗』)
かつて、同僚として付き合ったシャノワーヌからフランスやヨーロッパの話はよく聞かされていたから、思いもかけぬ法主の提案に、柳北は狂喜したのである。
一行は、法主と随行の三人、それに柳北を加えた五人連れだったが、明治五年九月十四日に横浜を解纜《かいらん》したフランス郵船ゴダベリー号に一等船客として乗り込んだ日本人は、他にも何人かいた。
「此ノ行本邦人ノ同航者多シ。華族ニテハ姉小路公義君、官吏ニテハ河野敏鎌《こうのとがま》、岸良兼養、鶴田皓、川路利良、名村泰蔵、沼間守一《ぬまもりかず》、益田克徳、井上毅ノ八君其他羽後ノ本間耕曹、佐賀ノ松田正久、名東県ノ新田静丸ノ三君ト余ガ一行三名合セテ拾七人ナリ」(同書)
このメンバー・リストを見たら、山田風太郎ならずとも、いろいろと想像力をかき立てられるにちがいない。
まず、河野敏鎌以下の八人の官吏だが、じつは、彼らは司法卿江藤新平に随行してヨーロッパ視察に出掛ける予定だった司法省の役人で、江藤新平が公務の都合で出張を取りやめたため、彼らだけで出発することになったのである。もし江藤新平がこのとき洋行していたら、明治六年の征韓論争ではおそらく反征韓論の方に回っていたはずで、佐賀の乱で命を落とすこともなかったにちがいない。運命の岐路はどこにあるかわからないものである。

それは、元薩摩藩士の川路利良についても言えることで、このとき、川路が司法省の視察団に加わっていなかったら、あるいは、西郷隆盛に従って帰薩し、西南戦争では薩軍に加わっていた可能性もある。

同じように、沼間守一の運命の有為転変も想像力を刺激する。戊辰戦争では歩兵頭並として官軍と戦い、捕縛されて入獄した沼間は、維新後、司法省に仕官するが、洋行後の明治十二年、政府の言論弾圧に抗議して退官、「横浜毎日新聞」を買収して「東京横浜毎日新聞」と改め、その社主となって立憲改進党に参加することになるのである。

また、ここに松田正久の名があるのも興味深い。というのも、松田正久は、陸軍省から留学に派遣されながら、帰国後は官を辞して自由民権運動に加わり、西園寺公望や中江兆民らと「東洋自由新聞」の創刊に参加するからである。

しかし、あざなえる縄のごとしの感に打たれるのは、やはり、我らが成島柳北と井上毅のケースだろう。山田風太郎は、帰国後の二人の運命を次のように語っている。

「同年〔明治七年〕柳北は、『朝野新聞』の主筆として迎えられた。

さて井上毅は、このころ法制局二等書記官の地位にあったが、明治八年、官吏を誹謗する者は牢屋に放りこむという、いわゆる讒謗律《ざんぼうりつ》の制定に当った。柳北は怒って、新聞で井上を痛烈に揶揄《やゆ》した。揶揄どころか、彼を評するに、権力者に迎合する奸物というような表現を用いた。井上は告訴し、柳北はまさに右の讒謗律によって禁固四カ月と罰金百円の刑に処せられた。

彼を逮捕した警視庁の大警視――後の警視総監は、川路利良であった」（『明治波濤歌』）

しかし、それはあくまで後の話。差し当たっては、『航西日乗』にしたがって、柳北のパリ漫遊記の足跡を追ってみることにしよう。

成島柳北の『航西日乗』を読んでいくと、柳北がパリに滞在していた明治五年の暮れというのは、例外的にたくさんの日本人がパリに滞在していた時期であることがわかる。米欧回覧使節の一行が大挙してパリに到着した上に、各国に散っていた留学生たちが使節団に挨拶するためにパリに戻ってきていたからである。

とはいえ、維新の「負組」で、おまけに一民間人としてパリに遊んでいた柳北にとって、岩倉、木戸、大久保といった大物は煙たかったらしく、一度だけ、明治六年一月二十二日に彼らに同行して天文台・高等法院・監獄を見学した以外には、交わりを極力避けていた様子が窺える。

ただし、米欧使節団の中には、田辺蓮舟（太一）、福地桜痴《ふくちおうち》（源一郎）、宇都宮三郎、それに川路聖謨《としあきら》の孫の川路寛堂（太郎）などの旧幕臣が加わっていたし、また駐仏公使館の書記官を務めていた長田銈太郎《おさだけいたろう》は仏語学所の伝習生であり、栗本鋤雲の養子の栗本貞次郎も、西園寺公望と一緒にパリに留学していたので、はからずも、パリで、幕府親仏派の同窓会が行われたようなかたちとなり、みな連れ立ってパリの見学に出掛けている。

それはさておき、明治文学研究家の前田愛は、同時期にパリという同じ対象を観察した柳北の『航西日乗』と久米邦武《くめくにたけ》の『米欧回覧実記』を比較して、後者が政府の公式記録であるのに対して、前者は「一私人の漫遊記」という形式を取っているという形式上の違いのほかに、もう一つ「戊辰戦争における勝者の論理と敗者の心情」という差が滲み出ていると指摘する。

「回覧使節の側には要塞と工場のパリがあり、柳北の側には劇場と美術館のパリがある」なるほど、劇場と美術館のパリとは、いかにも『柳橋新誌』の柳北らしい。

さらにこれに、カフェとメゾン・クローズ（娼家）とバル（ダンスホール）を加えれば、成島柳北が心から満喫した「パリ生活」の享楽地図ができあがる。ようするに、それは、三十年後に永井荷風が『ふらんす物語』で謳いあげることになる「軟派のパリ」の先駆なのである。

実際、成島柳北一行はマルセイユから夜行列車に乗り、明治五年の十一月一日の払暁、午前四時二十分にパリに到着するや、キャピュシーヌ大通りにあるグラン・トテル（グランド・ホテル）に投宿するとすぐに精力的に遊び回っている。

「巴里ノ市街ヲ遊歩ス。屋宇道路ノ美麗清潔ナル人ヲ驚愕セシム」（『航西日乗』。以下、断りのない限り引用文は同書による）

そして、さっそく七言絶句を得る。その一つを読み下し文にしてみよう。

「十載　夢は飛ぶ　巴里城／城中　今日　閑行を試む／画楼影を涵す　淪漪の水／士女花の如く　晩晴に簇がる」

親仏派幕僚としてフランス人と接して十年、パリに遊ぶことを夢見ていた柳北は、いま、夢が実現し、絢爛たる装いの紳士淑女がパリの大通りを散策するのとすれ違い、セーヌの水に見事な建物が影を落としているのを眺めている。ああ、なんたる幸せか。同じ晩、柳北は、今度はカフェのテーブルに座って、喜びを詩に託す。

「晩餐　案を囲んで　肘肘に交る／秦越　相逢ふ　皆是れ友／酔臥して　誰か能く　謫仙を学ばん／夜光の盃に　葡萄の酒を注ぐ」

パリのカフェでは、それぞれ異なった国（秦越）の者たちがテーブル（案）を囲んで、肘を触れ合い、すぐに友達になる。飲み過ぎて、意識を失うものがあっても、そんなことは構うものか。いまさら李白のような詩人を気取ってもはじまらない。さあ、夜のきらめきが映じるグラスにワインをもっと注ごうではないか。

しかし、いかに東本願寺の法主といえども、グランド・ホテルに滞在して、カフェやレストランで豪遊していたのでは、費用がたちまち底をつく。かくして、二日目からは、日本公使館の後藤書記官に頼んで、別のホテルを探してもらうことにする。

「旅館ハ本府第一等ノ逆旅ナリ。費用モ随テ多シ。長ク留ルハ計ノ得タル者ニ非ズ。乃チ後藤氏に謀リ転寓ノ策ヲ決ス（中略）馬車ニ駕シテ新寓ニ遷ル。即チ『ホテルドロービロン』ナリ」

「ホテルドロービロン」とは、ブールヴァール・デ・ジタリアンにいまもある Hôtel de Lord Byron のこと。

グランド・ホテルが一泊三〇フランなのに対して、オテル・ド・ロール・ビロンは一泊五フランだから、かなり格安だったことになる。

さて、こうして新しいホテルに宿替えし、次々に挨拶に訪れる在留邦人と面会してみると、気になってくるのは、彼我の衣服の違いである。

つまり、成島柳北は、日本から着てきた自分たちの「洋服」がいかにもみっともないことに気づいたのである。

「ブウセイノ裁縫店ニ過ギ、同行ノ衣服ヲ製スルヲ命ズ。本邦ヨリ着シ来タリシモノハ皆陋悪《ろうあく》ニシテ本府ニテハ車夫馬丁モ着セザル様思ハル。又一笑ス可シ」

二日後、ブウセイ洋裁店に注文した服が到着すると、柳北は新調の服に身を包んで張り切ってパリ探索を再開する。

彼が真っ先に足を運んだのは、意外なところだった。

「六日金曜、晴。名村氏ノ寓ヲ訪ヒ、セイヌ河上ニ遊歩シ、骨董舗ヲ観ル。古銭極メテ多シ」

柳北は古銭収集を趣味としており、寄港地でも時間が許せば骨董店を訪れてはその地の古銭を買いあさっていたのである。山田風太郎は「巴里に雪のふるごとく」の中にこの柳北の古銭趣味を巧みに組み込んで推理小説のトリックにしている。

しかし、古銭収集癖があるとはいえ、柳北は決して「モノだけを愛するオタク」ではない。その証拠に、十一月八日には「モノではなく女も愛する」ことを立派に証明しているのだ。

「八日、日曜、好晴。（中略）此日安藤、池田二子トボアドブロンノ公園に遊ブ。瀑布アリ極メテ清幽愛ス可キノ地ナリ。『ザングレイ楼』ニ飲ム。肴核頗ル美ナリ。帰途酔ニ乗ジテ安《リュ》暮《ド》阿須《アンボス》街ノ娼楼ニ遊ブ。亦是レ鴻爪泥ノミ」

「ボアドブロン」とはボワ・ド・ブローニュのこと。つまり、柳北はブローニュの森に散策に出掛けて、これを「清幽愛ス可キ」と感じているのである。いっぽう、「ザングレイ楼」とは、ブールヴァール・デ・ジタリアンにあった有名なカフェ・レストラン「カフェ・デ・ザングレ Café des Anglais」のこと。料理の質もよく、当時、パリでも一、二を争う名店であった。柳北は、ブローニュの森で散策を楽しんだあとに、カフェ・デ・ザングレで食事をとるという、この時代の流行をそのまま実践してみたのである。

しかし、問題はやはり、「酔ニ乗ジテ安暮阿須街ノ娼楼ニ遊ブ」の箇所である。というのは、この箇所は、どう読んでも柳北が、カフェ・デ・ザングレや宿にしているオテル・ド・ロール・ビロンとブールヴァール・デ・ジタリアンを挟んで反対側にあるアンブロワーズ街のメゾン・クローズに遊んだとしか解釈できないからである。つまり、柳北はパリ滞在八日目にして、はやくも女の匂いを求めて娼館に出掛けたのだ。さすがは『柳橋新誌』の作者といわざるをえない。

だが、不思議なことに、『航西日乗』で「娼楼ニ遊ブ」の記述が登場するのはここ一カ所だけである。ほかにはそれらしきことはまったく記されていない。

では、この日以後、柳北は禁欲を貫いたのかといえば、どうもそうとは思われない。というのも、次のようなかなり怪しい記述がときどき現れてくるからである。

「〔十一月〕十一日、水曜、陰。舜台ト共ニ栗本ヲ訪フ。午下飛雪紛々、晩餐後長田、池田、安藤三子ト往テ『ワランチノ』ノ歌舞場ヲ観ル。此場ニ来タル者過半ハ遊冶少年ナリ。婦女モ亦我窩子ヲ多シトス、寓ニ帰ル後、佐藤、後藤二子モ亦来話ス」

「ワランチノ」というのはダンスホール「ヴァランチーノ Valentino」のことで、サントノレ通り二四七番地から二五一番地にかけての敷地に建っていた。

ヴァランチーノとは、七月王政時代にオペラ座のオーケストラの指揮者だったイタリア人ヴァレンチーノがこの場所でダンスホールを経営していたときに付けられた名称である。経営者がロシータ・セルジャンに変わってからダンスホールは俄然、人気を呼ぶようになり、第二帝政下ではおおいに賑わったが、柳北らが訪れた時代には、ダンスホールというよりも、セミ・プロの娼婦が一緒にダンスを踊ると見せかけて客を引く「出会い系」の場所になり下がっていた。柳北が客の大半は「遊治《ゆうや》少年ナリ。婦女モ亦我窩子ヲ多シトス」と書いているのは、私娼とそれを見張るヒモしかいなかった事実を反映している。

では、この「ヴァランチーノ」で、柳北はなにをしていたかといえば、まさかダンスを踊っていたわけではあるまい。ダンスを踊る娼婦をじっと観察し、秋波を送る娼婦があればこれを拾って、近くの安ホテルに一緒にしけこんだにちがいない。このほうがアンブロワーズ街のメゾン・クローズで遊ぶよりもずっと安くついたし、また敵娼《あいかた》もヴァラエティに富んでいたのだろう。

この観点から、『航西日乗』で「ワランチノ」を探すと、十一月十九日、二月一日、三月十一日と、滞在中に都合四回も足を運んでいることが判明する。柳北、この年、三十五歳、一身にして二世を経るとはいえ、歳からすれば、まだまだ血気さかんな壮年であったのだ。

『柳橋新誌』ならぬ『パリ新誌』でも、書こうと思えば書ける程度に経験は積んでいたようである。

成島柳北は、明治五年（一八七二）十二月二十二日に、宿を右岸のオテル・ド・ロール・ビロンから左岸はリュクサンブール公園近くの安宿オテル・ド・コルネイユに移した。一行の会計係として、無駄な見栄を張るよりも、一日でも滞在日数を長くするにはこれしかないと判断したからなのだろう。

そして、予算配分のメドが立つと、一安心したのか、名所旧跡を見学するかたわら、盛り場に出て、スペクタクル通いに精出すことになる。これは、パリを訪れた当時の日本人としては珍しい行動パターンで、「粋人」成島柳北の面目躍如たるものがある。

とはいえ、柳北が最初に見学したスペクタクルは劇場のそれではなかった。

「十一月（西暦十二月）九日、月曜、晴。島地諸子ト遊歩シ、王宮ノ内外ヲ一観シ、又『パノラマ』ヲ観ル。『パノラマ』ハ普仏戦争ノ実景ヲ写セシモノニテ画図ニシテ、毫モ画図ト思ハレヌ奇幻巧妙ノ観場ナリ。斯クノ如キ奇観ハ余ガ生来未ダ曽テ観ザル所ナリ」

柳北が訪れたパノラマは、チュイルリ公園に続くシャンゼリゼのプロムナードの一角に建てられていたもので、第二帝政期まではナポレオン三世がオーストリアに勝利したソルフェリーノの戦いが描かれていた。ところが、第二帝政が瓦解したため、急遽、普仏戦争のパリ攻防戦の図に描き変えられていたのである。このパノラマは、『米欧回覧実記』でも取り上げられ、称賛をこめて詳細が描かれている。明治初期の日本人には、写真などよりも、トロンプ・ルイユの効果を使ったパノラマ画のほうが驚きを誘ったものと見える。

では、柳北が訪れた最初の劇場はどこかといえば、宿のすぐ近くにあったオデオン座である。

「〔明治六年（一八七三）一月〕六日、月曜、晴。（中略）晩来米田氏来訪ス。共ニ『ロデーオン』ノ劇場ヲ観ル。場ノ荘麗驚ク可シ。演ズル所ハ女子ノ怨恚《えんい》シテ死シ、厲鬼《れいき》トナリシ昔物語ナリト云ヘド、能ク言語ヲ解セネバ分明ニ記載シ難シ」

劇場の壮麗さに目を見張るものの、芝居の内容の方は言葉が理解できないので、恨みを呑んで死んだ女が亡霊となって化けて出るたぐいの昔物語くらいのところしか分からないと記している。

では、これに懲りて柳北が劇場通いをやめたのかというと、むしろその逆で、言葉は理解できなくとも芝居の楽しさや劇場の華やいだ雰囲気だけは充分に伝わったらしく、以後、右岸の劇場にも足を伸ばすようになる。

「〔一月〕十六日、木曜、晴。（中略）晩ニ公使官《ママ》ニ赴キ長田子及ビ小野弥一氏ト共ニ散歩シ、イタリヤ街ノ一楼ニ飲ム。酒肴《しゅこう》精美ナリ。更ニ宇都宮子ヲ誘シ『ゲーテイ』ノ劇場ヲ観ル。三貧士金鶏卵ヲ獲テ之ヲ擲《なげう》チ、共ニ王位ヲ博シ得ル其ノ脚色頗ル妙ナリ。就レ中衆妓ノ蜻蛉ノ舞ヲ為ス、本邦ノ蝴蝶ノ舞ト相似テ艶麗《えんれい》人ヲ驚カセリ」

「『ゲーテイ』ノ劇場」というのは、セバストポール大通りに通じるパパン街に一八六一年に建てられた「ゲテ座」のことで、この頃にはオッフェンバックの常設小屋となっていた。「〔三〕貧士金鶏卵ヲ獲テ之ヲ擲チ、共ニ王位ヲ博シ得ル」というのもおそらくはオッフェンバック特有のドタバタ調のオペレッタだったのだろう。「衆妓ノ蜻蛉ノ舞ヲ為ス」とは、オペレッタの途中で挿入されるバレエでバレリーナが群舞する様を蜻蛉の舞に譬えたもの。チュチュを着たバレリーナたちは、柳北に日本の「胡蝶ノ舞」を連想させたようだ。

柳北は、この「ゲテ座」のオペレッタがよほど気にいったと見えて、翌々日にも別の友人とともに再訪している。

この「ゲテ座」のオペレッタで、スペクタクル、とりわけ、薄く透明な衣裳をつけた踊り子たちが乱舞するスペクタクルの楽しさに開眼したのか、今度はもう一つのスペクタクル、すなわちサーカスにも足を向ける。

「〔二月〕八日、土曜、又雪。教師来タル。梅上、島地、坂田、小野四子来話ス。共ニ『ジバル』楼に飫シ、カルバルノ曲馬場ニ往テ観ル。嬋妍《せんけん》タル少婦駿馬ニ跨リ、奔馳《ほんち》電ノ如ク且ツ各種ノ技芸ヲ奏ス、亦一奇観ナリ。最モ奇トス可キハ一馬ノ音楽ニ随テ舞跳スルニテ有リキ」

この時代に常設小屋のサーカスとして有名だったのは、今日もなおタンプル大通りに健在の「シルク・ディヴェール」で、「『ジバル』楼」というのも、あるいはこの「シルク・

ディヴェール」の名を取ったカフェかレストランだったのかもしれない。また、「カルバルノ曲馬場」というのは、二月八日という時期からして、カーニヴァル（カルナヴァル）公演として行われていた「シルク・ディヴェール」のサーカスショーのことと思われる。日本のそれと違って、フランスのサーカスは、エロチックな舞台衣装を着た女芸人が馬にまたがり、いろいろと曲芸を披露する大人向けのショーが中心なので、柳北らはおおいに楽しみ、鼻の下を伸ばしたにちがいない。

　このように、最初はスペクタクル中心のオペレッタやサーカスを見て歩いていた柳北だが、パリの演劇情報に精通するにつれ、話題作を上演する非スペクタクル系の一般劇場も視野に入ってきたようだ。

「〔二月〕二十日、木曜、陰。（中略）此夜「ジミナアジユ」劇場ヲ観ル。近年ノ名妓カメリアノ情郎ニ邂逅セシヨリ情交日ニ密ヲ極メ、後情郎ガ父ノ叱責ヲ蒙リ郭外ノ別業ニ閉居スルヲ聞キ、カメリア之ヲ踵シテ其家ニ往キ、情郎ノ父ニ説諭サレ、已ムヲ得ズ佯テ情郎ト好ヲ絶チシヨリ其ノ怒リヲ受ケ、大ニ茶亭ニテ辱カシメラレ、竟《つい》ニ病ニ臥シ、一月一日危篤ノ際ニ至リ、情郎ガ父ノ許シヲ得テカメリヤノ家ニ来タル、病者之ヲ見テ喜ビ極ツテ絶スルノ事ヲ演ス。日来極メテ看客ノ喝采ヲ得タルモノト云フ」

「ジミナアジユ」というのは、ボンヌ・ヌヴェル大通り三八番地にいまもあるジムナーズ座のことで、柳北はこの劇場の当たり狂言であるデュマ・フィスの『椿姫（仏題 La Dame aux camélias)』の評判を聞き付けて、観劇に出掛けたのである。

詳しくその粗筋を書き付けているところを見ると、柳北のフランス語の力も、家庭教師を雇って三カ月間も研鑽に励んだおかげでかなり上達し、おおよそのストーリーを追うことができるようになったのだろう。

とはいえ、どちらかといえば、柳北の好みはスペクタクルに傾いていたようで、三月には、スペクタクルの殿堂ともいうべき「フォリー・ベルジェール」を訪れて楽しんでいる。

「〔三月〕四日、火曜、雨。（中略）夜『ホリーベルジヱー』ニ遊ブ。劇場ノ小ナルモノニシテ本邦ノ寄席ニ類スルモノナリ。看客随意ニ酒ヲ飲ミ烟ヲ喫スルヲ得ル、劇場ノ厳整ナルニ似ズ、其ノ席価ニ『フランク』ナリ。奏楽舞踏ハ劇場ニ異ナラズ」

この後、いろいろとアクロバットの出し物の描写が続く。すなわち、子供を二人の男がまりのように投げ合い、その子供が空中で蝶のごとくに舞って綱などに捕まって曲芸を披露するパフォーマンスとか、床に並べたビンの列を自転車乗りが巧みにかいくぐって一本も倒さない曲芸とか、ピエロが酔っ払って酒蔵に入ると酒瓶がことごとく美人に変じて乱舞するショーなどである。柳北は、最後を「頗ル荘大ナリ。本邦此戯ノ么微《エウ》ナルニ似ズ」と締めくくっている。よほど感心したらしく、翌日にも友人を誘って再訪している。

こうした観劇の掉尾《とうび》を飾るのは、イタリア旅行に出掛ける直前の三月十二日に訪れたオペラ座である。

「〔三月〕十二日、水曜、陰寒。（中略）此夜ブーセイ同行諸子ヲ招キ『オペラ』ノ演劇ヲ観セシム。此国第一ノ劇場ナリ。（一席ノ価八十フランク）場内広サ二千五百人ヲ容ル可シ。正面ニ帝后ノ観棚有リ、看客皆礼服ヲ着クルヲ例トス。其演劇皆古語ヲ用フ、殆ド我邦ノ散楽ト趣キヲ同クス。而シテ女伎ノ舞踏ニ至テハ他ノ劇場ニ異ナル所無シ、唯ダ美麗ヲ極ムルノミ。戯中水底ノ景色ヲ示ス、密ニ銀線ヲ張リ中ニ緑藻青萍ヲ点シタル如キハ実ニ人目ヲ眩セリ。歓ヲ尽クシテ帰ル」

柳北は「オペラ」座の威容に盛んに驚いているので、なるほど、オペラ座ならさもありなんと思うかもしれないが、じつは、柳北が一八七三年に訪れたこのオペラ座は、我々が知るシャルル・ガルニエの設計になるあの壮麗なオペラ座ではないのだ。

なぜなら、ガルニエのオペラ座は一八六二年に着工されたものの、地盤の悪さから工事が遅れに遅れ、完工予定だった一八六七年のパリ万博に間に合わなかったばかりか、一八七〇年の第二帝政瓦解で、発注者のナポレオン三世が失脚してしまうという予想外の事態に陥ったからだ。さらに、それに引き続くパリ・コミューンによる混乱で工事は中断し、結局、完成したのは一八七五年になってからだった。このときには、ナポレオン三世はもう世を去っていた。

では、柳北が一八七三年の三月に訪れたオペラ座はというと、これは、一八二〇年からわずか一年の工期でル・ペルティエ街に建てられたオペラ座である。

このル・ペルティエ街のオペラ座は、ベリー公がこの年、ルーヴォワ街のオペラ座の前で暗殺されたことへの物忌みから急遽建設された仮建築のオペラ座であったが、その割には音響効果がよかったせいか、思いのほか長持ちし、十九世紀の名作オペラのほとんどはここで初演されている。ガルニエのオペラ座の工事が長引いたこともあって、ル・ペルティエ街のオペラ座は一八七三年まで正式なオペラ座として使用されていたのである。

したがって、柳北ら一行が訪れて驚嘆したのは、このル・ペルティエ街のオペラ座の方なのである。

ところで、ル・ペルティエ街のオペラ座は、柳北が観劇してから七カ月余り後の一八七三年十月二十九日、原因不明の火災によって完全に消失してしまうという悲劇に見舞われた。通例、オペラというのは夏のシーズンには行われないものなので、柳北は、パリを訪れた日本人の中では、ル・ペルティエ街のオペラ座の最期を見取った貴重な証人ということになる。

それはさておき、「江戸最後の粋人」柳北によるパリ風俗案内は、「花月新誌」に連載されるに及んで一人の熱心な読者を得ることになる。その愛読者は劇場やミュージックホールの描写から想像力を大きく膨らませ、パリに対する無限の憧憬をはぐくんでいく。

それが永井荷風であることは、あらためて指摘するまでもないだろう。荷風が元祖となる「軟派のパリ」の伝統は、じつは柳北に始まっているのである。

平民宰相・原敬

幕末に日仏を往復して大暴れしたベルギー国籍のフランス貴族コント・ド・モンブランを主人公にして時代小説を書こうと思い立ったとき、帰仏後のモンブラン伯爵の後日談を語る狂言回しとして、だれか適当な日本人はいないかと探したところ、若き日の原敬が明治十八年の末から三年余りパリの日本公使館に書記官として勤務していた事実を突きとめ、この原敬の視点を借りてモンブラン伯爵の来歴を語ることにした。

これが『妖人白山伯《モンブラン》』で、さしたる評判も呼ばなかったが、私としては、フィクションとしての「原敬」という人物と付き合うことで、なかなか楽しい時間を過ごすことができたと思っている。

で、フィクションではないノンフィクションの原敬はというと、やんぬるかな、ほとんど物語のない散文的な外交官生活を送っているのである。『原敬日記 第一巻』には、明治十八年（一八八五）十二月二日のパリ到着から明治二十二年二月十五日にパリを離れるまで三年と三カ月の「パリ日記」が収められているのだが、その大半は外交官としての業務日誌で、ほとんどは、日本からやってくる宮様、貴族、大臣などの接待や、フランスの政府高官との付き合いの記述に当てられていて、面白みがないことおびただしい。フィクションなら行間を読んで、そこから想像力を膨らませることができるのだが、ノンフィクションとなると、問題は別である。

しかし、親仏派の系譜を辿るという本書の趣旨からいっても、原敬を逸することはできない。なんとか、いろいろな証言をつなぎあわせて「パリにおける原敬」を描いてみることにしよう。

前田蓮山《れんざん》の『原敬伝』や『原敬全集』（原敬全集刊行会）収録の「原敬——其生涯・政治的事業のスケッチ」等によるならば、原敬（幼名・健次郎）は安政三年、南部藩（盛岡藩）の家老の家に生まれた。ところが、維新で南部藩が賊軍となったために、幼少から辛酸をなめ、東京に遊学するも、学費調達の困難から、麴町一番町の天主公教会（カトリック）のマリン（マラン？）神父の営む神学校の寄宿生とならざるをえなかった。このマリン神父の神学校で、原敬は洗礼を受け、ダビデという洗礼名を与えられた。ダビデ・ハラである。やがて、新潟カトリック教会の神父エヴラールが学僕を求めていたのでこれに応じ、一緒に新潟に赴いた。前田蓮山は、この学僕志願を「フランス語を教えて貰えるなら、どんな仕事を命じられても、決して厭うところでないと誓ふのであつた」と、語学習得目的としているが本当のところはわからない。

しかし、とにかく、エヴラール神父の学僕時代にフランス語が身についたことは事実で、この能力が後に原敬をして、まずジャーナリスト、次いで外交官への道を歩ませることになる。

とはいえ、その出世のコースが平坦だったわけではない。というのも、ジャーナリストとなったのは、エヴラールの学僕を辞して入学した司法省法学校を賄征伐事件《まかないせいばつ》（献立に対する不満からの学食改善運動）が原因で中退したからであり、初めからそれを目指していたわけではない。ただし、その就職活動のさいにフランス語の能力が役だったことは確かで、「郵便報知新聞」にも、フランスの新聞の翻訳係として雇われている。

同じく、外交官への転職もフランス語が契機となった。すなわち、「郵便報知新聞」が大隈重信の改進党の機関紙となって冷飯を食べさせられたために、原敬は福地桜痴が主宰する「大東日報」に移籍したのだが、この「大東日報」の記者として、朝鮮日本公使館襲撃事件処理のために下関に赴く外務卿井上馨に取材したさい、その政治的見識とフランス語力を買われて外務省に引き抜かれたのである。

外務省では、フランス語の能力を生かさざるをえない状況が原敬を待ち構えていた。明治十六年、フランスと清国の間で戦争が起こり、天津の総領事館で急遽フランス語の使い手が必要になったのである。原敬は、中井弘の長女貞子と結婚式をあげる間もなく、天津総領事として戦乱の中国に赴くことになる。

「形勢のいかんによつては、日本はフランスと連合しようといふ腹があつたのであるから原敬は天津駐在のフランス領事リステルユベルと連絡を保つて活動した」（『原敬伝』）

この天津総領事館勤務で原敬の運命はさらにフランスに近づく。というのも、同じころ、例の朝鮮問題で暴動が起き、日本政府は清国と折衝するために全権伊藤博文を天津に派遣したが、そのさいに、伊藤博文は原敬の手腕を高く買い、これをフランス公使館勤務要員として井上馨に推薦したからである。

かくして原敬は明治十八年十月十八日、パリに赴任すべく、単身、東京をあとにした。

原敬がパリに着任したとき、在仏公使をつとめていたのは蜂須賀侯爵だったが、この公使は能力的に問題があり、いきおい、外交業務は一等書記官である原敬の双肩にかかってくる。しかし、そうなると、神父に習ったフランス語程度では太刀打ちできないことが判明する。日記には、その頃のことがこう書かれている。

「(一八八五年)十二月九日　仏国に来り仏語の必要益〻多きにより、日本人に多く教授し来るアルカンボー Arcambeau なる者を毎日語学教授に来る事を約す」

やがて、語学も少しは上達し、公使館の業務にも慣れてくると、今度は別の仕事が原敬に回されることになる。

フランス語を解せぬ蜂須賀公使の代理として会や舞踏会へ出席する仕事である。

「(一八八五年)十二月二十三日　午後十時より新任外相フレシネーの始めて催したる夜会に赴く」「(一八八六年)一月一日　午後一時半公使及び館員一同大統領の謁見式に赴く」「(一八八六年)一月十七日　夜十時より陸相ブーランゼーの夜会に赴く」「(一八八六年)二月二十日　外相フレシネーの夜会に赴く」「(一八八六年)二月二十四日　マルシヤルの夜会に赴く」「(一八八六年)二月二十五日　大統領の舞踏会に赴く」

着任直後二カ月の日記をのぞいただけでも、六回もの夜会、謁見式、舞踏会である。外交官の仕事は儀礼と情報収集であるとはいえ、まだ、それほど語学に練達してはいない原敬にとっては、このパーティーの連続はかなり苦痛に感じられたにちがいない。とりわけ、率直にものを言わない外交官の社会だから、その独特の言語に習熟していない身にとっては、会話すること自体が大きなプレッシャーとなったはずである。

事実、原敬は、かなりの鬱症に陥り、公使館に引きこもって読書に耽っていたと前田蓮山は伝えている。私は、この記述をヒントに『妖人白山伯』の冒頭の場面を構想したのだが、その鬱症も、着任後一年半を経過したあたりで一気に解消し、別人のような原敬が誕生することとなる。

前田蓮山によると、その転機は、一八八七年五月末のルーヴィエ内閣の誕生で、対独強硬派の「復讐将軍」ブーランジェに代わって陸軍大臣に就任したボゥシに夜会の席で話しかけられたさいに訪れたという。

「彼は少年の頃、縮毛が特徴であつたが、子供の時、縁側から落ちて、したたか打つた前額部に、いつ頃からか、一銭銅貨大の白毛が生じ、パリーにいた頃は、随分目立つて来た。或時、宴会の席か何かで、仏国陸軍大臣ボゥシが、この白毛を見て、『私は、あなたに甚だおめでたいことを、お知らせする喜びを有します。あなたの前額部の白髪は、将来あなたが多勢の頭となり、異常な御出世をなさるといふことを、予言してゐますぞ。私の鑑定に、決して間違ひはありません』と言つた。このボゥシ陸相は、骨相学が自慢の隠し芸であつた。

　後年の白頭宰相は、これを聞いて喜ぶこと限りなく、帰つてから館員にシャンペンをおごつて、大はしやぎであつたといふ。この話は、パリー日本公使館に四十年も通訳を勤めたところの、アルカンボーといふフランス人が語つたといふことである」（『原敬伝』）

　フランス人には、ラファター譲りの骨相学を得意にする者がいるから、この逸話もいかにもありそうな話であるが、いずれにしろ、フランス滞在の途中で、原敬が消極的な性格から積極的な性格へと転じたことは確かで、以後、その新たに獲得した社交の才を遺憾なく発揮し、外交の世界で水を得た魚のように回遊を始める。

　その一つの手掛かりとなったのが、フランスに次々に留学にやってきた日本の皇族との付き合いである。

　実際、『原敬日記』をめくっていくと、パリの日本公使館を宮様が訪れなかった月はないほどで、山階宮、閑院宮、伏見宮、小松宮と、まさに皇族の留学ラッシュの感がある。

　このうち、とくに原敬が親しんだのは、後に海軍に大きな影響力を及ぼすことになる伏見宮である。

「（一八八六年）三月二十四日　伏見宮殿下の晩餐に御招を受け公使と共に参上せり」「（一八八六年）四月七日　伏見宮殿下より晩餐の御招あり参上す」「（一八八六年）六月三日

伏見宮殿下浅田家令を伴われ突然余の旅寓に来臨せらる。居室にて幸に所持せし昆布茶などを差上げ歓談に時を移されたり」

後に、原敬が政友会総裁から、初の平民宰相の座につくことができた裏には、パリ公使館時代に培った皇族コネクションが与かって力あったといったら、穿ち過ぎだろうか？皇族の人脈というものが、戦後とは桁違いに大きな比重を占めていた戦前のことである。決して、あり得ない仮定ではない。

原敬の滞仏日記を読んでいて気づくのは、皇族以外の政財官界の多彩なコネクションもまた、パリの公使館勤務時代に作られたにちがいないということだ。

薩長全盛の世の中、賊軍の南部藩出身者など「一山いくら」の扱いでしかないと言われたのを自嘲的に捉えて号を「一山」とした原敬であるから、もし在野の新聞記者のままだったら、薩長の高官とのコネクションなど生まれるはずはなかったにちがいない。

ところが、パリの公使館で足かけ五年間、次々に視察に訪れる政府高官のアテンドをしているうちに、宮様ばかりか、薩長の高官、それも、後に総理大臣になるような大物たちとの係わりが生まれたのだから、原敬にとって、このパリ時代は、政治家としてのキャリアの大きなジャンピング・ボードになったと言えるのである。

まず、長州閥からいくと、山県有朋がいる。山県有朋は、原敬が初の平民宰相として政党内閣を組織するさい、最終的なゴー・サインを出すなど、非常に大きな役割を演じることになるが、この係わりは、陸軍軍制をフランス式からドイツ式に切り替える用件で山県が明治二十二年（一八八九）にパリを訪れたときに始まった。

「（一八八九年）一月十六日　山県伯仏国外相ゴブレ訪問に付余田中公使と共に外務省に赴き通訳の労を取れり、小坂少佐も山県に随伴す。其会話中ゴブレは、陸軍大臣も果して内務大臣の如く親密に迎接するや否を知らず、何となれば仏国の士官等の日本に在る者は目下甚だ困難の地位に在り、去りながら兎に角自分は御希望（陸相に面会）の次第は同相に通知すべし云々。是れ目下本邦に於て陸軍は独逸に依らんとするに因り此くの如き不快の言をなしたるもの丶如し」

原敬は、儀式局長のオルムサン伯爵とコンタクトを取って、サディ・カルノー大統領の謁見を可能にするなど奔走を重ねたが、その結果、ようやく山県と陸相との会談がセットされ、問題解決の糸口を見いだすのである。

「（一八八九年）一月二十一日　田中公使と共に山県紹介の為め同伴して陸相並に内相を訪問せり」

やがて一件も落着し、山県はソミュールの陸軍士官学校の視察に出発することになる。

長州閥としては、このほか、品川弥二郎駐独公使、また鳥尾小弥太陸軍中将がパリの公使館を訪れているが、注目すべきは鳥尾小弥太である。というのも、原敬は、一応、井上馨外務大臣子飼いの外交官として赴任していたが、鳥尾小弥太は、同じ長州閥でありながら、三浦梧楼、谷干城《たてき》らと月曜会を組織して、陸軍主流の山県派と対立していた人物だからである。井上馨系だった原敬は、鳥尾小弥太と接することで、長州反主流派とも通じることができたのである。

　この鳥尾小弥太に近かったのが、伊藤内閣で農商務相を務めていた谷干城（土佐閥）である。この時期、生糸輸出税を巡って日仏で軋轢があったので、谷干城はこれを解決するために農商務省の随員を伴って訪仏したのである。

「（一八八六年）四月二十六日　農商務大臣谷干城一行来着、グランドホテルに投宿」

「（一八八六年）五月十日　谷農相其随員を伴ひ仏国商務大臣に面会の為め同官邸に赴く。仏国政府と先頃来交渉中なる生糸税に関し外務省より電報接手す」

谷干城は、交渉が妥結すると帰国し、鳥尾小弥太らと組んで反欧化主義の立場から井上馨攻撃の急先鋒となる。

　一方、薩摩閥の大物は西郷従道《つぐみち》海軍大臣である。

「（一八八六年）十一月七日　海相西郷従道一行巴里に来着せり」

西郷従道一行は、日清戦争を予期していたのか、フランス海軍の軍艦、とりわけ魚雷艇を購入するためにフランスの軍港及びベルギーを精力的に巡回していたようで、原敬は一行がパリに戻るたびにアテンドを務めている。このアテンドで、原敬と西郷の関係は相当に深まったらしく、双方で晩餐に招き合いをしている。

「（一八八七年）一月四日　西郷海相より晩餐に招かる」「（一八八七年）五月十五日　西郷海相より晩餐に招かる」

「（一八八七年）五月十七日　西郷海相一行を晩餐に招く」

薩摩閥のもう一人の大物は、黒田清隆内閣顧問である。黒田清隆は、西郷従道とほぼ同じ時期にパリを訪れていた。

「（一八八七年）二月一日　海防艦製造の注文書に調印すべき旨昨日を以て会社に申送る。在留中の内閣顧問黒田清隆レセプス並にテスランドポールに面会を望むに付紹介状送る」

「（一八八七年）二月五日　黒田顧問を晩餐に招く」

このように、薩長の大物との係わりが生まれたのが、公使館勤務時代の大きな収穫だったが、後の原敬のキャリアから見て、より重要なのは、西園寺公望と高橋是清との繋がりができたことだろう。

西園寺公望は、原敬がパリの公使館に勤務していた初めの時期、駐オーストリア公使としてウィーンにいたが、十年近くを過ごしたパリが恋しくなったのか、休暇を貰うとしばしばパリを訪れていたようである。前田蓮山は『原敬伝』にこう書いている。

「西園寺公望は、当時駐墺公使で、頻々《ひんぴん》とパリーにやって来ては、原敬と会飲した。その頃は、原敬も頗る大酒であつた」

「その頃」というのは一八八六年頃のことだろう。原敬が西園寺公望の跡を襲って政友会総裁となるのはこれから二十八年後のことである。

いっぽう、高橋是清との係わりは、高橋是清が農商務省特許局長として欧米視察中、パリの公使館を訪れたさいに結ばれたものである。

「(一八八六年) 四月二十九日　農商務省特許局長高橋是清来着、商工務省特許局長Dumonstier de Fredelly に紹介の為め余同伴せり」

もっとも、この明治十九年には、原敬の語学力は特許局長とのやり取りを通訳できるほどのものではなかったらしく、高橋是清はその自伝にこう記している。

「その日、谷大臣より今度フランス大統領に謁見の際は君も随行員に加えておくからとの親切な話があった。そこで謁見を済ますまではロンドンへかえることを見合せた。その間に少しでも特許院の取調べを進めたいと思って、蜂須賀公使を訪ねてフランス政府に交渉方を懇請した。そうしてそのことにつき原書記官及び宮川書記生と相談した。

翌日、商務省を訪問して特許局長に会い、英文で書いた質問書を手交した。すると局長は『次の土曜日の午後四時に、通弁を連れておいでを乞う、さすれば質問に対して十分にお答えする』という話であった。それで再び公使館へ行って相談した。

その結果原君が同行してくれることとなった。ところが原君のいうのには、『自分はまだ来て間もない、ところで君の専門的な用件には通弁は出来ない。それで君の便宜のために英語の解《わか》る人に出て貰うよう交渉して見よう』と、いう。かくて原君が交渉の結果、特許局では英語の解る人を出して私との応接に便利を計ってくれた」

通訳はともかく、これを機会に原敬と高橋是清という大正の二大政治家の係わりができたことは確かで、原敬が政友会内閣を組織するときには、高橋是清は大蔵大臣として入閣し、原敬が刺殺された後は自ら首班となって組閣に取り組むことになるのである。

では、足かけ五年もフランスに滞在しながら、原敬はこの調子で来訪する大物政治家や軍人のアテンドばかりして奔命に疲れていたのかといえば、決してそんなことはなかった。死後に刊行された『原敬全集』収録の「原敬――其生涯・政治的事業のスケッチ」にはこう書かれている。

「軈《やが》てパリー駐在、公使蜂須賀茂韶帰朝の後をうけて代理公使、そして三年のパリー生活を続けた。この間、彼はフランス書に思ふ様親しんで、さして手腕を現はすべき機会もないままに、自己の修養に資した。この頃の勉強の一つが、『エジプト混合裁判』の翻訳である。来るべき条約改正、治外法権撤廃に備へんがために、故国への啓蒙的な土産として篋底《きょうてい》に秘めてゐたのである」

『原敬全集』にはこの『エジプト混合裁判』が収録されている。それを読むと、原敬は、日本が幕末に締結した不平等条約、なかんずく、治外法権の問題を解決するには、エジプト政府が採用した万国裁判所（混合裁判所）が参考になると考え、その利点と問題点を論じた諸家の論点を整理して翻訳したのである。

原敬は、領事裁判所方式に比べ、エジプトと欧米諸国の双方が裁判に加わる混合裁判所方式の方が優ることは疑いないが、これとてもエジプト人にとっては不利益な制度に変わりはないことを指摘している。

「エジプト人にして若し代言人を有せざるときは其権利及び利益を毫も保護することを得ず而して代言人に依頼したるときは其訴訟を全く代言人に放任するに外なし加うるにエジプト人は法廷に於て充分の弁論をなすことを得ず相手人は頓著なしにフランス語或いはイタリー語を以て弁論しエジプト国語即ち『アラビア』語は全く度外に放棄せらるこの場合には公然の資格を有する翻訳官あれども其翻訳は両造の意思を通ずるに於て精確なりと云ふことを得ざるのみならず其智力の発達も亦不充分なりと云ふことを得ざるなり」（『エジプト混合裁判』）

さすがは原敬である。井上馨や大隈重信が推し進めようとしていた外国人判事の採用による混合方式の難点を見事に見抜いている。

それればかりではない。これを読んだわれわれは、原敬の死後二十五年にして日本が直面することになる極東国際軍事裁判を思い浮かべざるをえない。敗戦国に課せられたこの混合裁判で、日本人は、原敬の指摘した通りの不利益を被ることになるのである。

日本美術の大恩人・林忠正

日仏交流史の中で、日本のみならずフランスにも大きな影響を与えた日本人を一人選ぶとなったら、それは、衆目の一致するところ、画商・林忠正ということになるだろう。

林忠正こそは、フランスに浮世絵を紹介し、ジャポニズムの隆盛をもたらした当事者であるばかりか、山本芳翠、黒田清輝とパリで親しく交わって、日本近代洋画の成立にも少なからぬ影響を及ぼした人物である。さらに一九〇〇年のパリ万博では日本館の事務官長もつとめ、世界に日本の美術や産品を紹介するのに貢献している。

つまり、日仏交流史の観点からみれば、林忠正は間違いなく最重要人物なのであるが、実際には、長い間、まともな評伝一つ書かれることなく、ほとんどエピソード的に登場する周辺人物扱いされてきた。

それどころか、日仏交流史の先駆者の一人であり、西園寺公望の評伝も書いている木村毅などからは、浮世絵を海外に流出させた悪辣な商人とまで非難されている。

もちろん、中には永井荷風のように、ゴンクールの『日記』を読んで「林氏は尋常一様の輸出商人にあらざることを知るべし」と書いている者もいるのだが、概して、その評価は低い。いや、低すぎるといっていい。では、いったい、林忠正に対するこうした低評価はどこから生まれてきたものなのだろうか？

思うに、それは、林忠正が一介の民間人、それも日本では蔑まれること著しい「商人」であったからなのではあるまいか。

一般に、「銅臭がする」などという金銭を卑しむ慣用句があるように、日本では商売というものを卑しむ風潮がある。渋沢栄一が嘆いたように、江戸時代の士農工商の影響で「官民」格差が大きいかと思うと、文学者や芸術家サイドもまた「商売がうまい」とか「あいつは商人だ」という言葉を貶辞として用いる。つまり、商行為のもたらした結果それ自体を取り上げて評価を下す以前に、金がからむことはすべて「悪」と決めつけてしまう傾向が強いのである。商業立国を謳いながら、「武士道精神」を精神のバックボーンとしてきた近代日本の歪みというほかはない。

というわけで、パリに長逗留した親仏派の系譜を洗う本書においても、親仏商人の代表として、ここに林忠正を取り上げないわけにはいかないのである。

義孫の木々康子《きぎやすこ》氏によって書かれた初の本格的評伝『林忠正とその時代　世紀末のパリと日本美術』によると、林忠正は、安政三年（一八五六）に越中（富山県）高岡の代々外科医を営む家系に生まれた。幼名は長崎志藝二《しげじ》。長崎という姓は、初代が長崎でオランダ医学を学んだことにちなむ。林姓に変わったのは、明治三年、十四歳のときに富山藩士林太仲《たちゅう》の養嗣子となったためである。

従来の伝記で、生年が嘉永六年（一八五三）となっていたのは、林忠正が大学南校に入学するさい、制限年齢に合わせて三歳年長として登録した結果のようである。

養父の林太仲は、明治の初年に藩の大参事となると藩政改革に着手し、その一環として養子の忠正を藩費留学生として東京に送った。明治三年十月のことである。

林忠正が手初めに入った学校は、日本で最初のフランス学者として知られる村上英俊のフランス学塾だった。ここでフランス語に触れたことが、後のフランス行きのきっかけになったことは間違いない。

翌年、藩貢進生として学費を与えられた忠正は、従兄の磯辺四郎などとともに晴れて大学南校に入学、エリートとして羽ばたく期待に胸を膨らませていたが、メインの外国語がフランス語から英語にシフトしたこともあって、校則も学科も変転を余儀なくされ、結局、廃科予定の開成学校・諸芸科の生徒という中途半端な立場に置かれることになってしまった。

明治八年には、フランス法学系の明法寮に転じていた磯辺四郎からパリ大学に留学するという知らせが届き、林忠正はこの年長の従兄に対する羨望とライバル意識から、木々康子氏の言うように「低迷する学校から脱け出して、是が非でもフランスに渡り」たいと願うようになったらしい。

しかし、この時にはすでに、養父の林太仲が失脚したこともあって、私費留学などとうていおぼつかない状況になっていた。フランスに行くにはなんとか別の方途を見つけるしかない。

そんなときに、忠正は耳寄りなニュースを入手する。明治六年のウィーン万博、明治九年のフィラデルフィア万博に参加して実績をあげた貿易商社「起立工商会社」（社長・松尾儀助、副社長・若井兼三郎）が、二年後にパリで開催予定の万博に出店するため、フランス語のできるスタッフを求めているというのだ。

林忠正はこの話を聞きつけるや、ただちに行動を開始、各方面への働きかけを行う。その結果、明治十年の十二月には社員として採用され、翌年の一月に渡仏することが決まる。

在籍していた東京大学（明治十年に開成学校から改称）はあと数カ月で卒業の予定だったが、パリ行きを翌月に控えた身では退学を決意せざるをえない。

『林忠正とその時代』収録の忠正日記を見ると、明治十年十二月十八日のところに「浜尾学長に返納金の延期を乞う。十二日限りとす。退学願書は情実不得止の儀を以てすべし」とあるが、翌日の日記には「午後一時卒業証書授与式あり。敬宇先生演説せらる」と書かれているので、あるいは形式上は「退学」ではなく「卒業」という形を取ってもらったのかもしれない。

いずれにしろ、これによって、忠正が官途に就く道は閉ざされ、一介の商人として生きるほかなくなる。運命の岐路は、ここに分かたれたのである。

しかし、明治十一年一月二十九日、フランス客船「チーブル号」に乗船した忠正の意気は軒昂である。

「二十九日　午前四時、横浜解纜《かいらん》。汽船航海は初めてなれば終日ブラブラ然たり。晩に至りて少し吐す。これ初めてのくせに生意気な食事をせし故なるべし」(『林忠正とその時代』)

途中、香港でメサジュリ・マリティーヌ社の快速客船シンズ号に乗り換えて、三月中旬、マルセイユに着いた。

万国博覧会は、五月一日から始まった。忠正の勤務する起立工商会社は、トロカデロ宮の斜面につくられた日本庭園、ほか二カ所に店を構え、日本の工芸品を売りまくったが、それは、ジョルジュ・ブスケのような知日家の目から見ると、かなりの粗悪品だったようだ。

忠正はというと、副社長として現地に赴いた若井兼三郎の通訳と出展品の説明係だったが、その仕事ぶりは水際立っていた。木々康子氏はこう記している。

「日本美術愛好家の一人であるレイモン・ケクランは『その若い説明者は非常に教養高く、日本美術の前に立止まる前衛の評論家や印象派の画家たちの求める情報を熱心に与えたので、彼らはたちまち親しくなり、その後長く友情で結ばれた』と追憶している」(同書)

このケクランの言葉にある前衛の評論家の一人にエドモン・ド・ゴンクールがいた。ゴンクールは、万博開幕の翌日には早くも日本の展示を見学したようで、銀のアオサギの描かれた衝立と、漆に硬石や象牙や磁器やさまざまな金属の花々をあしらった屏風について

「世界始まって以来、あらゆる工芸が作り出した品々のうちで最も美しい調度品」と日記に書き留めている。

　もっとも、この時には林忠正との出会いがゴンクールに意識されたことはなかった。ゴンクールの日記に林忠正らしき人物が登場してくるのは、一八七八年の十一月二十八日に、美術批評家ビュルティの家で行われた渡辺省亭《せいてい》の掛け軸描きのパフォーマンスで助手をつとめたときのことであるが、ゴンクールは「付き添い人」としているだけで、名前は記していない。

　ところで、このときにはすでに、万博は終了し、林忠正は起立会社を解雇されていた。忠正はこれまでの働きぶりからしてパリ支店に再雇用されるのではないかと心ひそかに期待していたのであるが、その期待はあっさりと裏切られてしまった。その落胆は、小山ブリジット『夢見た日本　エドモン・ド・ゴンクールと林忠正』（高頭麻子・三宅京子訳、平凡社）に引用された忠正のインタビュー記事からも推し量ることができる。

「開場は百八十日間、とかくして先づ博覧会も終りを告げた私の用事もモウこれで相済みと成つて、帰朝をせねば成らなく成つた。だが帰ろうなどといふ了見は更にない。仍で此度は此の支店の方に使雇されたいと頼み込んで見たが、其れは出来ないといつて手もなく断られて仕舞つたのです」

　このときの万博に出掛けた日本人スタッフは相当な数に上り、しかも、その多くが万博後もパリに止まることを望んだので、起立会社としても、その一々の希望に副うことはできなかったのである。それに、万博が閉幕してみれば、売上は思ったほどには伸びず、支店としての収支は赤字になっていたので、現地スタッフを切り詰めねばならなかったということもある。

かくして、林忠正はなんとか生活費を工面して、留学を続けようと決心し、日本からやってくる使節団の通訳や翻訳などの臨時仕事を片端から引き受けることになる。

そうした使節団の一つに、明治十二年四月にパリに着いた川路利良大警視を団長とする警視庁一行があった。川路利良は「成島柳北」の項で述べたように、明治五年に既にパリを訪れているが、西南戦争終了後、パリの警察制度調査に情熱を燃やして再度渡仏を決意したのである。

川路利良は、パリ到着直後に体調を崩し、急ぎ帰国することとなったが、残留組の少警視に知り合いの佐和正がいたことから、林忠正は通訳としてヨーロッパ各国を視察する一行に同行する。この旅行が、ある意味、忠正の運命を変えることになるのである。

少警視・佐和正一行に通訳官として随行してヨーロッパ各地を視察してあるいた林忠正にとって、帰仏してふたたび目にしたパリは一段と輝きを増したように思えた。とりわけ、美術の面から見たパリは、ヨーロッパのどんな都に比べても照り輝いていた。

林忠正とゴンクールのかかわりを調べて本にした小山ブリジットは、この林の欧州旅行が美術商開眼のきっかけになったとして、次のように述べている。

「この旅行は、彼にとって、西洋美術の美への入門《イニシエーション》であったが、おそらくまた、日本美術の偉大さを意識することでもあった。すでにこの旅行記には、フランスでの特別な運命を約束された、この日本人青年の特質が表れていたのである」（『夢見た日本』）

パリは最初に訪れたときよりも再訪したときのほうが好きになるという法則のようなものがあるが、林忠正もまた、いったん離れて外側から見たパリの魅力にかえって取りつかれてしまった口だった。こうなったら、なんとしてもパリに居残る算段をしなければならない。そう考えていた矢先、解雇されたはずの起立工商から再入社の誘いを受けた。

じつは、万博終了後、起立工商は不振を極め、店を畳んで撤退するか否かの岐路に立たされており、副社長の若井兼三郎は、フランス事情に通じた林を雇い入れて再建に当たらせるしかないと判断したのである。

林忠正としては、万博の後に就職を頼んですげなく断られた経緯があるので、なにをいまさらの気持ちはあったが、若井のたっての願いとあっては承諾するしかなかった。

だが、林の力をもってしても、起立工商の経営状態はニッチもサッチもいかないところまで来ていた。肝腎要の日本の本社がパリの美術品のマーケットというものを理解せず、粗悪な製品ばかりを送り届けてきたからである。

若井は本社を説得するために帰国したが、容れられず起立工商を辞めた。林忠正も、若井にならって辞職し、三井物産パリ支店の社員となった。ときに、明治十五年（一八八二）のことである。

この三井物産入社と前後して、林忠正はふたりの大物の通訳をつとめた。一人は有栖川宮、もう一人は伊藤博文である。このうち、決定的な出会いとなったのは伊藤博文とのそれである。

なぜなら、通訳をつとめるうちに伊藤博文の信頼を得た林は、かねてより心にわだかまっていた日本美術の現状への懸念を披露し、打つべき対策を明かしたが、伊藤は即座にそれに賛意を示し、大蔵少輔の吉原重俊に上申書を書くように勧めたからである。木々康子の『林忠正とその時代』には、この上申書の要約が再録されているが、そこで述べられていることは、美術商・林忠正の出発点となるものなので、以下に概要を伝えておく。

林はまず、かつてあれほど高く評価された日本の工芸美術が近年低い評価しか受けなくなったのは、維新以来の社会の激変で、職人たちを保護していた幕府諸公が没落し、職人たちが転廃業するか、粗悪品を作るほかなくなっているためであると説き、次いで、この現状を打破するには、政府が工芸美術を奨励して、「美術維持局」のようなものを設立するしかないと主張した。美術というのは、一国の文化の水準を計るバロメーターであるから、これをあだ疎《おろそ》かにすべきでないと美術立国論を展開したのである。

この上申書はすぐに採用されることはなかったが、八年後に林の友人である下条《げじょう》正雄の具申で宮内省に「帝室技芸員制度」が設けられたときには、林の意見がたたき台になったようである。林忠正の憂国の情は、政府をも動かすことになったのだ。

明治十六年（一八八三）かその翌年、林忠正は、起立工商を退社してパリに戻ってきた若井とともに、一〇区のシテ・ドートヴィル七番地（後にヴィクトワール通り六五番地に移動）に「若井・林商会」を設立した。この日本美術品を扱う新たな店の出現は、折から高まりを見せていた日本ブームに一層の刺激を与え、ゴンクール兄を始めとするジャポニザンは、「若井・林商会」か、あるいは隣の九区のプロヴァンス通りにあったジークフリート・ビングの店に日参するようになった。

互いに激しいライバル心を持つジャポニザンたちは両方をハシゴして、到着したばかりの美術品を争って買いあさったが、性狷介なゴンクール兄は、ビングの店では自分を優先的に扱ってくれないという不満を抱いていたので、掘り出し物の探索に協力的な林忠正の店を好むようになった。

「エドモンは林に近づくためなら何でもした。愛想がよく、生き生きとして、聡明で、わけても目を見張るような芸術的感性をもったこの若き日本人が、日を追うごとにだんだんと不可欠な存在になっていったのである。ゴンクールはやっと、彼の持つ絵をきわめて繊細に飾っている書に封じ込められた神秘のすべてを解く鍵を、彼に与えてくれるであろう人物に出会うことができたのだ」(『夢見た日本』)

ようするに、ゴンクールにとって、林忠正はたんなる商人というだけでなく、日本に関するあらゆる疑問をぶつけることのできる「日本学」の先生になったのである。

といっても、年を追うごとに店は忙しくなり、また、日本の職人にパリで好まれる商品を教えるために日仏の間を往復しなければならなかったので、林がゴンクールの望み通りの協力をすることは難しかったが、それでも、一八八九年には、歌麿についての研究書を書こうとするゴンクールのために『青楼絵本年中行事』を翻訳してやった。おかげでゴンクールは浮世絵研究の先駆者という輝かしい栄光を担うことができたのである。

もちろん、ゴンクールの方でも、ギブ・アンド・テイクの原則に則って、林忠正にさまざまなかたちで便宜を図った。その一つが、自分が常連となっているナポレオン三世の従妹マチルド皇女のサロンへの紹介である。

「林に気に入られようとして、彼をマチルド皇女に紹介したため、林は彼女のサロンの常連客になった。彼は、こうしたサロンに時として招待される類いの、単なる『エキゾティックなお客さん』ではなかった。十分にフランス語を操り、潑剌と自分の意見を言う彼との同席を望む客は多かった。日本に魅せられた皇女は、新しいこの客を手厚くもてなした。こうして林は文学界への出入りを果たした。友人たち、お客たちとの仕事を通じて彼が培っていった信頼関係が、林にパリやヨーロッパ、合衆国の上流階級の扉を開いたのであ

る」(同書)

この指摘は、われわれが想像する以上に重要である。欧米、とくにフランスでは、高級美術品売買のコネクションは、サロンで作り出されるのが常だからである。林忠正は、日本人で初めてこの「見えざるバリアを持つサークル」の中に入り込むことができた一人なのである。

こうしてフランスとアメリカの上流社会に販路を確立し、高級美術商としてやっていくメドが立つと、林は、あらゆる機会を捉えて、日本と日本美術の「正確な理解」を広めることに努めるようになる。というのも、日々、フランス人と接するうちに、麗しい、あるいは忌まわしい誤解が彼らを捉えていることに気づかざるを得なくなったからだ。

そんな林に、渡りに船の話が飛び込んでくる。絵入り週刊新聞「パリ・イリュストレ」が日本特集号(一八八六年五月一日号)を出すので、日本に関する詳細な紹介記事を書いてくれないかといってきたのだ。

「パリ・イリュストレ」のこの特集号は、ゴッホが自作の中に英泉の浮世絵をあしらった表紙を描きこんだことで有名になったが、そこに長文のエッセイを寄せた林は、ジョルジュ・ブスケを始めとするフランス人旅行者が残した日本滞在記によって広められた誤解を一つ一つ正しながら、日本の歴史、風土、風俗、封建制、宗教、日本人の気質、美学などを諄々《じゅんじゅん》と説き、美術品を鑑賞するためにはトータルな日本理解が必要だと力説した。

一八八六年は林忠正のプライベート・ライフにおいても一つの転換が訪れた年だった。渡欧して八年がたち、「若井・林商会」を切り盛りする林のうちにも独立の意志が芽生え始めたのである。この心境の変化について小山ブリジットは、こんなふうに語っている。

「若かった彼は、商取引の世界にすぐに適応することができた。猛勉強によって、日本美術の分野についてしっかりした知識も獲得した。また彼の言語能力は、彼に対してあらゆる方面への扉を開いていた。三三歳にして林は美術商の第一人者の一人になっていたのである。弟子が師を越えてしまっていた。若井は彼とともに自分の活動を展開していきたいと思ったようである。林の誠実さ、勇気、優しさを高く買い、何よりも自分の娘と林を結婚させることを望んでいた。しかし、運命はそのようには決せられなかった」(同書)

事実、林忠正は、この年、独立を決意し、その旨を若井に伝えたようである。「若井・林商会」が名実ともに「林商会」となるのは、三年後の一八八九年のことだが、独り立ちの決断はこの時点でついていたのだ。

もう一つの決断は、表向きは妻として客に紹介していたシュザンヌというパートナーの問題である。シュザンヌは林の留守中、店を守り、顧客の受けも良かったが、どんなにフランス人化しようとも林の心の中には一人の明治人がいた。シュザンヌの気持ちは痛いほどよくわかったが、異邦人を妻として迎える決断は付かなかったのである。

一八八六年、久しぶりに日本に帰国した林は、紅葉館という料亭で仲居をしていた十九歳の娘さと子と知り合い、その聡明さと商才にひかれ、いずれは自分の伴侶にしようと心を決めたようである。この気持ちがテレパシーで伝わったのか、シュザンヌは林の留守中にジローという店の客と浮気し、林が送ってくる一番良い商品を彼に渡したあげく、林のもとを去っていく。

かくして、パリに戻った林忠正は、すべての面で独り立ちを余儀なくされることになるのである。

林忠正が若井兼三郎との共同経営を解消し、「林商会」を設立した一八八九年は、エッフェル塔がシャン・ド・マルスにそびえ立った第四回パリ万国博覧会の開催された年である。しかし、日本の美術品の出展に関していえば、万博がフランス「革命」百周年を謳っていた関係もあり、天皇を主権者として戴く日本政府はあまり積極的ではなく、前回のような日本ブームは起こらなかった。

林忠正自身も、この年は日本への旅行、博覧会への審査員としての協力、さらには若井とのコンビの解消などの問題山積みで、「林商会」の設立は万博終了後の十月にずれ込んでしまい、万博それ自体から利益を引き出すということはできなかった。

つまり、林忠正が美術商として出発したのは一八八九年でも、本格的始動は翌一八九〇年からであり、ここから一九〇〇年パリ万博までの十年間が「林商会」の実質的な活動期間に当たる。今日、林忠正の業績と見なされるものもこの時期に集中している。

その一つが、エドモン・ド・ゴンクールに、日本美術商として、また有能な助手兼アドヴァイザーとして全面協力し、彼が晩年の傑作『歌麿』と『北斎』を書き上げるのを手伝ったことだろう。欧米における日本美術の高い評価も、また、美術商としての林自身の名声もこの高名な作家の権威付けがあってこそ確立されたと言えるのである。

この意味で、林忠正が、たんに金離れがいいというだけの理由で金満家のコレクターを優遇したりせず、金力はないが文筆の力を持つゴンクールを大切にしたことは大正解だったといえる。骨董商と古書商というのは、目先の金銭的利益ではなく、名声という名のロング・タームのリターンをもたらしてくれるインテリ客を無視してはならないのである。

とはいえ、林忠正も、慈善をしているわけではないから、商人として利益をあげる必要がある。

では、この二律背反を林忠正はどうやって乗り越えたのか？　小山ブリジットの『夢見た日本』（以下、断りのない限り引用は同書による）に従えば、それは熱心なジャポニザンであったシャルル・アヴィランから勧められた店作りと販売法によるものであった。アヴィランは林に、ビングの店で行われている開放的な販売法（客は商品に自由に触れることができる）と逆を行くよう、次のように勧めたのである。

「骨董の取引は、自分だけがよい場所を見つけたとか、自分の買うものが稀少な品であるとか、仲介の費用がかかることなく自分自身で直接購入したとか、買い手がそんなふうに考えたがる特殊な商取引です。こういう考えを買い手に与えるのに役立ちうることなら、すべてがよいのです」

林忠正はこのアドヴァイスに忠実に従った。つまり、店を鍵のかかる小部屋に分け、それぞれの小部屋で別個に客と応対したのである。その結果は、レイモン・ケクランの漏らしたこんな評価となって跳ね返ってきた。

「自身も熱心な好事家であった林は、賞賛に値すると思うものを顧客たちにも自分と同じように愛でてもらいたいと望んでいた。美しい作品が、それに対してしかるべき敬意を感じることのできない人の手に渡ったり、それをただ虚栄心の道具にしてしまうスノッブに譲ったりすることを彼はひどく嫌っていた。そこから、必ずしも金持ちとは限らないわずかな何人かを大事にしたり、それ以外の人たちに隠し立てをしたりするような態度が見られたし、ヴィクトワール通りの彼の新しいアパルトマンでは客を完全に分断する方法がとられたのである。そこでは、愛好家同士が鉢合わせすることは絶対になく、その人にふさわしいと彼が判断する品物を個別に見せられたのである」

これは考えてみれば、日本の待合（いまなら銀座の高級クラブ）で行われていた日本的もてなし方法によく似ている。あるいは、林は、アヴィランに勧められるまでもなく、この種の日本式接客法に通暁していたのかもしれない。

いずれにしても、収集家という人種は独占欲が強く、「自分だけ」を客として扱ってほしいと願っているので、例外なく林の術中にはまってしまったのである。

だが、銀座の高級クラブに通う客の中には、ママのこうした接客法を真に受けて、ママは自分に恋していると錯覚する客がいるように、林忠正の顧客にも、思いがけない過剰な「愛」を要求してくるものも現れた。それがほかならぬゴンクールだったのである。

ゴンクールは、林から優れた作品を優先的に売ってもらうだけでは満足せず、作品についての詳細な解説や、さらには参考文献の翻訳まで要求するようになる。

さすがの林もこうした度を越した要求には音をあげたようだが、しかし、だからといって、ゴンクールを見放すことはなかった。小山ブリジットは、ゴンクールの奉仕の強要によく耐えた林の態度をこう賞賛している。

「林も、ゴンクールの手伝いにこんなにも多くの時間を割くことを、よく承知したものである。その丁寧さはすべてのジャポニザンたちが認めるところだが、彼はまたどこまでも忍耐強かった。そうはいっても、気難し屋で通っているゴンクールと仕事するのは、決してたやすいことではなかっただろう。(中略)林はゴンクールに根負けした。つまり、歌麿についての資料を翻訳して、この偉大な芸術家についての世界で最初の研究書を書くという、夢の実現への協力を承諾したのである」

こうした親密な協力関係は、結局、一八九六年のゴンクールの死まで続くことになる。

おかげで、ゴンクールは浮世絵研究のパイオニアという「死後の栄光」に浴することができたわけだが、林忠正も、ゴンクールが『北斎』に文献書誌作成とその翻訳の労苦に謝辞を掲げてくれたことで、その名を浮世絵研究史の一ページに刻むことになったのである。「ゴンクールと林は二人でこの偉大な仕事を成しとげたのであり、それゆえ二人の名は以来切り離すことはできない。今日に至るまで批評家から高い評価を得ているのは、彼らの共同の作品なのである」

このように、林忠正は、たんに日本の美術品を海外に紹介しただけでなく、ゴンクールに全面協力することでジャポニズムの成立にも力を貸したわけだが、もう一つ、忘れてはならないのは、日本に洋画を定着させるために林忠正が果たした大きな役割である。

というのも、もし、パリに林忠正が存在せず、日本人の画学生の相談に乗ったり、面倒を見ることがなかったならば、果たして、黒田清輝や久米桂一郎といった洋画家たちが誕生しえたかどうか大いに疑問だからである。

この方面で、林忠正が黒田清輝に与えた影響については、これまで、明治十九年（一八八六）二月に黒田が父宛てに出した手紙がかならず引き合いに出されてきた。

「山本（当地在留の画工）藤（工部大学卒業生ニテ工部省より官費ヲ以テ油絵ヲ学ブ人）林（当地在留ノ日本画其他諸古物ナドノ商人先ヅ一寸言ば古道具屋也）ノ諸氏ガ日本美術ノ西洋ニ及バザルヲ嘆ジ私ニ画学修業ヲしきりに勧め申候　且つ私ニ画ノ下地あるを大ニ誉め曰ク

君ニシテ若シ画学ヲ学ひたらんにはよき画かきとなるや必せり　君が法律を学ぶよりも画を学びたる方日本の為メニモ余程益ならんなど、迄申候故少しく画学を始めんかとも思ヒ居候固より好きの事故少しく勉強したらんには進歩可致と存候」（『山本芳翠の世界展』カタログ）

つまり、法律の勉強のためにパリに留学していた黒田清輝を、林忠正が、自分の世話している画学生の山本芳翠や藤雅三らとともに、絵画の道に進むよう説得した結果、黒田が法律を放棄して、藤雅三の学んでいるラファエル・コランの画塾に入ることを決意したということになっているのだが、どうやら、黒田に与えた林忠正の影響は、こうした「説得」のレベルにはとどまっていないようなのだ。

なんのことかといえば、そもそも日本人の画学生の師としてラファエル・コランを選ぶというその選択の仕方においてすでに林忠正の考えが働いていたということである。

この点に関して、小山ブリジットは、問題を次のように立てている。

「なぜ若き日本人たちは主としてコランの下を訪れ、帰国後には自分の弟子たちを送りこんで、彼とかくも親密な関係を保ったのか？　その答えはおそらく、林とコランの間に確立した友好関係に見出されるだろう」

すなわち、小山ブリジットによれば、ラファエル・コランは、林忠正の店を介して日本美術の熱心なコレクターになり、日本人の感性や美学に親しみを抱くようになったが、そうしたコランの「親日的感性」を正しく理解していた林忠正が、日本人画学生の先生を選ぶ段になって、真っ先にコランに白羽の矢を立てたというのである。

「弟子たちによれば、コランは静けさを愛する、とても控えめな男であった。おそらく日本人にかなり近い感覚の彼は、林や日本から来た弟子たちといるのを好んでいた。林の方も、コランの絵、そこから発散する新鮮さや静謐さを愛した。つまり、きわめて古典的な彼の描き方は若き日本人画家たちの手本にできると思われたからこそ、彼の下に彼らを導いたのである。林は友人であったモネやドガ、ピサロらの印象派の画家たちに無限の評価を与えていたが、彼らに若き日本人画家たちの世話を頼むことはしなかった。おそらく彼は、印象派を理解し、この運動の推進者たちのような絵を描けるようになる前に、彼が絵画の基本と見なす古典主義を経由する必要がある、と考えたのである。こうして、明治の最も偉大な画家たちは、コランの人柄と作品に熱狂し、その忠実な弟子になったのである」

この説は、コランと林が知りあったのは一八八四年頃で、黒田清輝を紹介しに自分の画塾に来たのが最初の出会いであるというコラン自身の証言があるので、なお検討の余地はあるものの、大筋において、黒田が林忠正の選択に従って、コランを師に選んだという点はほぼ間違いないものと思える。黒田清輝や久米桂一郎は、林忠正という媒介があって初めて、ラファエル・コランのもとで洋画を習得し、その技法を日本に持ち帰ることができたのである。

この意味において、林忠正の与えた影響は、日本サイドでも、思っているよりははるかに大きいのである。


一八九六年七月にエドモン・ド・ゴンクールが死去すると、それと軌を一にしたようにジャポニズムの流行も下火になり、林忠正の店もまた経営困難に見舞われることになる。日本で美術品の価格が上がりすぎ、マージンを上乗せすることができなくなったのである。林は実業家・浅野総一郎の勧めで、石油ビジネスに乗り出すことに決め、油田の本社があるサンクト・ペテルブルグまで出向いたりしたが、石油ビジネスのような散文的な事業が林の肌に合うわけはなく、結局、石油事業参画は見送りとなった。

そんなとき、耳寄りなニュースが飛び込んできた。

かねてより噂に上っていた一九〇〇年パリ万博が開催されることになったのである。林は、この絶好のチャンスに店の在庫を売り切って事業を清算しようと考えた。商売を続けていてもジリ貧だということがわかっていたからである。

ところが、予想外の話が持ち上がり、林の思惑は宙に浮いてしまう。

在仏公使の曽禰《そね》荒助《あらすけ》に日本の出展計画について考えを求められ、意見書を提出したところ、これが、ヴィクトリア女王在位六十年式典出席のためにパリに滞在していた伊藤博文、西園寺公望などの旧知の政治家の目にとまり、万国博覧会事務官長への就任を要請されることとなったのである。

海外事情に精通していた伊藤と西園寺は、世紀のイヴェントである一九〇〇年万博のジェネラル・プロデューサーを任せられるのは林忠正しかいないと意見が一致し、あえて万博事務官長職に関する法律を改正してまで林の起用にこだわったが、この措置が、多くの人々の怨嗟と嫉妬をかきたてることになるのである。

反・林忠正キャンペーンは、一八九八年三月に事務官長の辞令が下りるや否やただちに開始されたが、林が万博の出展規定や選別方法を公示すると、その攻撃は一段と激しさを増すこととなる。林は、諸外国の例にならって審査員は芸術家とジャーナリストから選ぶことに決め、美術部門と工芸部門を峻別することにしたが、こうしたやり方に馴れていない出展者から、事務官長の横暴を非難する声が上がったのである。

批判の急先鋒に立ったのは「東京日日新聞」「朝日新聞」「憲政新聞」「太平新聞」などである。『夢見た日本』に引用された記事のいくつかを以下に掲げてみよう。

「驚くべき此顔触に斯る人々の鑑査を受けんとの美術家に取て不名誉の極なればとて折角に丹精を凝らし居る製作家も勇気阻喪して出品を見合はさんとするものある由なり」（「朝日新聞」一八九九年八月二十二日号）

「この大切なる万国博覧会に際して、いかに我が当局に人物なきにもせよ、素性も何も判らざるボーイ上がりの林忠正なるものを、勅人待遇の事務官長となし、彼が仏国通の気随《きずい》気儘《きまま》に放任してさらに相関せざるものの如きは、我が政府が同博覧会を軽視し蔑視する所以なり」(「憲政新聞」一八九九年八月二十四日号)

いずれも、露骨な人身攻撃だが、しかし、これらの批判は次の「太平新聞」の記事に比べれば、まだ礼儀をわきまえていた部類に属するだろう。

「凡そ世に奸物多しと雖も亦たアヤシ不忠正の如き莫らん。世に利欲の奴隷多しと雖も彼不正の如きは亦甚だ稀なり。彼は実に国家を売るの賊なり。美術を泯《ほろ》ぼすの敵なり。(中略)彼れが今回数十の老大新聞を買収し盲目の新聞記者を薬籠中《やくろうちゅう》の物と為し而して国家を売りて己を利せんとし美術を喰物にして私を謀らんとする」(一八九九年八月二十九日号)

大変な罵詈雑言《ばりぞうごん》というしかない。

では、林忠正は、こうしたマスコミの十字砲火に対して、どのように振る舞ったのだろうか?

さながら、憎悪と嫉妬からなるこの猛烈なるエネルギーを万博という帆船の推進力に転化するが如く、理想を高く掲げて、万博準備に邁進したのである。

一九〇〇年四月十四日、フランス共和国大統領エミール・ルーベの演説によって万国博覧会は開幕したが、この日、トロカデロの丘に設けられた法隆寺金堂風の日本館を訪れた六千人の観客はそこで開催されている「日本美術回顧展」に刮目することになる。そのうちの一人美術評論家のエミール・オヴラックはこんなレポートを残している。

「日本美術の傑作はわれわれが考えていたのとは異なるものだった。それらは日本にあってヨーロッパにはないものだ。われわれを喜ばせ教えてくれるために、かなりの数の作品を運んできてくれた林氏には厚く感謝申し上げる。（中略）ここには、われわれがこれぞ日本だと簡単に思ってきた芸術家はほとんど見られない。すなわち、徳川時代の職人たち、浮世絵の版画家たち、北斎も、歌麿、清長、春信もほとんど見当たらない。反対に、われわれにはほとんど知られていない貴族的な流派、土佐派や狩野派……それにそれ以前の、さらに驚異的な画家たち。彼らの横には、藤原時代や鎌倉時代の仏師たち、漆や鉄や木の大家たち、光悦や、笠翁。したがって、一三〇〇年の歴史が眠るこのパビリオン、一国民の夢がその起源から結集されたこのパビリオンをわれわれがあとにするとき、われわれはこのきわめて優れた芸術――単に、日本の美というより、世界的な美の記憶、と言ってかまわないだろう――に対する、より鮮明な像と、より幅広く深められた認識をわが物としているのである」

賛辞はオヴラックにとどまらなかった。どの新聞も林が日本館で企てた「体系的な日本美術紹介」の意図を正しく見抜き、絶賛に近いオマージュを捧げていた。

それもそのはず、林が日本館のために皇室、博物館、神社仏閣などから集めてきたコレクションは、文字通り、空前絶後の規模であり、あとにもさきにも、これほどの国宝級の美術品が一堂に会したことはないといわれるものだった。その熱意は、浮世絵や江戸工芸品しか知らない観客にも正しく理解されたのである。

ただ、林忠正が企てたもう一つの企画展である現代日本の美術工芸展、とくに黒田清輝、久米桂一郎、小山正太郎、浅井忠《ちゅう》などの日本の西洋絵画は非常に不評だった。フランスのサロン絵画の下手な模倣のレベルで、独創的な作品は皆無というのがフランス・ジャーナリズムのおおよその評価であった。日本に西洋美術を育てるという林忠正の願いはいまだかなえられてはいなかったのである。

とはいえ、日本館における「日本美術回顧展」の圧倒的な成功は、こうした西洋絵画部門の不評を完全に忘れさせるほどのものだったから、その噂は当然、日本のマスコミにも届いたが、さすがに、反・林忠正キャンペーンを繰り広げていた手前もあるのか、新聞各紙は、林の功績には触れることなく、展覧会の好評ぶりのみを伝えた。

「奇妙なことに、展覧会の前に林に対してあれほど辛辣だった日本の新聞はどこも沈黙していた。祖国を誇りとし、日本の芸術至宝を世界に示すためにはいかなる犠牲も顧みない男と西洋が林を認めているのに対し、どうして日本の新聞に、国を裏切ったとして彼を糾弾することなどできただろう。ジャーナリストたちは、自らの重大な過ちを認めようとしないまま、まるで当初からの予想通りといわんばかりに、この日本部門の成功と祝典を喜ばしく伝えたのだった」

林忠正は、万国博終了後、回顧展を補完することを目的として自ら小序を付した『日本美術史』を刊行したが、これぞ、日本美術のカノンとなる決定的な本だった。以後、日本の美術史は、良きにつけ悪しきにつけ、すべて、この本に準拠して、研究されることになるのである。

一九〇一年、日本政府より叙勲の知らせを受けた林は、万博で疲労した体を癒すべく、妻さと子と長男忠雄の待つ新橋の家庭に戻った。しかし、秋口に、パリの林商会の経営を任せていた末弟萩原正倫危篤の報を得たため、ただちに帰仏し、弟のいる病院に駆けつけたが、数週間後、看病空しく、正倫は帰らぬ人となった。

この弟の死は、パリでの事業展開に情熱を失っていた林にとって大きなショックとなった。林は、ひそかに収集していた膨大な極東美術のコレクションをすべてオークションに掛けることに決めた。

印象派の売り出しに貢献したデュラン゠リュエル画廊で行われた三回のオークションで鑑定人を務めたのは、林の良きライバルでときには激しく憎みあったこともあるジークフリート・ビングだった。ビングは、二回目のオークションのさいに発行されたカタログでこう記している。

「ここで分析されるもの、それは、芸術への情熱に衝き動かされて、この上なく熱心に、かつ執拗に、それまで十分に開拓されてこなかった分野のすみずみを照らし出した男が成しえた仕事の到達地点である。T・林が日本の版画芸術に関してこの歴史的成果を打ち立てるのに歩んだ時代は、まだ恵まれていた唯一の時代だった。日本に秘蔵されていた資源は今日、尽きようとしている……」

これぞ、日本美術と林忠正を深く知る男によってなされた最高の賛辞であった。

オークションの後、二年かけてすべての事業を整理した林がフランスを離れたのは一九〇五年三月のことである。

日本の妻子のもとに帰った林は、体力を回復した後、フランスから運んできた膨大な西洋絵画のコレクションを展示するための美術館を建設するつもりでいたようだが、万博事務官長という激務と仕事の残務整理でエネルギーを消尽してしまったのか、帰国後二カ月もしないうちに病に倒れ、翌年の四月、帰らぬ人となった。

九歳と四歳の息子とともに後に残された妻さと子は、印象派を中心とする林のコレクションを美術品売買会社に委託し、ニューヨークでオークションに掛けた。

こうして、林が日本美術を世界に紹介した金で購った西洋美術の傑作の数々は再び世界に散っていったのである。

これにより、林の成し遂げた偉大な業績も失われ、一九〇〇年万博の反・林キャンペーンの悪しき記憶のみが残される結果となったのである。

今こそ、二重の意味での日本美術の大恩人、林忠正の復権を叫ばなければならない。

宮様総理・東久邇宮稔彦

最近、私は東久邇《ひがしくにの》（宮《みや》）稔彦《なるひこ》に凝《こ》っている。もしかすると、東久邇宮は昭和史を解くためのキーパーソンかもしれないとさえ思っているのである。

こういうと、「えーっ⁉　東久邇？　なんで？」という声がいっせいに聞こえてきそうだが、昭和史マニアに言わせると、東久邇宮（以下、扱うのはおもに戦前のことなのでこの名称を使用）という名前は、昭和史の流れにイフを掛け、日本が辿り得たかもしれないパラレル・ワールドを想像するのに欠かせない存在なので、その名前は想像よりもはるかに重要なのである。

具体的に言おう。

東久邇宮は、昭和二十年八月十五日の終戦の詔のあと内閣首班となったが、じつはそれ以前にも二回ほど、さまざまな勢力によって、皇族内閣の首班として担がれそうになったことがある。

一回目は、昭和八年七月に起きた、民間行動派右翼の弁護士、天野辰夫を首謀者とするクーデター未遂事件「神兵隊事件」である。この「神兵隊事件」では、陸海軍の将兵を巻き込んだ武装クーデターが成功したあかつきには、皇族内閣の首班として東久邇宮をかつぎ出すことが予定されていたのである。この事件に加わった陸軍将校の安田銕之助《てつのすけ》がかつて東久邇宮のお付き武官をしていたことから、内閣首班として名前が挙げられたのである。

二回目は、昭和十六年の十月に第三次近衛内閣が瓦解したあとのことで、退陣した近衛が天皇に東久邇宮を後継首班に推薦したが、内大臣の木戸幸一の強い反対で、結局、東久邇内閣は成立せず東条内閣が誕生した。

つまり、歴史の分岐点で二度も東久邇宮内閣が成立した可能性があるわけで、もし、そうなっていたら、フランスに留学してフランス流のリベラリズムを身につけた東久邇宮の政治方針が歴史の前面に現れていたかもしれないのである。

いいかえると、東久邇宮のフランス留学を研究することは、歴史の蓋然線を引き直して日本の辿りえたかもしれないコースを再検討してみることにつながるのである。もし、東久邇宮内閣が終戦時にではなく、昭和八年か昭和十六年に成立していたとするなら、日本はあの悲惨な戦争には突入しなかったかも知れないのだ。

というわけで、東久邇（宮）稔彦である。

東久邇宮はフランス留学で何を学び、何を日本の歴史にもたらしたのか、それとももたらしえなかったのか？　以下、この問題について考えてみよう。

東久邇宮のフランス留学は、一九二〇年（大正九）からじつに七年の長きにわたっている。これは、皇族留学としては異例の長さだった。その間、妻である明治天皇の末娘・聰《とし》子《こ》内親王は日本に置き去りにされたままだったのだから、なんとも、お気楽な独身留学というほかない。

さすがに、当時でも、この長期留学は批判の的だったらしく、留学中も、また帰国後も、牧野内大臣などの天皇側近からは強く非難されたようだが、東久邇宮は、自伝『やんちゃ孤独――菊のカーテンの中の一人の人間記録』(読売文庫、一九五五年)でいくつか理由をあげて留学が長引いたわけを説明している。

第一の理由というのは、出発するさい、留学に理解のあった山県有朋元帥と上原勇作元帥から、「なるべく永く外国にいて、むこうの知名の人と親しくなり、むこうの民情や、欧州の情勢をよく知るようにすることだ。ただ学校を卒業してすぐ帰ってきたのでは、何もならない」と忠告されたということ。つまり、元帥たちの助言に忠実にしたがったまでだというのである。

たしかに、東久邇宮は、フォンテーヌブローの砲兵学校を終えたあと、パリの陸軍大学で学び、卒業後は政治学院(いわゆるシアンス・ポ。当時は私立だったが、今日では国立となって、グランド・ゼコールの一つに数えられている)で、政治・経済を学ぶかたわら、クレマンソー、ペタン元帥を始めとする要人と交際したので、その言葉に決して偽りはないのだが、しかし、「民情」の視察は、モンマルトルのカジノ・ド・パリやフォリー・ベルジェール、さらには高級メゾンのファッション・ショーの舞台裏にまで及んだのだから、いつまでも、両元帥の忠告通りに行動していたのではないのだ。皇室問題に詳しい浅見雅男氏によると、やはり、「現地妻」の存在があったらしく、それが帰国を遅らせた一因となっていたようである。

しかし、東久邇宮自身があげている理由は、もう一つ、別のところにあった。それは、日本の陸軍大学校時代に、明治天皇の御陪食《ばいしょく》を命じられたにもかかわらず、下痢を理由にこれを拒否した事件が、皇太子（後の大正天皇）の逆鱗にふれ、臣籍降下（皇族がその身分を離れて臣籍に入ること）問題にまで発展したことから、大正天皇を避ける気持ちが強かったのだという。

「実は先に大正天皇から、非常にしかられたことがもととなって、日本に帰るのがいやだった気持もあったかも知れません」（『やんちゃ孤独』）

だが、それだけだったら、大正天皇の病状が悪化しても帰国命令に服せず、たまりかねた聰子内親王が「私の面目は丸つぶれだ」と泣き落としの電報を送ったにもかかわらず、なお居残りを決め込んだ理由にはならない。東久邇宮には、フランスにいつまでも止まっていたいより強い理由があったのだ。

それは、どうやら、若いときからくすぶり続けていた臣籍降下問題が関係しているようである。『やんちゃ孤独』の中で、東久邇宮は、これについて、率直に語っている。

「当時、明治天皇の内親王と結婚した皇族は、竹田宮、北白川宮、朝香宮、それから私と、四人いました。この四人は必ず陸軍大将になるでしょう。このほか、閑院宮、梨本宮、久邇宮の三大将がおられます。あの時分、陸軍大将の定員はたしか七名だったと思います。

そうすると、臣下で陸軍大将になるものは半分もいないことになる。これはずいぶん不合理だと思ったのです。

これではどんなに立派な人でも、陸軍大将になれません。それも皇族というものが上にいるからで、これはほんとうにいけないと思いました。学習院時代でも、私の学級には五人皇族がいましたが、成績のいかんにかかわらず、皇族が優先的に上位を占めてしまっていた。今から考えると、実におかしなことですが、そういう不合理なことが実際平気で行われていたのです。

私は皇族という制度をおく以上、自然科学とか芸術とかを職業にして、一般民間人のじゃまにならぬようにすべきだ、と思っていました。自分だけは何とか皇族をやめ、軍人もやめるのが、私のためにも、世間のためにもいいと考えていました。そんなことに悩んでいて、日本に帰るのが遅れたかとも思います」

ここで東久邇宮が述べていることを、もう少し、下種の勘ぐり的な観点から補強すると、それは次のようになるだろう。

子沢山で知られた久邇宮朝彦《あさひこ》親王の第九子として明治二十年（一八八七）十二月三日に生まれた東久邇宮は、六歳まで京都上賀茂の農家に里子に出されていた。この事実からもある程度想像がつくように、本来、彼が皇族として一家を構えることは想定されていなかったらしい。それは、当時、明治政府内部で、財政難から皇族数を抑制する政策が取られていたためで、明治になって新しく作られた宮家は一代宮家と決められ、その王子たちは原則的に臣籍降下させ、華族にすることになっていたのである。

ところが、その後、政府の方針が変わり、華族に臣籍降下するはずだった王子たちも、天皇の特別の思し召しで皇族の身分にとどまることができるようになった。

その結果、東久邇宮は、明治四十年二月の皇室典範増補でふたたび抑制策が取られる直前、滑り込みセーフで皇族の仲間入りを果たしたのであるが、しかし、東久邇宮の皇族入りには一つの付帯条件が付いていた。明治天皇の第九皇女である泰宮聰子内親王との結婚である。

事実、この皇室典範増補の直前に皇族に組み入れられた朝香宮鳩彦《やすひこ》王と北白川宮成久王も明治天皇の内親王と結婚している。ひとことでいえば、学習院、士官学校、陸軍大学校とすべて同級で机を並べた三人の王子は、内親王を娶《めと》ることで皇族の資格を得たのである。

東久邇宮はこの強いられた結婚について、率直にこう語っている。

「私の結婚は、明治天皇の命令で『結婚しろ』というわけでしたから、花嫁さんと一度も会ったこともなく、一回も話したこともない。だから、もちろん好きもきらいもないわけです。宮中の賢所（かしこどころ）で式を挙げたのですが、その時はじめて花嫁さんと会ったのです」（同書）

こんな調子だから、東久邇宮と聰子内親王が琴瑟《きんしつ》相和すわけもなく、日本にいたときから、とりわけ、金沢の歩兵第七連隊に勤務中には、東久邇宮は、かなりおおっぴらに花柳界に出入りして、金沢美人との交際を深めていたようである。

ことほどさように、日本にいてさえ臣籍降下願望の強かった東久邇宮にとって、パリ生活を切り上げて日本に戻るということは、自由との永遠の別れを意味しており、前途には、明治天皇の「婿」としての堅苦しい皇族生活という暗雲が垂れ込めていたのである。

昭和二十六年の「文藝春秋」四月号に載った「青春巴里記」という回想記の中で、東久邇宮は、もっと腹蔵なく、パリ留学中のこうした帰国拒否症状を語っている。

「私は、外国に行つて初めて日本の良い方面と悪い方面とを知る事が出来た。日本人としての自覚を深め、日本を想ひ日本を愛する心が益々強くなつた。

然し、私は封建的因習に捉はれ、人間の個性を認めてくれない日本に帰つて働く気持には容易になれなかつた。

そして、まだ見ぬ南米の新天地に想ひを馳せ、一個の野生の人間としてそこで充分に活動したいといふ気持で一杯だつたので、度々駐仏大使に南米にやつて貰ふ様に頼んだが、いつも断られて私の希望を容れてくれなかつた」

つまり、パリ留学を切り上げて、内親王の待つ日本に帰るのはどうしてもいやだから、いっそ南米の大使や公使にでも派遣してくれと、駐仏大使にねじ込んだというのである。

これは、逆にみれば、東久邇宮をして、臣籍降下はおろか、内親王との離婚さえ覚悟してまで日本に帰りたくないと思わしむるほどの自由がパリには満ちあふれていたことを意味する。

では、東久邇宮は宮様としてパリに留学し、具体的に、どのような自由を満喫したのだろうか？

大正七年（一九一八）十一月、ドイツが休戦条約に調印して第一次大戦が終わると、パリに憧れていた世界中のフランス好きが船上の人となって一路、花の都を目指した。皇族留学の順番待ちをしていた東久邇宮もそうした一人だった。

「ある日、参謀本部の欧米課長が来たので、『いったい金はいくらかかるのか』と質問すると、『いま、パリはなかなか金がかかりますが、宮様をパリに出して、パリのまん中で、醜態になるようなことがあってはいけません』といって溝口直亮伯（新発田の藩主、後に陸軍少将、陸軍政務次官）が、私のお付武官になって、留学の予算を立ててくれました」（『やんちゃ孤独』）

東久邇宮は、明治二十年（一八八七）十二月三日の生まれだから、留学話が持ち上がった時には満で三十一歳になったばかり。皇族だから出世は早く、中央幼年学校、士官学校、陸軍大学校と進んで、仙台で歩兵第二九連隊中隊長、金沢で歩兵第七連隊大隊長と累進していたが、仙台の第二師団勤務時代に、浮世絵の収集家として知られるカトリック神父クロード・ジャケについてフランス語を習っていたので、自由な国フランスへの憧憬は人一倍強く、早く大戦が終わらないかと首を長くして待っていたのである。

ゆえに、大正九年の四月十八日に神戸からメサジュリ・マリティーム・フランセーズ(フランス郵船)社のアンドレ・ル・ボン号に乗船したときには、ついに念願がかなった喜びで心は一杯だった。

「皇族として古い因襲の中に閉ぢこめられて、全く個人の自由のなかつたことをしみじみと顧みて、やつと解放されたやうな、のびのびした気持で私は日本を離れた」(「青春巴里記」)

アンドレ・ル・ボン号に乗っていたのはお付武官の溝口大佐と、もう一人池田という日本人のほかは全員外国人、そのほとんどがフランス人だったので、一等船客の間では、連夜の如くに夜会や舞踏会が開かれていた。しかし、陸大卒業後はずっと地方勤務が続いていた東久邇宮は外国人のいるパーティーに出席する機会などは皆無だったので、気後れが先に立った。

「アンドレー・ルボンで初めて外国人の着飾つた中へ入り、初めはちよつときまりが悪かつた。まだ田舎者だつたわけである。然し二、三日経つとだんだん慣れてきて外国の風習も少しづゝおぼえるやうになつた。初めのうちは今まで食堂で食事をしたことがないので、ひけ目を感じ、窮屈であつた」(同書)

東久邇宮は、良く言えばネアカ、悪くいうと能天気なところがあったので、アンドレ・ル・ボン号一等船客のパーティー・ライフにはすぐに適応できたようだが、ここで、われわれ下世話な者の興味を引くのは、「今まで食堂で食事をしたことがない」という記述である。というのも、町中の食堂に出掛けたことがないのはわかるが、中央幼年学校、士官学校、陸大でそうした経験がないというのは不思議な気がするからだ。しかし、調べてみると、まさにその通りで、中央幼年学校から陸大まで皇族は皇族舎という別棟にいて、食事もそこでしていたことがわかる。変なものを食べて「血のスペアー」が一つ失われるのを当局が恐れたからなのかもしれない。

途中、サイゴンに寄港したときには、同船していたフランス人の紹介で虎狩りに出掛けたこともある。どうやら、この時代のフランス人にはプリンスといえば狩りを好むものという思い込みがあったので、ぜひ日本の宮様にも虎狩りを、ということになったらしい。炭坑夫のヘッドライトのようなものをヘルメットの上に灯して森に入っていくのである。

「闇の中に虎の眼が二つ光る。それを目標にして、近くへ寄つて行つて射つ。虎の方では此方の電球の光でわからないらしくて、傍へ行く迄逃げない。しかし、正面の虎に対しては安全であるけれども、脇から来る虎の方が恐くて、私はビク〳〵してゐた」（同書）

結局、元々、殺生の嫌いな東久邇宮はフランス人のハンティングを見ているだけで、一発も発射せずに帰ってきた。

スエズ運河から地中海に入ってマルセイユに上陸して見た町の情景は、戦争の影響か、全体にくすんでいた。この印象は鉄道に乗ってパリに到着したときも変わらない。

「パリのガード・リヨンに着いたが、此処も戦争中、手入れがしてなくて、停車場を初め、前の広場、ホテルへ行く間の道路もずゐぶん汚かつた。私が考へてゐたパリとはまるで違つてゐた」（同書）

この記述はフランス史に携わる者として重要である。なんのことかといえば、第一次世界大戦に勝利し、多額の賠償金とアルザス・ロレーヌの奪還で黄金の一九二〇年代を謳歌したはずのフランスだが、じっさいには戦勝国といえども、疲弊のほどは著しく、戦前の豊かな社会は根底から瓦解し、国民全体が疲労困憊していたのである。宿をとったホテル・ムーリスの中こそ豪華さが支配していたが、一歩外に出れば、貧困が街を覆っていたのである。

「街の人は皆、質素な服装で、殊に婦人は大抵喪服か黒がかつたくすんだ着物を着てゐた。日本で想像したやうな、ケバ〳〵した服装をしたフランス人は殆んどゐなかつた。これは予想に反してゐたので、非常に心強く感じた」（同書）

レ・ザネ・フォルと呼ばれる狂乱の二〇年代が到来するのは、アメリカからのドルが大量に流れこんで、フランス経済が立ち直りを見せてからのことである。東久邇宮がパリの土を踏んだ一九二〇年には街はまだ煤《すす》けていた。しかし、期待との落差は東久邇宮に落胆よりも、むしろ安心感を与えた。

「本当のパリジャンは今迄の話に聞いた浮調子なものではない、といふ印象を受けた」（同書）

とはいえ、そこは宮様、堅実なパリジャンを横目に見つつ、せっかく美食の国に来たのだからと、当時、魚料理ではナンバー・ワンの評判を取っていたプルニエに、学習院時代の学友を誘って、押っ取り刀で出掛けることになる。プルニエならまず生ガキということになっていたのだが、生ガキをフランス語でなんというか思い出せない。

「それで仕方なく私が牡蠣の絵を書いて注文した。するとボーイが『ユイトル』といつて教へてくれた。処が牡蠣のなにを持つて来ませうか、と聞く。日本では牡蠣は一種類だから、どういふのを注文していゝか判らない。それで一番いゝのを持つて来てくれ、といつた。すると『それはユイトル・アングレーズです』と教へてくれて、持つて来てくれた。大変おいしかつた。これはパリへ着いて最初の赤毛布ぶりであつた」（同書）

この生ガキ注文に関する悩みは今も変わっていない。日本では、相当に高級なレストランでも、生ガキを数種類揃えているところはまれだからである。

それはさておき、よくわからなかったり、迷ったりしたら、「一番いいもの」という注文ができるのはさすがに宮様というほかはない。私も大金持ちになったら、一度はこういう注文の仕方をしてみたいものである。

ところで、貧しいフランスに対して、戦需景気で一躍新興成金国家の一角に食い込んだ日本は、フランの急激な下落で相対的に豊かさを増していたが、その俄成金ぶりを端的に示すのが、東久邇宮のために大使館付き武官が行った貸家探しである。

「パリについて、はじめエッフェル塔のかたわら、シャンドマルスに近い所に、アパートが用意してあったそうです。後で聞いたのですが、大使館付武官の永井大佐が、皇族のパリ御滞在もずいぶん久しぶりであるので、日本人の名誉のために、日本人でもこんな生活ができるという証拠を、フランス人に誇示するためにとくに入念に準備されたもので、部屋々々はルイ十五世式、ルイ十六世式、食堂はアンピール式というように、それぞれの時代様式で統一された結構な調度を家具商から借り入れて設備したもので、まったく豪華なものでした。その家具の損料だけで百万フランということでした」(『やんちゃ孤独』)

この百万フランというのは、今日の日本の貨幣価値に換算すると、少なく見積もって約五億円に相当する。しかも、「損料」というのだから買い取りではなくレンタルの料金。家具は紛れもない本物、恐らくヴェルサイユ宮殿かチュイルリ宮殿に置かれていた時代家具なのだろう。いくら「久しぶり」の宮様留学だからとはいえ、陸軍も気張ったものだ。

もっとも、東久邇宮は、すぐにフォンテーヌブローの砲兵学校に入学したので、用意されたこの豪華アパルトマンには滞在しなかったようだが、しかし、このエピソード一つとっても、第一次世界大戦後に日本政府が示していた「一等国」への異常なまでのこだわりが手にとるように伝わってくるのではあるまいか。

　では、東久邇宮は外遊費用としてどれくらいの額を政府から仕送りしてもらっていたかという話になると、驚くなかれ、年間に二十万円。浅見雅男氏の調べた内大臣牧野《まきの》伸顕《のぶあき》の資料にそれが出ているという。大正十年前後の一円は最低で今日の三千円から四千円、GDP換算の比較だとその十倍の価値があるそうだから、少なくて六億円から八億円、多ければ数十億円の国費を投入した贅沢留学だったのである。

　しかし、回想を読む限りでは、東久邇宮がそうした贅沢ライフを楽しんでいたとは一言も書いていない。むしろ、フランスの生活レベルに合わせて質素な暮らしに甘んじたとあるばかりである。というよりも正確には、東久邇宮はフランスに来て初めて、質素な暮らしむきというものを目撃したようである。たとえば、フォンテーヌブローで借りたアパルトマンについてこう書いている。

「この家は電燈がなくて、ランプを使ひ、便所は水洗式でなく、日本と同じやうな便所だつた。私は日本にゐる時は、フランスは何処でも電気が煌々と輝いて、便所は水洗式のハイカラなものであらう、と考へてゐたので、パリにあまり遠くないフオンテンブローの近郊の家が電気もなく、日本式の便所であることに驚いた。この家だけでなく、この近所は大抵電気はついてゐないでランプか蠟燭、便所は水洗式などはない有様だつた」（『青春巴里記』）

　これだけ驚いているところを見ると、東久邇宮は戦前でも電気や水洗式トイレを備えた、相当にアメニティの整った環境で育ったようであるが、しかし、この印象はなにも宮様に限ったことではなく、ごく普通の生活をしていた日本人さえ感じたことのようである。ことアメニティに関する限り、フランスの文化後進国ぶりは、この頃から際立っていたのである。フランスが日本並のレベルに追いつくには、第二次大戦後、より、具体的にいえば、一九八〇年代まで待たなければならない。

もうひとつ、東久邇宮が共和国フランスで発見したのは、恐ろしいまでに前近代的な身分社会である。フランスに較べたら、東久邇宮の目から見てさえ、当時の日本は驚くほど平準化が進んだ平等社会と映ったのだ。

「当時、日本では社会問題が喧《やかま》しくて、従卒を廃止してゐた。処がフランスでは当時、尚、将校は皆、従卒を使つてゐた。そしてアフリカの遠い所から来た将校まで従卒を連れてきてゐた。そして皆、小使のやうに使つてゐる。私は日本の当時の状況と民主国のフランスの事情を考へて非常に差のあることに驚いた。将校は普通お互ひに対して『ブウ』（あなた）を遣ふんだけれども、兵隊に対しては『チュー』（貴様）を遣ふ。この差別があまりひどいので、私は驚いた。（中略）演習に行つても将校は個人の家か、ホテルのベッドに寝るが、兵隊は倉庫か穀物小舎に着のみ着のまゝでゴロリと横になる。日本の兵隊より扱ひがずつとひどいと思つた」（同記事）

日本の近代的軍隊は、ある意味、最も平準化が進行していた平等社会なので、長いあいだ軍籍にあった東久邇宮としては、封建騎士の意識がそのまま残っているフランスの陸軍は異様に感じられたのである。

　しかも、共和国の中で不平等が支配していたのは軍隊だけではなかった。一般社会においても身分差は歴然としていたのである。東久邇宮は自分のアパルトマンでもこれに気づいて愕然とすることになる。

「普通の家でも使用人と主人とは出入口が違ふ。主人は表玄関から出入りするけれども、使用人は横か裏の小さな出入口を使ふことになつてゐた。住むのも同じ家に住まずに屋根裏へ住んでゐる。私が日本で考へてゐたやうな民主的フランスではなく、あまりに階級的な差がひどいので、ちよつと異様に感じた位であった」（同記事）

　主人と使用人は別階段という構造はいまでもフランスの建物にそのまま残っているから、雰囲気を味わいたいなどと屋根裏部屋を借りたりするとひどい目に遭う。エレベーターを使用できず、裏階段を五階や六階まで上っていかなければならないからである。

　それでも、最初の数年は東久邇宮は軍隊の内側にいることが多く、民衆的界隈にまで出掛ける余裕がなかったが、政治学院《シアンス・ポ》に籍をおくかたわら画家や芸術家と付き合うようになると、おのずと彼らが住むモンマルトルやモンパルナスに足を運ぶ機会が増えてくる。そうした民衆的界隈で目撃した剝き出しの貧困は、若きプリンスに衝撃を与える。

「自然、フランス人の画家や彫刻家に知り合ひが多くなり、度々これらの人々の案内でパリの裏通りの貧民窟を見せて貰つた。そこの家々は花のパリの表通りの豪奢な家々とは違つて、狭くジメ〳〵した道に建つた小さい汚い家ばかりであつた。そして実に気の毒な生活をしてゐた。私は表通りの富裕な生活と裏通りの貧民窟の生活とを比較して、あまりに貧富の差の大きいのに驚いた」（同記事）

読者は、世間知らずの宮様だから、これだけの驚きを覚えたのだろうと想像するが、同時代の日本人のパリ見聞録をひもとくと、同じような観察に至るところで出会う。たとえば、東久邇宮と二年違いで陸軍幼年学校に学んだアナーキスト大杉栄は、一九二三年（大正十二）にパリ近郊のサン・ドニ市で開かれたメーデーの集会に出席するためパリを訪れたが、そのときフランス人の同志に案内されたホテルの印象をこんなふうに記している。

「その辺はほとんど軒並みに、表通りは安キャフェと安たべ物屋、横町は安ホテルといったふうの、ずいぶんきたない本当の労働者町なんだ。道々僕は、どんな家へつれて行かれるんだろうと思って、その安ホテルの看板をいちいち読みながら行った。一日貸し、一夜貸し、とあるのはまだいい。が、その下に、おりおり、トレ・コンフォルタブル（極上）とあって、便所付きとか電燈付きとかいう文句のついたのがある。便所が室についていないのはまだ分かる。しかし電燈のないホテルが、今時《いまどき》、このパリにあるんだろうか。僕は少々驚いてつれの女に聞いた。『ええ、ありますとも、いくらでもありますよ。』という彼女の話によると、パリのまん中に、まだ石油ランプを使っているうちがいくらでもあるん

だそうだ」（『自叙伝・日本脱出記』岩波文庫）
　この大杉栄と東久邇宮。同時代の証言を二つ並べると、当時の日本の進化度がよくわかる。大正期、日本は少なくともアメニティの分野ではすでにフランスを凌いでいたのだ。

　東久邇宮のフランス滞在記を他の日本人のそれから隔てている点は、プリンスという特権を生かして、当時の有名人、それも政界や軍の大物と親しく交わったことだろう。
　まず、陸軍大学では、視察にやってきた共和国大統領アレクサンドル・ミルランと言葉を交わした。といっても、健康など当たり障りのないことを尋ねられただけだったが、東久邇宮がフランス語ではっきりと答えたので、ミルランは好感を抱いたらしく、後に大統領官邸に招いて歓待してくれた。
　軍人では、フォッシュ元帥やジョッフル元帥とも会った。フォッシュ元帥は神経質なむずかし屋だが、「ジョッフル元帥は非常にいい、おぢいさんだと思つた。この人は私にレジオン・ドヌールの最高勲章をつけてくれた」（『青春巴里記』）
　どちらの元帥も、日本人にとってはなじみが薄いが、フランス人にとっては、マルヌ、ソンムの会戦で戦い、フランスを勝利に導いた救国の大英雄である。日本なら、大山巌か児玉源太郎に匹敵するこの二人の元帥に直接面会したのだから、東久邇宮大いに鼻を高くしていいところである。

「陸軍大学を卒業した時、有名なジョッフル元帥からレジョン・ド・ヌールの最高勲章を授与されました。皇族は普通大使館をへて勲章をもらうのですが、私には『陸軍大学を出たから、フランス軍人として待遇してあげる』といって、たくさんの将校や高官の集っているまん中に呼ばれました」（『やんちゃ孤独』）

では、具体的に陸軍式の勲章授与式というのはどのような式次第で行われるのだろうか。

陸軍大学の一番広い部屋で、参謀総長、陸軍関係の学校長等十人ばかりが列席する中、東久邇宮が剣を抜いてかまえると、ジョッフル元帥も同じく剣を抜いてかまえ、「大統領の命令によって、リュトナン・コロネル東久邇にレジョン・ド・ヌールを授与する」と宣言した後、その剣で両肩をたたくのである。すると、元帥の副官が勲章をかけてくれる。

よく覚えているのは、この後のジョッフル元帥のふるまいである。

「元帥がそばへやって来て、『ヒゲがもじゃもじゃするかも知れないが』とささやいたと思うと、〝アコラード〟といわれる儀式として私の頰っぺたに元帥が頰っぺたをつけ、それで式がすみました。私がフランス軍人の礼式で勲章を授与されたのは、めずらしいことだったらしいのです」（同書）

救国の大英雄といえば、もう一人ペタン元帥がいるが、東久邇宮はこのペタン元帥とも言葉を交わしている。

「フランスに行った最初のころ、ペタン元帥に会ったのです。非常に親切な人で、一番は

じめに会った時にいきなり、『日本は日米戦争をやるのか』ときいたので私はびっくりしました」（同書）

日本では、対米戦争などまったく想定さえされていないと答えると、ペタンは「それはウソだ」といって笑った。二回目の会見でも、ペタンは「この前、あなたは日本が、日米戦争のことなんか考えたことはないといったが、アメリカでは、お前の国をうつかも知れないから、よほど用心しなければいけない」と力説した。

こんなことがあったので、画家のモネを介して知り合ったクレマンソー元首相に率直に疑問をぶつけてみると、こんな説明が返ってきた。

「こういうことを言っていいかどうかわからぬが、アメリカが太平洋へ発展するためには、日本はじゃまなんだ。太平洋や中国大陸で、アメリカが発展するために、日本の勢力を取り除かなければならぬのは当り前だ。フランスへ来ているアメリカの軍部の高官連中は、みんなこういっている。（中略）アメリカはまず外交で、日本を苦しめてゆくだろう。日本は外交がへただから、アメリカにギュウギュウいわされるにちがいない。その上日本人は短気だから、きっとけんかを買うだろう。つまり、日本の方から戦争をしかけるように外交を持ってゆく。そこで日本が短気を起して戦争に訴えたら、日本は必ず負ける。アメリカの兵隊は強い。軍需品の生産は日本と比較にならないほど大きいのだから、戦争をしたら日本が負けるのは当り前だ。それだからどんなことがあっても、日本はがまんをして

戦争してはいけない」(同書)

クレマンソーの予言を聞いて日本の将来に不安を覚えた東久邇宮は、日本に戻るとさっそく陸軍の首脳部にも話してみたが、まったく相手にもされない。

やがて、日中戦争が始まり、例のハル・ノートが突き付けられるに及んで、いよいよクレマンソーの予言は的中するかに思えた。そこで、東久邇宮は首相の東条英機に面会を求め、説得を試みることにした。

「東条中将が首相になってから、とくに会って、『アメリカは大正七年、第一次大戦が終ってから日米戦争の準備をしていると、クレマンソーから聞いたことがある。外交上日本は短気を起して大変なことになる』とくわしくフランス留学中の話をして、反省をうながしましたが、東条は、『それはよくわかっています。しかし、A(アメリカ)、B(イギリス)、C(シナ)、D(オランダ)の包囲陣がすでにできてしまって、日本はじりじり首をしめられている。このままゆけば自滅するほかはない』といいます。私はクレマンソーの話をくり返して、『それがアメリカの外交の手ではないか、それにだまされてはだめだ。ここで隠忍自重して、むこうの手に乗らないようにすべきだ』と力説しましたが、東条はなかなかいうことをききません。『坐して亡国となるより、日本が出てゆけば、戦争は勝つか負けるか二つに一つである。少なくとも、勝利の公算は二分の一である。このまま引き下ることは断じてできない。総理大臣として、陸軍大臣として、このまま見逃すことはできない。戦うほかに方法はない』最後に東条は見解の相違であるといいました。まったく残念至極に今でも思っていますが、日本人がいかに国際情勢にうといか、外交がへたか、日本人は独善主義者であるか、ということをつくづくと感ずるよりほかはありません」(同書)

おそらく、この最後の東久邇宮・東条会談は本当に交わされた会話の忠実な採録だろう。クレマンソーの予言は日本側の反応も含めてすべて当たってしまったわけである。

予言といえば、フランス滞在中、東久邇宮は自身の重大な運命を告げられている。パリで有名な女占い師に手相見をしてもらったときのことである。

「頭の髪がモジャモジャの老婆でした。私が身分をかくして、『日本から来た絵描きです』というと、私の手相を大きな天眼鏡でみていましたが、『そんなことはない』というので、仕方がなく、『私は日本のプリンスだ』と白状しました。それからしばらく手相を見ていましたが、こういうのです。『あなたはいつかかならず、日本の総理大臣になる』」(同書)

東久邇宮はこの予言を聞いて、馬鹿馬鹿しさに笑いだしてしまった。というのも、皇室典範の規定により、皇族は軍人になることを義務づけられ、かつ政治家にはなれないことが明記されていたからである。

ところが、手相見の老婆は承知せず、自信満々でこう断定した。

「それはそうかも知れぬが、あなたは必ず総理大臣になる。なぜならば将来日本に大動乱

か、大革命が起こる。その時に必ずあなたが総理大臣になる」(同書)
　戦争勃発直前、東久邇宮は近衛に懇願され、組閣直前まで行ったが、内大臣・木戸幸一の強硬な反対で、皇族内閣は流産した。だが、やはり、予言の力は強かったのである。
「それが終戦の時に、あのパリの老婆が予言した通り、私が総理大臣になったのですから、驚きました。別に御幣をかつぐわけではないが、手相見もばかにならないと思いました」(同書)
　もっとも、東久邇宮の回想録にはこうした「予言の実現」ばかりが綴られているわけではない。戦後に皇室を離脱した気楽さからか、多少の「軟らかい話」も書き留められていて、フランス人の友達に連れられて、劇場やミュージック・ホールの楽屋を訪ねた思い出なども出てくる。
　最晩年のサラ・ベルナールに会ったのもその一つである。もうサラ・ベルナールは足腰が立たず、舞台には椅子に腰掛けたまま出演していたが、東久邇宮に会うと、一生のうち一度でいいから日本に行ってみたいと語った。
　ミュージック・ホールでは、さらに軟派の体験をする。真綿に包《くる》まれるように街場のエロからは遠ざけられていた皇族にとって、初めて見るレビューは強烈な官能の刺激と映ったようである。
「それからやはり友達の案内でフオリ・ベルジェールやカジノ・ド・パリへも行つた。私は生れて初めて多くの女優が半裸体で踊るのを見て非常に驚いた。つまり今のストリップ・ショーみたいなものであらう」（「青春巴里記」）

東久邇宮が留学していた一九二〇年代、とくに政治学院《シアンス・ポ》に籍を置いていた最後の三年間はミュージック・ホールの歴史でもレビューの露出度がひどくなっていた時代なので、東久邇宮ならずとも、初めて見た日本人はビックリしたにちがいない。

また、政治学院《シアンス・ポ》の同級生かなにかの繋がりだろうと思うが、東久邇宮は、ポール・ポワレやパカンなどのデザイナーとも付き合いがあったらしく、彼らのファッション・ショーにも出掛けている。

「かういふ店では体格のよい美しい女をマネキンに雇つて、新型の洋服を着せ、お客さんに見せるわけである。（中略）私も仏人の友達と一緒に度々これを見に行つた。このマネキン・ガールの中には姿勢のいゝ、背の高い、実に美しいパリ美人がたくさんゐた」（同書）

この文章の強調振りはちょっと気になるところである。東久邇宮が、明治天皇の内親王・聰子夫人を七年間もほったらかしにして、パリに長居をきめこんだのも、あるいは、こんなところに原因があったのかもしれない。

げんに、同じ皇族留学でも二年遅れてパリにやってきた北白川宮成久王と朝香宮鳩彦王は夫人同伴であった。三人とも学習院、中央幼年学校で一緒だったから、パリでも常に行動をともにしていたようだ。

一九二三年の四月一日、東久邇宮は北白川宮からノルマンディー海岸の避暑地ドーヴィルまでドライブに行かないかと誘われたが、北白川宮の運転技術が未熟なことを知っていたので断り、列車でロンドンに向かった。

そこで北白川宮はドライブの相手を朝香宮に変え、ボワザン二三CVに乗り込んで、国道一三号線を下っていった。同乗していたのは、北白川房子妃、運転手、およびフランス人の御用掛り。途中、一行はレストランに入り、昼食を取った。当然、高級ワインが食卓にのぼったが、フランスではワインは水と同じ扱いだからだれも気にとめなかった。ワインでご機嫌になった北白川宮はスピードを出して街道を飛ばし、前を走っている車を追い抜こうとハンドルを切った。そのとたん、車は道路から飛び出し、アカシアの大木に激突。前の座席にいた北白川宮と運転手はほとんど即死、後部座席の朝香宮と房子内親王は重傷、御用掛りは車から投げ出されたが、奇跡的に軽傷で済んだ。

東久邇宮はロンドンのホテルで、通信社からの電話で事故の一報に接した。

「船でドーバー海峡を渡ってパリに戻り、現地で北白川宮の遺骸と対面しました。北白川宮とは学習院、幼年学校時代から一緒だったので、私は異郷にあって本当に悲しい思いをしました。北白川宮妃と朝香宮は少しびっこになっただけですみました」（『やんちゃ孤独』）

東久邇宮にとって、七年に及ぶ留学生活で楽しかった思い出の一つは天皇の名代としてルーマニアを訪問したことだろう。それというのも、友人となったルーマニアの皇太子は大富豪の出来の悪い道楽息子のような放蕩者で、およそ皇族とは思えなかったが、東久邇宮にとっては、それがまた新鮮な魅力と映ったからだ。

「カロル皇太子の方は相当の酒飲みで、夜になると、『一緒にどこかへ遊びに行こう』というのですが、『私は使命をおびて来たのだから、どこへもゆきません。また今度遊びに来た時にご一緒しましょう』と婉曲にことわりました」（同書）

天皇の名代ということで謹厳実直を貫いたというわけだが、果たしてどこまで信用していいのか疑問は残る。

というのも、次のような、かなりきわどい証言も残しているからである。

「ルーマニアでは、方々にお茶に招かれて、美しい女のひとに会いました。王室のある女性で、なかなか勢力のあった方が、私にはバカに親切にしてくれました。

しかし危いと思ったので、こっちも誘惑にひっかかってはいけないという気持があったので、ていよくあしらっていました。

なにしろ御名代の資格でしたから、緊張していたわけです」（同書）

これなど、案外、ソヴィエトの仕掛けたハニー・トラップだったのかもしれない。もし引っ掛かっていたら、宮様がソヴィエトのスパイに仕立てられていた可能性もあるのだ。

しかし、東久邇宮にとって、もっとも愉快な思い出は、政治学院《シアンス・ポ》に在籍していたとき、自由な空気を吸い、社会思想や経済思想に触れることができたことだろう。

「陸軍大学を卒業してから、パリの私立政治法律学校に入学しましたが、そこの先生たちの話すことは社会主義的でした。(中略)日本にいた時には全然知らなかったこと、一度も聞いたことのないような、いろいろな学説を聴かされたのです。今までの旧式な、今日でいえば〝菊のカーテン〟の中で育ったものが、急に解放されて、自由な眼を開かされたわけですね」(同書)

東久邇宮は、政治学院《シアンス・ポ》に通学するかたわらユダヤ人画家に絵をならい、この画家を通じて、社会主義者や共産主義者とも付き合った。勧められてマルクスの『資本論』にも挑戦したが、難解で歯がたたなかった。戦後、フランス留学を総括して、東久邇宮が書き記した言葉は次のようなものである。

「私がフランスに行った当座は、なにもかもフランスのものがよく見えました。しかし、時がたつにしたがって悪いところもわかって来ました。

それは、私がはじめて人間として自由な立場におかれ、自分自身の眼でものを見るようになったからで、今さら日本にいた時分の狭い、片寄った生活が反省されました。フランスの生活は私にとってまったく驚異であり、革命でした」(同書)

七年間の留学は、決して無駄ではなかったのである。開戦直前、木戸内大臣の反対がなく、東久邇宮内閣が誕生していたら、日本の運命も変わっていたかもしれない。そんなことを想わせる回想録である。

京都の親仏派・稲畑勝太郎

ここ数年、京都に行く機会が増えているのだが、通りを歩いているとやたらにフランス語が聞こえ、そのたびに「街中フランス人密度」の高さに驚くことになる。それも、格好から判断する限り、観光客ではない定住者が多いようだ。

もちろん、伝統が強く残る町ゆえ、過去との継続性を愛するフランス人が京都を好む理由もわからなくはない。しかし、それとは別に、京都には、フランス人が定住者となって働く環境が整っているような印象を受ける。事実、多くの優れたフランス文学者を生み出した京都大学のほか、フランス文学科、フランス語学科をおいている大学も多く、また、フランスに支社を持つ大手企業も少なくない。フランス人が常勤として勤務できる就職口もかなりあるのだろう。

しかし、そうした具体的なフランス人の労働環境はひとまず措いても、京都という都市それ自体の中に、どうも「親仏系」というほかない遺伝子が脈々と受け継がれているような気がするのである。そうした「親仏系遺伝子」が京都人の血に流れているからこそ、フランス人の就職口も生まれ、彼らがこの地に安住できる比率も高くなるのではないか。

とはいえ、最初に、私が京都の「親仏系遺伝子」という言葉を使いだしたときには、あくまで漠とした印象にすぎず、具体的な根拠があったわけではない。

ところが、今回、京都におけるフランスというテーマで文献を漁っていたところ、その「親仏系遺伝子」には、東京における渋沢栄一のように、一人の固有名詞として明確に特定できるルーツがあることが判明した。

そのルーツとは稲畑勝太郎《いなばたかつたろう》。化学・合成樹脂・情報電子分野を得意とする大手総合商社・稲畑産業の創始者である。

稲畑勝太郎は、明治十年、弱冠十五歳のときにフランスのリヨンに京都府の公費で留学し、八年間の研鑽をへて、合成染料や染色の技術を習得して帰国すると、紆余曲折の末に、フランスから合成染料を輸入する「稲畑染料店」を設立した人物であるが、それだけなら、彼を「親仏系遺伝子」の元祖とするわけにはいかない。「親仏系遺伝子」は、彼がフランス留学時のパイプを生かしてリュミエール兄弟社の総代理店を設けたばかりか、フランス滞在時に受けた恩を忘れず、関西日仏学館の設立を始めとして日仏友好につとめたことによって、京都に根付いたのである。

この意味で、稲畑勝太郎こそ、このページに登場するに最もふさわしい人物なのだが、よく考えれば、稲畑勝太郎が留学したのはリヨンであり、パリにはごく短期間滞在したにすぎない。ゆえに、本書のタイトル「パリの日本人」からは少しずれてしまうのだが、ままよ、そうした「細かい点」にはこだわらないことにしよう。本書を書き始めるにあたって、心にあった最初のタイトルは「親仏系」というものなのだから。

というわけで、稲畑勝太郎である。

勝太郎は、文久二年（一八六二）十月三十日、京都は烏丸御池の京菓子屋・亀屋正重の長男として生まれた。父親は稲畑利助、母親はみつである。

烏丸御池の京菓子屋といえばそれだけで裕福な商人だったことがわかるが、しかし、元治元年（一八六四）七月十九日に起こった蛤御門の変（禁門の変）で、一家の運命は暗転する。長州屋敷に放たれた火が瞬く間に東西南北に燃え広がり、亀屋正重の店も全焼してしまったのである。稲畑利助一家は山科に避難し、一年後に京都に戻って三条大橋東詰の粟田口で饅頭屋を開いたが、一度傾いた家運は元にもどらなかった。

しかし、家貧しくして孝子出《い》づの伝で、稲畑勝太郎は非常に優秀で、下京第八区粟田小学校では首席で通し、明治五年に天皇が京都に行幸された際には、小学校生徒を代表して、御前で『日本外史』の一節を朗読し、褒賞として菊の御紋のついたコンパス・セットを賜った。これを励みと勉学を重ねた結果、学費公費支給のエリート校京都府師範学校に入学することができた。

明治十年、師範学校二年次在学中、勝太郎は青天の霹靂のような知らせを受け取る。師範学校の他の二名の生徒とともに、京都府がフランスはリヨンに送り出す八名の留学生の一団に加えられることになったというのである。ときに勝太郎十五歳。留学生の中では最年少の一人だった。

この稲畑勝太郎のフランス留学によって、京都の「親仏系遺伝子」が誕生することになるのだが、じつは、これに先立つこと六年、その母体となる血が京都にもたらされていたことは案外知られていない。故に、このミニ・バイオグラフィーも正しくは、京都にやってきた一人のフランス人から語り起こす必要がある。

明治四年十月、敏腕をもってなる京都府参事・槇村正直のもとに神戸港駐在フランス領事エーブル・エーゼ・ガークルから一通の手紙が届いた（後述の田村喜子の『京都フランス物語』では、イギリス領事エーブル・J・ガワー）。手紙には、長崎港駐在フランス領事を勤めた後、長崎廣運館でフランス語教師をしていたレオン・デュリーなる人物がこのほど契約切れとなり、帰国することになったが、教育者としては余人をもって代えがたい逸材なので、もし京都府に教員募集の意志があるなら、彼を強く推薦したい旨がしたためられていた。

東京遷都以後沈滞していた京都の再興を図るには、欧米先進国の知恵を導入するしかないと考えていた参事・槇村正直は、これより先、欧学舎という外国語主体の学校を組織し、ドイツ人教師レーマンとアメリカ人教師ボールドウィンを雇い入れていたが、ガークルの手紙を受け取って、渡りに船の勢いで応諾の返事を出した。槇村はフランス学校を設立し、これをデュリーに任せようと考えたのである。

こうして、レオン・デュリーは京都府に雇い入れられることになったのである。

では、このデュリーとは、そもそも、いかなる人物で、どんな切っ掛けで日本にやってきたのだろうか？

レオン・デュリー（Léon Dury）は一八三二年、マルセイユを県都とするブーシュ＝デュ＝ローヌ県のランベスクで生まれた。マルセイユで医学を修めた後、クリミア戦争に医官として従軍したが、一八六二年に日本が北海道開拓のため箱館に病院を設けるとの報に接すると、これに応じて来日。しかし、幕府が計画を中止したため、方向を転じて、翌年、長崎総領事として赴任する。

一八六七年、パリで第二回万国博覧会が開かれ、将軍の名代として徳川昭武が派遣されることが決定すると、休暇で帰国することになっていたデュリーは通訳として昭武使節団に加わり、一行の世話役を務めた。一八六八年（明治元）、再来日し、長崎に帰任したが、日本国政府の訓令によって長崎総領事館が閉鎖され、アメリカへの転勤を命じられると、日本を深く愛するが故にこれを拒否、長崎廣運館のフランス語講師へと転ずる。このときの教え子としては、井上毅、西園寺公望などがいる。

ところが、廃藩置県などの激動に伴う混乱で、今度は、長崎廣運館の規模が縮小され、契約も更新されないことになったので、やむをえずデュリーは帰国を考えたが、折よくガークルを通じて槇村に推薦されたので、京都に赴任することを決意したのである。デュリーが任されることになっていたフランス学校には七十四人の生徒のうち七人の女生徒もいたので、女生徒はデュリーの妻のジョゼフィーヌが担当してフランス語や礼法などを教えることとなった。京都におけるフランス人の足跡と稲畑勝太郎の足跡を辿った田村喜子の先駆的な著作『京都フランス物語』（新潮社）には、次のように書かれている。

「レオン・デュリーと妻ジョゼフィーヌは教師として、ときには槇村府政のアドバイザーとして三年余り京都に住んだ。いわば彼ら二人は京都のフランス人第一号といってもいい。

三カ月の試傭のあと、デュリーは正式に京都府と三年間の雇傭契約を交わした。給料は一カ月二百五十ドル、妻のジョゼフィーヌにも女子教育の教師として月給五十ドルが支払われることになった。契約書にはお雇い外国人として、府政に関する相談に応じたり、アイデアを提供する、いわば府政コンサルタント的任務も明記されていた」

田村喜子によれば、こうしたコンサルタント的任務としてデュリーが提供したアイディアの一つに、明治四年十月から開催された京都博覧会の余興として生まれた都をどりがあったというが、それは本題とは関係がないのでひとまず措くとして、教師としてのデュリーのことに話を絞ろう。

京都フランス学校におけるデュリーの教育は、戦前に刊行された『稲畑勝太郎君伝』（稲畑勝太郎翁喜寿記念伝記編纂会、一九三八年）によると、「徹頭徹尾実践躬行を以て終始し、（中略）而してその責任観念は極めて強く、教育上に於ける指導と注意は、二六時中寸時と雖も、生徒の上を離れなかつた」そうで、生徒の信頼も極めて篤かった。

そのため、明治七年十二月、お雇い外国人としてのデュリーの契約が三年間で切れ、更新も認められずに、京都のフランス学校も閉鎖のやむなきに至ったときには、生徒たちの愁嘆は限りなく、デュリーが明治八年四月から、東京開成学校（翌年九月からは東京外国語学校も兼務）に転じると知るや、教え子の何人かは彼に付いて東京に移った。この中には、梅謙次郎を始めとして後に官・政界で名を成した人物を多く数えることができる。

明治十年春、デュリーは契約満了に伴い、故国に帰ることを決意したが、その際、かつて京都府と交わしたコンサルタント契約を想起し、いまは府知事となっていた槇村に対して、京都府が留学生を選抜してリヨンで研修させることを提案した。『稲畑勝太郎君伝』はその間の事情を次のように説明している。

「ジュリーは予て、京都府がその美術工芸の都市として、国内に特殊の地位を占むる点に於て、母国の都邑里昂《リオン》に酷似するものあるを察し、将来京都市の産業を振興するためには、里昂市に学ぶを以て、最も得策としこれに就ての方法を考究しつゝあつた。恰《あたか》もよし偶々日本在留の期満ち、帰国せんとするに至つたので、此の機会を利用して、純真無垢にして向学心に燃える優秀学生を仏国に留学せしめ、みづから監督指導して、その学業を大成せしむるの志願を起し、その趣旨を京都府に向つて進言したのであつた」

このとき、槇村は、産業振興が思うにまかせない実情に鑑みて、デュリーの提案に即座に乗ることにした。というのも、槇村には、留学生派遣費用をまかなうだけの心づもりがあったからだ。遊女貸席から徴収していた遊所税という府の自由裁量がきく資金源があったのである。実際にはこの税金を当てながら、名目的には明治二年に、遷都後京都救済再建基金として天皇より下賜された恩賜産業基立金から支出されるということにしておけば、留学生の奮起を促すのにも好都合であろうと判断したのである。

そこで、さっそくデュリーと協議を重ね、京都府派遣の留学生を八名とすることに決めた。その内、デュリーの京都フランス学校時代からの生徒で東京開成学校ならびに東京外国語学校でフランス語を習得した者が四人。これを「旧生徒」と称し、留学期間は三年とする。旧生徒は、いわば即戦力としての人材で、留学後、ただちに京都発展のために尽くすことが期待されていた。この「旧生徒」に選ばれたのは近藤徳太郎、歌原十三郎、今西直次郎、横田萬壽之助《ますのすけ》の四人。

これに対し、「新生徒」と呼ばれる四人は十五歳前後の少年の中から選ばれ、留学期間は語学習得のための一年を追加して四年とされた。こちらは、将来を見込んだ布石で、長期のフランス留学で学んだ知識をもとに未来の京都を担う人材となることが嘱望された。

では、後者の「新生徒」たるべき四人はどのように選抜されたかというと、内一名の席は、槇村知事によって、いわば予約済みであった。すなわち、知事のかつての部下で、京都府勧業課に勤務し、その英語力を見込まれてサンフランシスコ万博に派遣されながら、航海中に不慮の事故で殉職した佐藤元狩の遺児である中学校生徒佐藤友太郎のために留学生枠が用意されていたのである。

残る三人の枠は、京都のエリートを集めた師範学校に振り当てられた。

「元来京都府師範学校生徒なるものは、その開校当初府下の小学校より優秀生六十七名を選抜して入学せしめたもので、取りも直さず、同府下学生中の秀才を代表するものであった。従つて京都府がその海外留学生として、前途に嘱目する年少子弟を物色せんとすれば、勢ひ師範学校生徒中より詮衡するの外はなかつたのである」(『稲畑勝太郎君伝』)

明治十年の六月のある日、師範学校で授業を終えて寄宿舎に戻ろうとしているとき、稲畑勝太郎が、同級生の横田重一と中西米三郎とともに教師の西田由の部屋に呼び出され、突如、フランス留学を告げられた背景には、右のような事情が働いていたのである。

勝太郎が他の七人とともにフランス留学生に選ばれたという知らせはただちに京都の新聞にも掲載され、両親の住む粟田口の住民たちの間でひとしきり話題になった。このときの反応を田村喜子は『京都フランス物語』で巧みに想像し描いているので、引用しないではいられない。

「えらいこっちゃ。稲畑はんのぼんぼんがフランスちゅう国へ留学しやはるそうな。それもあのおみやげ金(恩賜金)で府からやってもらわはるのや。小さいときから賢うて、見どころのある子やと思てたけど、やっぱり偉いもんやなあ。

そやけど洋行やなんて、死ににやるようなもんやおへんか。稲畑はんの親御さんがよう承知しはりましたな」

たしかに、こうした反応は一般的なものだった。

勝太郎の父親の利助は、槇村知事が一家没落の原因となった長州藩の出身であることを理由に留学に強く反対したし、また、留学生が彼の地で命を落とす危険性は今日よりもはるかに高かった。事実、勝太郎とともに留学した八人の内、「旧生徒」の歌原十三郎と「新生徒」の横田重一がふたたび故郷の土を踏むことなくフランスで客死している。留学は死と隣合わせの大冒険だったのである。

考えてみれば、十五歳の少年を四人、それも何の準備もなくフランスに留学させるというデュリーと槇村の方針は、たとえそれが、飛行機で十二時間もあればフランスに行ける今日のものであっても、かなり無謀な企てといわれるにちがいない。ましてや、フランスまで片道二カ月近くもかかった明治初めのことである。むしろ、逆に、よくぞこんな留学計画が、たとえデュリーの付き添いの上とはいえ、一人の脱落者もなく実行に移されたものだと感嘆せざるを得ないほどである。

しかし、師範学校で西田先生からフランス留学の内示を受けたとき、勝太郎の心は、他の二人と同様、すでに決まっていた。留学が天皇の恩賜金によるものだと槇村知事から聞かされていたのも、明治の子である彼の決意をより強固なものにしたにちがいない。

「彼は薄い箱の蓋を取った。精密な器具のように、コンパスセットは銀色のにぶい光沢を沈ませていた。この天子様からのごほうびのうえに、いままた天子の恩賜金で留学の栄誉を与えられたのだと、勝太郎は銀色のコンパスに目を注ぎながら思った。皇恩を感謝する気持ちと報恩の思いが渦巻いて、勝太郎の胸のうちを占めていた。彼は彼の大切な宝物を手荷物のなかにしのばせた」（『京都フランス物語』）

田村喜子の想像したこの場面は、間違いなく、勝太郎の生涯を決定する運命の瞬間だったはずである。

かくして、十五歳の稲畑勝太郎は遠路、他の少年七人とフランスを目指して京都を後にすることになる。時に明治十年十一月十五日のことだった。

西南戦争の余燼いまだ収まらぬ明治十年（一八七七）の十一月二十日夜半、レオン・デュリー率いる京都府派遣フランス留学生八名は、フランス郵船のタナイス（Tanaïs）号に乗って、横浜を解纜《かいらん》した。

一行は、前日、神戸から三菱汽船で横浜に着き、オランダ八番館に宿泊して出港準備をととのえ、写真撮影を済ませていた。出発間際に、留学生たちはデュリーと一緒に牛鍋屋で日本最後の食事を取ったが、稲畑勝太郎には異様な体験だったらしく日記には「牛味甚だ不美、即ち帰りに蜜柑数五十貫つて印度洋の食量に供す」と記されている。

当時、フランス郵船はマルセイユ―香港間は大型汽船を就航させていたが、香港―横浜間の支線には三百トン前後の小型船を使用していた。そのため、海が荒れると揺れがはなはだしく、船旅に慣れない日本人乗客の多くは船酔いに苦しんだが、留学生たちも例外ではなかった。おまけに、割り当てられた三等船室は狭く、油臭かったので、航海は快適とはいいがたかった。
しかし、香港で乗り換えたアナディール号は大型客船だったうえ、パリ万博に赴く中国人船客で三等船室が占領されていたため、留学生たちは運よく二等船室をあてがわれ、以後、快適な船旅を楽しむことができた。明治十一年一月二日、日本を出発して四十四日目に、一行はついにマルセイユでフランスの土を踏んだ。
「明治十一年一月二日馬耳塞《マルセイユ》に到着した稲畑君等八名の新旧生徒は、監督者レオン・ジュリーと共に数日間同地にありて休養し、長途の航海の疲労を癒した。そのうちジュリーは、君等のために一箇の学塾を選定し、其処へ入学せしめた。学塾の名称はサン・シャールと云ひ、教師三十名、生徒七百名を擁し、普通学校にして仏語の外に修身、歴史等をも教へ、校内の設備も整頓し、校規も頗る厳重であった」(『稲畑勝太郎君伝』)
ここで、「サン・シャール」と呼ばれている「学塾」とは、その規模からして、マルセイユ・サン・シャルル駅の裏手にある現在の「リセ・サン・シャルル」ではないかと思われる。当時は、まだ教育世俗化政策が施行される前だから、国立のリセではなく、カトリック系の私立のコレージュであったか、あるいはマルセイユの土地柄を生かした工業学校準備学校であった可能性が強い。デュリーが京都府知事槇村に宛てた報告の手紙には、「工業万事教官の注意頗る厳密、修身格物摂生の点に至る迄、委しく相整ひ、且生徒に於ても、工業実地修業の前、必ず学ぶべきの学科を設け、伝習す」とあるから、おそらくは後者なのだろう。いずれにしても、この時代の日本人留学生が入ったバカロレア準備のための小規模学塾ではなく、立派なカリキュラムと教員・施設（とりわけ、寄宿舎）を備えていた学院であったと思われる。

このコレージュ・サン・シャルルで日本人留学生は全員、刻苦勉励、真剣に学科に取り組んだ。その様子は、デュリーが槇村に宛てた手紙に詳しい。デュリーは、毎月末の褒賞授与式では、ほぼ全員が褒賞を受けたとうれしそうに報告している。とりわけ、新生徒四人の進歩は著しく、「仏語を解し、少しく之を語るに至れり」という。航海の間、デュリーがフランス語の基礎の一通りを教えたとはいえ、報告の手紙が明治十一年二月二十日付けであること、つまり留学生が入学してから一カ月もたっていないことを鑑みれば、新生徒たちの進歩は著しいといわざるをえない。若さというものは、語学習得のための最大の味方なのである。

デュリーは手紙の最後を、留学生たちに対する満腔の思いを込めて次のように結んでいる。

「現今の景況を以て、大に将来の目途を固くし、生徒帰朝の際、必ず京都のみならず貴国に要用の人を供へん事を希望す。且つ当校及び当港の拙者の旧故の朋友に於ても、今般の挙を輔翼せんことを依頼したり。既に閣下に於ても良知なる如く、一たび事を起して是れを成果するは、拙者の堅く守る所也。請ふ尊慮に纏ふ勿れ。一生徒の入校前要用の衣服を調達したり。既に上申する如く、生徒も学科を踏み勉強する故に、方今は実地修業のため学校を捜索す。伏して希くは国重殿、谷口殿及び勧業場の各位に宜しく鶴声を賜りなん事を。誠恐誠惶、頓首再拝」（同書）

それにしても驚くのは、京都府の留学生たちの教育に対するデュリーの熱意である。十九世紀には、これほどに熱心なお雇い外国人が存在していたのだ！　おそらく、武士的な克己的エートスを引きずっていた日本の青年や少年の「学びたい」という意欲が教師を強く動かしたからだろう。いつの時代も「優秀な生徒なくして、優秀な教師なし」というのが教育の本質なのである。

デュリーは、夏休みに入ると留学生たち全員をマルセイユ近郊の故郷ランベスク村に招き、野原を散策させて、フランスの自然の豊かさに目を開かせた。彼らが学ぶことになる化学には、自然の知識が欠かせないと判断したのだろう。

夏休みが終わると、留学生たちはまたサン・シャルル学院に戻り、語学的な研鑽にいそしんだが、翌年には、予定通り、リヨンに移って、それぞれの分野に進むこととなる。このときにも、教育者デュリーの情熱が発揮される。

「留学生一同は里昂に移つてからは、モンテ・サン・バルテルミー学塾に入り、更らに仏語の学習に精進したが、最早渡仏以来一ケ年以上も経過し、一通りの仏文も読め日常の会話にも差支へなきに至つたので、監督者ジュリーは、当初の目的に従つて、学生夫れぐ／＼の性情に応じ、適宜の学問技術を専攻せしめんとし、種々肝胆を砕いた結果、遂に左の如く決定した」（同書）

すなわち、近藤徳太郎は織物、歌原十三郎は鉱山、横田萬壽之助は製麻、今西直次郎は製糸撚糸（以上、旧生徒）、稲畑勝太郎は染色、佐藤友太郎は陶器、中西米三郎は機械、横田重一は美術（絵画及び図案）という振り分けである。稲畑勝太郎が染色専攻を命じられたのは、この時代の化学の最先端が染色にあり、最も優秀かつ将来性のある生徒をここに振り当てるのがデュリーの目算だったのだろう。

ところで、この時代、化学は二つの困難に直面していた。一つは自然肥料の枯渇による農業の衰退危機であり、もう一つは石炭から廃棄物として出るタールをどのように処理するかという問題だった。リービッヒを始めとするドイツの化学者は、この二つの問題を一気に解決せんと、タールから人工肥料を生み出せないかと研究を続けたが、リービッヒの弟子のホフマン、およびパーキンは、その過程で、人工肥料ではなく、人工染料モーヴを発明し、一躍、人工染料を化学工業の花形に押し上げたのである。アニリン・レッド、アリザリン、インディゴ・ピュアなどは一八六〇年代後半から一八九〇年代にかけて争うように発明された人工染料だった。

リヨンは、ドイツ派化学研究に対するフランス派化学研究の牙城で、今日でいえばシリコン・バレーのような学問・産業複合体揺籃の地。稲畑勝太郎は、その十九世紀のシリコン・バレーに弱冠十七歳で単身乗り込んでいったことになる。「稲畑君は既にジュリーの選定に依つて、染色方面を専攻すること、なつたので、その準備教育を受くるために、里昂近在の一小都邑ヴユル・フランシユに至り、其地の工業学校予備校に入学した」(同書)

ヴュル・フランシュというのは、リヨンから三十一キロ離れたヴィルフランシュ＝シュル＝ソーヌのことで、リヨンの衛星都市。ここにリヨンの化学工業の人材育成のための工業学校予備校があったのだが、その校規は恐ろしく厳しかったようだ。朝から晩まで、二時間ごとに三十分の休憩を与えるだけで終日授業。日曜も平常授業だった。

休みといえるのは木曜の午後のみで、それも教師帯同での野外運動だった。

「君は此の学校に在つてよく校則を守り、日夜寝食を忘れて勉強したので、外来の異邦人であるに拘らず、その成績は頗る優良で、却つて本国生徒を凌ぐものがあり、屢々《しばしば》教師の褒賞するところとなつた」(同書)

猛勉強というと日本人の専売特許とわれわれは思うかもしれないが、フランス人のエリートの猛勉強ぶりもまたすごいものがある。いや、エリートだけを比べたら日本人よりも上かもしれない。ゆえに、その猛勉強レースの中で勝ち組になったばかりか褒賞まで受けた稲畑勝太郎の努力はいかばかりであっただろうか？

「やがてヴユル・フランシユの工業学校予備校も卒業したので、今度は更らに里昂に帰り、アルチニエール工業学校に入学した。君は前の予備校で既に準備教育は終つたので、此の学校では主として純正化学並に応用化学を専修した。君が化学工業の一部門としての染色技術に就て、基礎的知識を養つたのは、実に此の時であつた」（同書）

しかし、勝太郎は、京都府が自分を送り出してきた目的に十分自覚的であった。基礎化学の勉強もおもしろいが、自分の使命は応用化学、とりわけ染色技術のマスターにある。そう考えた彼は、アルチニエール工業学校で一通りの知識を習得すると、その知識を応用すべく、ジャン・マルナス染色工場に、一介の徒弟として入社し、織物の染色技術を実習することにした。

工業家ジャン・マルナスの経営する染物工場は、一八三一年にギイーンとシャボの組合組織で創設された会社で、当初はリヨンの近郊のシャルペイヌという村で小さな工場としてスタートしたが、たちまち規模を広げ、百人を超す大企業となり、一八三九年のナポレオン一世の遺骨移送においては、青酸カリ等を混合させてナポレオン・ブルーなるものを造りだして喝采を浴びた。二人の経営者は一八五六年に、リヨン工芸学校出の色染化学士ジャン・マルナスを化学士兼職工長として雇いいれたが、この新人が二人の創業者引退のあとを受けて発展させたのがジャン・マルナス工場である。

勝太郎が一八七九年にこの工場に入ったときには、シャルペイヌ村の工場のほか、リヨンのローヌ河の河畔にも新工場を建設していた。

このように工場は最新式だったが、従業員の待遇は、工場法の制定以前だから、当然、苛酷だった。八時間労働などは夢のまた夢で、マルナス工場でも十一時間労働であった。勝太郎は他の徒弟と同じく、十一時間きっちりと働いた。

工場の建物は日本式に数えれば五階建で、一階は絹糸の練場、屋上に硫黄室が設けられていた。勝太郎は寄宿舎に寝泊まりし、朝一番で起き出して工場を掃除したあと、絹糸の大袋を背中にかついで屋上と一階を往復したが、夏には当然、硫黄室は灼熱地獄と化したので、シャツ一枚で汗だくとなりながら、なんとかこの重労働をしのごうとした。

「時には余りの苦しさに、階段の中途で背中の大袋を投げ捨てゝ、日本に帰らうとしたことも一再ではなかつたが、その都度君の心に鞭打つたものは、自分の持つところの重大なる使命であつた。特に明治天皇の有難き御思召に依る御下賜金の一部で留学してゐることに思ひ及ぶ時、今までの疲労は忘るゝが如く消え失せて、新しき精力が全身に漲るを覚えるのであつた。また冬は冱寒酷烈骨を刺すが如きローヌ河畔に於て、張りつめた氷を破つて絹糸を洗ふのが、君の毎日の仕事であつた。此の夏冬を通じて、一日も怠らなかつた苦しき体験は、今日でも君の懐しき思ひ出の種となつてゐる」（同書）

しかし、こうした労苦は、艱難《かんなん》汝を玉にするの伝で、決して耐え難いものではなかった。勝太郎が我慢できなかったのは、東洋人に対する工員たちの謂れなき侮辱であった。

この時代（いまでも、そうだが）、よほどの日本通でない限り、フランス人にとって、中国人と日本人を見分けるのは至難の業であった。というよりも、日本が中国の一部であると信じる人が多かった（これも、いまでも同じ）。ゆえに、東洋人とくれば、ほとんど例外なくシノワ（中国人）と呼ばれた。

ところが、背中に日本帝国を背負った明治の子である勝太郎にとって、シノワと呼ばれることは最大級の侮辱と映った。あるとき、勝太郎が職場の一隅で弁当（といっても、フランスパンにチーズを挟んだサンドイッチのようなもの）を食べていると、そこに四、五人でやってきた職工たちが「シノワのくせにパンを食べるとは、贅沢じゃねえか」とからかい、日本を中国の属国扱いしたので、勝太郎は嘲罵の言葉を浴せた職工に飛びかかり、見る間にそのうちの一人を投げ飛ばしてしまった。応援にかけつけた職工たちも片端から地面に叩きつけられた。師範学校生徒だった勝太郎には武術の心得があったのだろう。この事件以来、マルナス工場の空気は一変し、勝太郎が侮辱されることは一切なくなった。それどころか、みなが彼に深い尊敬の念を抱くに至ったのだ。というのも、自分が投げ飛ばした職工の一人がケガがもとで染色工として仕事ができなくなったと聞くと、勝太郎は、自ら保証書に連帯署名して馬車一台を買ってやり、男を御者にしたててやったからである。

「此の事実は更らにマルナス工場全体の職工を感嘆させ、『ムッシュー・イナバタは実に豪《えら》い』とばかり、何れも君を衷心から尊敬するに至り、その後の技術習得上に非常な便宜となつた」（同書）

こうして丸三年、マルナス工場で徒弟として働いて、実地の経験を身につけると、一八八三年（明治十六）には工場を去ってオランダのアムステルダムに赴き、開催中の万国博覧会を見学した後、染色化学の一方の雄であるドイツ各地を訪問して研鑽に励んだが、べルリンでは犬をつれて大通りを散歩するモルトケ将軍に遭遇するという幸運に見舞われた。

「君は此の時独逸国民の自国の元勲に対する尊敬の念の極めて熾烈なるを眼の辺り見て、同国の隆盛の因つて来るところ深きものあるに想到し、非常の感動に打たれたのであつた」（同書）

万国博から帰った勝太郎は、リヨン大学でロラン教授に付いて応用化学を専攻した。すでに留学開始から六年を経過し、明治も十七年に入っていたため、京都府から与えられた留学期間はとうに過ぎていたが、今度もまた、デュリーの奔走のおかげで、留学延長が許可されたので、ロラン教授の元で染色技術研究を最後までやり遂げることにしたのである。そして、リヨンで学んだことを日本で実地に応用すべく、明治十八年五月、勝太郎は、足掛け八年にも及ぶ留学を切り上げて、帰国の途についたのである。

「君は此の留学中を通じて、暗黒の巷に足を入れざるは勿論、飲酒せず喫煙せず、その生活は清教徒そのもの丶如く、純潔にして質実であつた。これは一にはレオン・ジユリーの監督が厳重であつた丶めでもあるが、その主として基くところは、君の志操の堅固にして、研究心の熱烈なるがためであつた」（同書）

帰国に際し、ランベスク村に隠棲している恩師を訪ねると、デュリーはその学業が見事に成ったことを喜び、勝太郎にフランスで最上等のタバコ一箱を贈って餞別とした。勝太郎は、その厚意に感激し、帰りの郵便船の中で、こころゆくまでタバコをくゆらせたが、その時の味が忘れられなかったのか、以後、愛煙の癖はついに抜けなかったという。

稲畑勝太郎は明治十八年七月に帰朝した。八年に及ぶフランス留学で体得した知識・技術を実践に移し、皇恩に報いたいと願っていたが、日本の産業状況はフランスで想像していたよりもはるかに困難なものだった。人件費が格安だったため、経営者が機械の導入には消極的だったからである。

勝太郎は帰朝後、京都府勧業課の職員としてキャリアのスタートを切ったが、仕事の実態といえばお雇い外国人の通訳や京都染工講習所の教師をつとめるだけで、フランス仕込みの知識・技術を生かすには程遠かった。

そんなとき、耳寄りな知らせが彼のもとに届いた。明治二十年、産業界の大立者・渋沢栄一と京都府知事北垣国道《きたがきくにみち》の音頭取りで京都織物会社が設立されることが決まったのである。これは、勝太郎が、赤坂離宮の内装を手伝った際に知己を得た渋沢栄一にその必要性を説いたことから生まれた会社だった。勝太郎はフランス留学組の近藤徳太郎とともに入社し、染色部技師長として勤務することになった。

勝太郎の最初の仕事はこの会社のための最新設備をヨーロッパで買い付ける派遣団に加わることだった。リヨンの工場を視察すると、わずか二年の間に機織工業は急速な進歩を遂げていた。当初予定していた機械類はすでに旧式化していたので、勝太郎は最新式の織機と関連機器の購入を決めたが、その購入費だけで資本金の四分の一近い約十二万円に上った。三年後、この買い付けは勝太郎や近藤徳太郎の首をしめる結果におわる。機械類が最新式であったため、それを運転するだけのノウハウが不足し、京都織物会社は生産開始と同時に巨額の赤字を計上することとなったからである。

目先の利益を追うことに急な首脳陣は、株主から留学組の高給を指摘され、機械導入の失敗を批判されると、これを奇貨として留学組を一掃することに決め、勝太郎や近藤徳太郎のもとに解雇通知を発送した。かくして、勝太郎は「本日を以て、自今出社に及ばず」の葉書一葉で、自分が設立に奔走した京都織物会社を追われることとなった。会社が本格的に生産を開始してまもない明治二十三年（一八九〇）秋のことである。すでに結婚していた勝太郎は、しかたなく、留学時代に培ったコネを使ってフランスのサンドニ染料薬品製造会社から合成染料を直輸入・販売する会社「稲畑染料店」を同年十月、京都市三条大橋東五丁目・西海子町に開業した。しかし、市中の染屋の多くは合成染料を使いこなす知識を持たなかったので、行商ついでに使用法の説明を行う実演販売を取らざるをえなかったが、この方法は、以前、京都染工講習所の教師を務めていた関係もあって大成功し、注文も入ってきた。海外では新しい合成染料が発明されていたので、「稲畑染料店」の経営が軌道に乗るのは早かった。

ただ、彼の顧客の中心である西陣の織物工業は景気変動の波を受けやすく、その分、「稲畑染料店」の経営も安定はしていなかったので、勝太郎は、次の一手を迫られたが、そのとき頭に浮かんだのは、羊毛を原料とするモスリンの製造だった。というのも、当時、モスリンはほとんどが輸入品で、日本にはこれを生産する技術がなかったからである。もし、モスリンを国内で製造することができたら、西陣の業者もコストダウンが可能になり、ひいては染料輸入も安定する。

こう考えた勝太郎は、顧客の染色業者を中心にして株主を集め、明治二十八年に資本金百万円の「モスリン紡織株式会社」の設立を図り、自らは監査役として事業にかかわることになったが、このモスリン事業への参入が、勝太郎をして思いもかけない新規事業の展開をもたらすことになるのである。そのきっかけは、モスリン製造の視察のために三度フランスに渡った勝太郎が行く先々で産業スパイと疑われ、妨害工作に出会ったことと関係している。当時、モスリンはドイツのイリス商会がフランス産の製品を独占的に日本に輸入していたのだが、イリス商会は「モスリン紡織株式会社」が国産に着手することを知ると、在日フランス公使館に連絡を入れ、関連機関に要注意を呼びかけたのだ。

その結果、勝太郎はかつてのリヨンの工業高校の旧友たちの友情にすがるほかなくなったのだが、意に任せぬままにリヨンに滞在しているうち、一人の同級生から連絡が入った。ただし、それはモスリンに関することではなく、その同級生が弟とともに開発した「動く写真」を意味するシネマトグラフの試写への招待だった。この同級生こそ、映画の発明者リュミエール兄弟の兄オーギュストだったのである。

オーギュストはリヨンの工業高校で学んだ知識を生かして写真乾板の工場を営んでいたが、そこから動く写真への興味を抱き、覗き眼鏡方式であるエジソンのキネトスコープとは異なるシステムのシネマトグラフを発明したのだ。

試写に招かれた勝太郎は、シネマトグラフの驚異に感嘆した。これなら、自分が目で見て肌で感じた欧米先進国の最新の文化や産業を日本の民衆に紹介することができる。

「君がリユミエールに交渉し、東洋に於けるシネマトグラフ配給権を、一手に獲得せんと決心したのも、此の時であつた。リユミエールも亦他からその申込が降る程あつたにも拘はらず、同窓の誼《よしみ》に依り、一切これを斥けて、特に君一人にその配給権を許したのであつた」（『稲畑勝太郎君伝』）

とはいえ、その配給権契約の内容は必ずしも友情あふれたものではなかった。というのも、シネマトグラフの上映機器代および権利金にはなんらの規定も設けず、ただ、一興行ごとに総売上の六割をリュミエール兄弟社に支払うという契約になっていたからである。一興行六割の興行権料というのも常識に照らせば法外なものである。興行はハイリスク・ハイリターンなので、興行主が五割以上を取る割合でなければリスク回避はできないのが普通である。おまけに、上映機材その他に関する損害規定がないのもネックだった。機材が原因で上映が不可能になれば、リターンはゼロになってしまうのだが、その保証はなかった。つまり、リュミエール側では、リスクはすべて勝太郎に負わせ、リターンのみを取る心づもりだったのである。勝太郎は興行に関してはまったくの素人だったため、その無知に付け込まれたかたちになったようだ。

おまけに、リュミエールは興行成績監視のために映写技師としてフランソワ・コンスタン・ジレルを同伴させたが、この男は映写機材の知識こそあったものの電気関係は与り知らずで、後々、勝太郎の映画興行に大きなトラブルをもたらすことになる。

予兆は帰りのナタール号で開かれた上映会ですでに現れていた。すなわち、勝太郎は、日清戦争の賠償金査収のためにロンドンに出張していた園田孝吉正金銀行頭取、山本達雄日銀局長らのために上映会を開催しようと企てたのだが、電圧の調整がうまくいかず、結局、上映会は中止となり、シネマトグラフの原理の説明だけで終わったのである。

ただ、日本経済界の大立者たちにシネマトグラフの原理を説明したことが少なからぬ影響をもたらしたことは確かである。たとえば、山本達雄は、後にこのときのことを回顧して、『稲畑勝太郎君伝』の編者に次のように語ったという。

「その後〔注・上映会失敗の後〕東京へ帰つてから、岩崎彌之助男に此の話をしたところ、是非一見したいとのことであつたので、私は特に稲畑君に依頼して、件の活動写真を取寄せ、男爵並にその御一族を招待して、映写を試みさしたが、一同動く写真を見るのは始めてだと云つて、大喜びであつた」

この岩崎男爵家での上映会がいつのことかは明らかではないが、おそらくは勝太郎がかなり上映の経験を積んでからのことだろう。というのも、明治三十年一月九日に神戸に帰港して以来、勝太郎とジレルは数々のトラブルに見舞われていたからである。

最初のつまずきは、英照皇太后の薨去で歌舞音曲の上演が全面禁止となっていたこと。ために勝太郎が「自動幻画」と名付けたシネマトグラフの初興行は遅れを余儀なくされ、ようやく喪明けの二月十五日、場所は大阪南地演舞場と決まった。出し物はフランスから持参した有名な「公園の撒水」他の短編記録フィルム十二本のみ。

しかし、その前段階として京都で試写会を催さねばならない。場所はといえば、これがなんと京都・四条河原町の京都電灯株式会社の中庭。電圧調整が思うに任せず、屋内では火事の危険性が残っていたためである。日本（一〇〇ボルト前後）とフランス（二〇〇ボルト前後）ではいまでも電圧が異なり、さまざまなトラブルの原因となっているが、当時は、そうした電圧や電流に関する知識さえなかった。いや、映写技師のジレルには直流と交流の区別さえついていなかったらしい。そのため、映写機のコードを電源につないだ瞬間にカーボンから火花が上がるというアクシデントが何度も発生したのである。

果たせるかな、粉雪の舞い散る寒空のもとに行われた日本初のシネマトグラフ試写会でもカーボンが飛び、思うような成果をあげるには至らなかった。

勝太郎は、そこで、急遽、島津製作所に変圧器の製造を依頼し、テストを繰り返し、なんとか大阪でシネマトグラフを公開できるような状態にこぎつけた。だが、奇しくも、ほぼ同じ時期にアメリカからライバル会社が上陸し、大阪で上映準備を開始したので上映場所の確保には相当に苦心したらしい。勝太郎がリュミエールに宛てた一八九七年三月十八日付けの書簡には、そのときのことが苦しげに報告されている。

「やっと二月中旬に、大阪における興行第一号館が映画を上映する運びとなりました。電燈の件は手探りで準備に着手。電気と会場設営には特別の設備が必要ですが、立地条件のよい映画館を見つけられ、まことに喜ばしいことでした。第一号館は大いに健闘し、今では、大阪住民のすべてが、シネマトグラフ・リュミエール（無声活動写真）のファンと申しても過言ではありません。しかし、この映画館は春からは別会社に場所を貸すことを決定。つまり、乗り換えられたため、2月28日をもって手放さざるを得なくなりました」

つまり、大阪でも初上映自体は大成功に終わったのだが、会場の確保が思うに任せなかったので、興行成績はいまひとつ伸びなかったのである。一方、京都・新京極の東向座で三月一日から始まった興行は成績は良好だったようである。

「京都でも、映画館を取り合う競合となりましたが、幸い立地条件の良い大劇場の確保に成功。電力会社に昼間でも電燈を使えるよう交渉し収益は大きく伸びました。初めから首尾よく一人10銭（26仏サンチーム）の入場料で、1日平均ほぼ1000人の大入り興行となりました」（同書）

こう報告しながらも、勝太郎の筆は軽やかではない。それもそのはず、大阪と神戸ではライバルとの競争が熾烈で上映館が見つからず、また東京進出に際しても、アメリカのライバルとぶつかったし、横浜ではどうやら同じリュミエール・システムの映写機を擁するユダヤ系の会社が映写機を持ち込んだという話も伝わってきたのである。かくて、総括を述べるくだりで、勝太郎はリュミエールに向かって悲鳴をあげることになる。

「結論を申し上げるなら、私は競争相手に取り囲まれ、まさに四面楚歌の状況にあります。1897年1月28日付の商品概要説明書に記載されている映写機とフィルムを販売いただけないでしょうか。それを入手できますならば、数日以内に競争相手の宣伝活動を封じ込むことも可能かと存じます」（同書）

シネマトグラフの初紹介者が思わぬライバル出現で危機に遭遇していたことがわかる。また、同じ手紙からは日本映画発達史についての興味深い事実も明らかになってくる。

「ジレル氏はフィルムの制作にかかっております。シネマトグラフ用の生フィルムを米国経由の郵便にてお送りください」（同書）

ジレルが日本の風俗の撮影を開始していることが報告されているのが注目を引く。この撮影は、世界各地の風物をフィルムに収めようとするリュミエールの意向を受けたものだった。そのあたりの消息は『稲畑勝太郎君伝』に詳しい。

「又当時仏国に於けるリユミエールより、日本の風俗景色等を撮影して、輸出せんことを依頼して来たので、君はその同伴して帰つた仏人技師ジユレールに、君の家庭を始めとして、保津川の筏流し、心斎橋通の光景等を撮影せしめたが、そのジユレールすらネガチーフからポジチーフを取る方法を弁へず、一旦リユミエールの許へネガチーフを送つて、改めてポジチーフを逆輸入するといふ有様で、今日から見れば実に隔世の感に堪へぬものがある」

実際、日本の風物を撮影したはいいが、ネガからポジへの転換どころか、ネガフィルムの現像さえままならなかったようで、『稲畑勝太郎君伝』の別の箇所では、中村鴈治郎・福助の『石橋』を撮影したフィルムを現像しようとしたところ、夏の酷暑で水道水の温度が上がってゼラチンが溶けてしまうというアクシデントに見舞われたことが記されている。このように、初期のフィルムは熱に弱かったので、フィルムの輸入や撮影フィルムの運搬には、インド洋経路ではなくアメリカ経路を使うほかなかった。当然、その分、時間も費用も余計にかかったのである。

ことほどさように、勝太郎はシネマトグラフの紹介者という栄光こそ担ったものの、そのパイオニアとしての道は、まことにイバラの道であった。とりわけ、地元の興行師との交渉は勝太郎の手に余った。そこで、フランス留学仲間の横田萬壽之助から弟の横田永之助が興行に携わっていると聞かされると、渡りに船の気持ちで東京での興行一切を任せることにした。さらに大阪・京都での興行権も譲渡して、映画界からは完全に身を引くことになる。横田永之助は東京は浅草公園と神田・川上座での興行を成功させると、それを機に映画興行界に本格的に進出し、まず横田商会、ついで日活を設立して、日本映画界の大立者として君臨するに至るのである。

では、映画興行から撤退した勝太郎はどうしたかといえば、すでに「モスリン紡織株式会社」の設立に奔走していた。リヨン滞在中にリュミエールから映画試写の誘いを受けたのと前後して、同じくリヨンの工業高校の同級生ピエール・ユビネーから連絡が入り、自ら営むフランス北西部の梳毛紡績工場での四カ月の研修を引き受けてくれたのである。おかげで、勝太郎はモスリン製造のノウハウを短期間でマスターし、帰国後、ただちに大阪資本を導入して西成にモスリンの紡織工場を立ち上げることができた。工場は明治三十一年十月に操業開始し、大阪を紡織工業の中心にすることになる。

しかし、勝太郎の活動はシネマトグラフとモスリンにのみ費やされていたのではない。モスリン工場設立と並行するように、勝太郎は西成にかねてより念願の染色工場を建設することに精力を傾けていた。偶然売りに出された大阪晒白会社の工場を買収し、自ら選んだ海外の最新式染色機械を据え付けて、ついに理想の染色工場「稲畑染工場」を完成させたのである。これによって、日本の染色技術は世界に大きく羽ばたくことになる。

田村喜子の『京都フランス物語』によれば、日露戦争での日本兵の損傷率が乃木将軍のまずい指揮などにもかかわらず、日清戦争に比べて伸びなかったのは、勝太郎が考案した独特のカーキ色に陸軍の軍服が染めあげられていたことが関係しているという。フランス留学で得た知識で皇恩に報いるという勝太郎の願いがこれで一部は実現したのである。

以後、勝太郎は、デュリー夫妻とフランスへの感謝の気持ちをこめて、日仏友好事業に半生を捧げることになる。ポール・クローデル駐日フランス大使とともに大正十五年に発足させた日仏文化協会、それを母体にして昭和二年に生まれた関西日仏学館は彼の功績に数えられる。京都の親仏系遺伝子は、稲畑勝太郎一人によって作り出されたといっても決して言い過ぎではないのである。

人間交差点・松尾邦之助

両次大戦間（一九二〇―三〇年代）のパリで、さまざまに交錯する人間関係が一カ所に集まるような人物交差点的日本人を一人選ぶとしたら、それは衆目の一致するところ松尾邦之助ということになるだろう。げんに、私はいま、この時代にパリを訪れた日本人の回想録を虱潰しに読んでいる最中だが、どの本を開いても松尾邦之助という名前が出てこないものはない。もし、どこかにこの時代の専門家がいて、パリに関するすべての本の人名索引を作ったとしたら、松尾邦之助は間違いなく頻度ナンバー・ワンの座に輝くにちがいない。

また、戦後もしばらくの間、松尾邦之助は「読売新聞」の論説委員として健筆を揮《ふる》ったし、ＮＨＫラジオの人気番組である「話の泉」や「二十の扉」などでは準レギュラーとして出演し、人気もあった。それに、一九六〇年代までは、硬軟取り混ぜてのフランス通としてたくさんの著作、翻訳書を出し、その名はかなり人口に膾炙していたはずである。

だが、二十一世紀も最初の十年を終えようとしている今日、松尾邦之助という名前を知っている日本人は決して多くはない。亡くなったのは一九七五年の四月だから、それほど大昔のことではないのだが、五十点以上にものぼる著作・翻訳の中で、今日も新刊としてamazonに登録されているのは、二〇〇六年に突如、未定稿が刊行された『無頼記者、戦後日本を撃つ　１９４５・巴里より「敵前上陸」』（社会評論社）のみ。第一、松尾邦之助とはいかなる人物なのかを調べようとしても、ウィキペディアにも項目はないし、人名辞典の類いにもほとんど記載がない。

このように、日本ではすでに忘れられた存在になっている松尾だが、フランスのインターネットに当たると、その Kuni Matsuo という名は意外なほど多くヒットする。

たとえば、Yahoo! Japan での「松尾邦之助」のヒットは二四五〇件だが、Yahoo! France では、彼がペンネームとして使っていた「Kuni Matsuo」で当たると、なんと一万二七〇〇件もが出てくる！（二〇〇九年九月現在）もちろん、KuniとMatsuoが別々に検索された結果ではあるのだが、その点を割り引いたとしても、松尾邦之助が日本よりもフランスで名前を記憶されていることはあきらかなのである。

では、なにゆえにこうした「特異」な現象が起こるのだろうか？　それは、松尾邦之助が一九二〇年代から三〇年代にかけて、ステニルベール＝オベルラン（E.Steinilber-Oberlin）との共訳・共作というかたちで、日本の古典文学や俳諧、仏教学の著作をたくさんフランスで出版し、そのうち、何点かがいまだに新刊として流通していることによる。たとえば、清少納言の『枕草子』は、SEI-SHONAGON : Les Notes de l'Oreiller という仏訳題で Bibliothèque Cosmopolite などに入っていて新刊本として入手可能である。また、古書としても松尾邦之助・オベルランの仏訳書は需要が高く、かなりいい値段で取引されている。

こうしたことは、パリに憧れて長期滞在した日本人、それも絵画や彫刻などではなく文筆で勝負した日本人としてはきわめて珍しい存在である。いいかえると、松尾邦之助は、フランス語の文章をフランス人相手に売って生計を立てることのできた例外的な日本人ということになるのだ。

実際、松尾は、翻訳や日本紹介の書籍をフランスで出版したばかりか、フランスのジャーナリズムにも相当数の記事を寄稿している。しかも、その寄稿先は、人目に触れない学術雑誌ではなく、大手の日刊新聞や週刊誌などのメジャーである。これは、日本人のフランス語力が飛躍的に向上した今日でも、そうは頻繁に起こらない「奇跡」である。

しかし、それにしては、松尾邦之助に対する日本側、とくにアカデミズムの評価は低すぎはしないだろうか？　いくつかの評伝、紹介はあるものの、フランスにおける松尾の日本文化紹介活動、およびその語学力を介したコミュニケーション能力を正当に評価するには至っていない。松尾のある種の側面に力点をおきすぎていて、その全体像はかえって遮られてしまっている感がある。

こうした点を踏まえてみると、両次大戦間のパリで、藤田嗣治と並んで日仏の双方から最も名前を知られたこの日本人を日仏交流史の中のしかるべきポジションに置き直してやる時期に差しかかっているのではという気持ちになるのである。

松尾邦之助（一八九九―一九七五）が東京外国語学校フランス語部文科を卒業し、フランスに向けて日本郵船の諏訪丸で横浜を出帆したのは大正十一年（一九二二）十月十二日のことだった。

この卒業年次の東京外国語学校フランス語部はなかなか多士済々で、後に朝日新聞社のパリ特派員として松尾のライバルとなる渡辺紳一郎、同じく同盟通信のパリ特派員として活躍し、翻訳でも業績を残した井上勇、NHKの職員だった関係から松尾や渡辺などを「話の泉」や「二十の扉」に出演させた高橋邦太郎（日仏交流史の草分。共立女子大学教授）、カッパ・ブックスの生みの親・神吉晴夫、名著『銀座細見』の著者安藤更生《こうせい》などがいる。

ちなみに、私が河盛好蔵先生から伺った話では、この頃の外語の学生はみな語学力をたのむ生意気な連中だったので、東大から非常勤講師として赴任したばかりの新米教師・鈴木信太郎が授業中に「さて、ディクタシオンでもやろうか」と言ったため、大騒ぎになり、授業ボイコットにまで発展したことがあったという。聞き取りは英語ではディクテーション dictation だが、フランス語ではディクテ dictée なのである。後に仏文学界の大立者となる鈴木信太郎もフランス語教師としてはまだ駆け出しで、英語のクセがつい出てしまったらしい。

このボイコット騒動は、鈴木信太郎の兄貴分である辰野隆《ゆたか》が柔道部の猛者だった弟のコネを介して外語の柔道部に働きかけて圧力を行使し、なんとか一件落着となったが、おかげで、首謀者の渡辺紳一郎は辰野・鈴木という東大仏文中枢からは目の敵とされ、東大仏文への進学を諦めざるを得なくなった。渡辺紳一郎の経歴が東大支那哲学科卒になっているのはそのためである。松尾がボイコット運動に関与していたかは明らかでないが、卒業後すぐに渡仏を決意した裏には、事件が多少の影響を及ぼしていたのかもしれない。

しかし、外語時代の松尾を語る前に、とりあえず、郷里の浜松中学を出た松尾がなにゆえに外語のフランス語部を志願し、卒業と同時に渡仏したか、その理由を考えてみよう。

松尾によると、それは郷里・遠州金指《かなさし》に近い森町出身とされている有名人、「ドジで、間抜けで、ケンカに強いがバカ正直な人情家」である「森の石松」と同郷人の血が流れていたためだという。すなわち、生まれついてのひねくれ者で、父親や教師が勧める官立高校や高等商業（現・一橋大学）への進学がいやだった松尾は、父親を安心させるために一応ナンバースクールは受験し、高等商業の受験料も払ったが、その足で高商の真ん前（いまの学士会館）にあった東京外語のフランス語部文科に受験願書を出し、高商の受験は放棄してしまったのである。

「何故にフランス語部を選んだのか、その理由が自分にもハッキリわからなかったが、アングロ・サクソンの英米文化の宿した国家主義を漫然と嫌っていたわたしが、フランスという国の庶民性や解放された自由な人間性に漠然とあこがれていたのと、ネコも杓子も英語をやるのにいやけがさしたというくらいの理由で、フランス語を選んだのは、あとで考えて見ると、偶然の幸福であった」（『巴里物語』論争社、一九六〇年。以下、断りのない限り引用文は同書による）

では、外語において松尾がフランス語やフランス文学の学習に精進したのかというと、どうもそうではなかったようだ。文法だけにこだわり、機械的な授業で終わる教師の態度に反発する一方、やっとモーパッサンが読めるようになったくらいで、ランボーやクローデルがどうのこうのと作家気取りになり、西条八十や永井荷風の名前を親友であるかのように口に出す文学青年たちもシャクの種だった。

このあたりは、永井荷風の取りまきとなり、学生ながら荷風が銀座や柳橋に遊ぶのに同行していた高橋邦太郎などに対する反発を綴っているのではなかろうか？

では、松尾が入学した頃の外語の教授陣にはどのようなスタッフが揃っていたかと言うと、主任格が滝村立太郎で、これを井上源次郎、鷲尾猛、増田俊雄が補佐するというかたちを取っていた。

フランス人講師は西洋浮世絵で知られるポール・ジャクレーの父が外語再建のときから務めていた。ジャクレー講師はなかなか優れた教師で学生たちの信望も篤かったようだが、一九二一年一月、腸チフスのため急逝した。松尾はこのスタッフのうち井上源次郎に親しんだと語っている。

「謙譲で、豊かな知性の持ち主であったこの井上教授は、ときどき人生哲学を述べ、彼のフランスでの生活、質屋へ行ったときの話、恋愛論などを雑談風に語ってくれた。井上教授は、ある日、鼻もちのならない気障なフランス文学尊崇者どもを皮肉るかのように、微笑しながら、『諸君は、創作家になろうとあせる前に、一流の読書家になりたまえ』といった。わたしは、この教授の警告をよく覚えている」

この「一流の読書家」になりたいという気持ちは何を意味していたのだろうか？　松尾は、同級生のように物書きになりたいというわけではなかったが、さりとてディレッタントとして一生を終えるほどの資産もなく、卒業後の進路は一応、滝村教授の世話で逓信省に内定してはいたものの、官吏になるつもりは皆無で、なんとか、留学してモラトリアムを続けていたいと思っていたのである。

そんなとき、ひょんなことからフランス行きが決まってしまう。

外語卒業の年、浜松で一番の資産家「棒屋」の次男養子だった義兄中村慶重（姉の夫）が上京してきたさい、フランス行きの希望を伝えてみたところ、父親は何と言っているのかと聞かれたので、金がかかるからダメと断られたが、戦後景気で実家には金はあるはずだから、義兄が費用は自分でもってやるから洋行させてやれと頼んでほしいと談判したのだ。義兄は快諾し、父親の説得を試みた。

「好人物の父は、義兄慶重の膝づめ談判で、急に我を折り、彼の自負心が傷つけられたくやしさに、『邦の洋行費ぐらい何とかする。お前の保証は有難いが、金の工面はこっちでする』といった」

松尾は、自分のフランス行きは謀略で決定したと語っているが、「謀略」にしろ、実家には次男の洋行費を賄うだけの資産はあったのである。父・松尾嘉平は明治法律学校に学んだ教養人だったが、呉服商の松尾家に養子として入ってからは漁色に明け暮れた道楽者となっていた。ただ、その割には経理にうるさく資産は失わずに済んだらしい。松尾家の家運が傾くのは、松尾の兄が家督を継いで新しい商売に乗り出してからのことである。いずれにしろ、大卒公務員の初任給が七十円前後だった時代に、フランスまでの片道の船賃（二等船室）六百七十円と二年分の生活費を次男に与えることができたのだから、松尾家というのは本人がいう以上の資産家ではあったのだ。

諏訪丸は一九二二年十一月二十七日、四十七日間の航海を終え、マルセイユの港に着いた。松尾は、やっと郭《くるわ》で娼婦相手に初体験だけを済ませてきたばかりのウブな青年で、日本にいたときにも下宿の未亡人や娘に迫られても拒み続けたような「意気地なし」だったから、同船の男のようにさっそく女を買いに街に繰り出す勇気はなかった。そのため、うんざりしながらも女子職業学校（後の共立女子大）の老女教師と一緒にPLM鉄道の二等車に乗ってパリへの道を急いだ。このときに車中で松尾が抱いた夢想は同時代の日本人留学生とはかなり違っているし、実際、それが後の彼の有為転変の「予言」ともなっているのだから、少し長いが拾っておくことにしよう。

「わたしは、眠ったふりをして、さまざまな空想にふけった。昼間、マルセイユの町で見た南仏の女たち、戦争で夫や父を失った喪服の女が実に美しいと思った。彼女らのなんと明るい瞳、いずれも均整のとれた八頭身の肉体、白いしまった筋肉、ふくれた豊かな胸、このような女性が、もし、わたしと恋仲になったとする。よろしい、場合によっては、日本を捨てフランスに永住してやろう。生活ができ、環境が自由で快適だったら、そこが祖国なんだ。偶然日本に生まれたからこそ、日本を愛しているだけの話だ」

汽車はいつしかパリのリヨン駅のホームに入り、松尾は十一月二十八日の早朝、「牛乳色の霧に包まれたパリ」に着いた。誰の出迎えもなかったので、老女教師と駅で別れると、駅前の「オテル・テルミニュス」に投宿し、翌日、カルティエ・ラタンに出向いて安いホテルを探し、ゲイ＝リュサック通りにある「オテル・ド・ファミーユ」に月極め二五〇フランで住むことにした。五階の小さな北向きの部屋に案内されると、独身用のはずなのにダブルベッドがあり、部屋の隅には、なにやら得体の知れない物体が置いてあった。『これは何かね』とボーイにきくと、彼は、ヴィデの上にまたがり、笑いながら手まねで女のジェスチュアを真似て見せた」

学校は、社会学を勉強するつもりでいたので、シアンス・ポリティック（政治学院）、通称シアンス・ポに決め、社会学の本を買い込んで、入学準備を始めた。

このシアンス・ポは、現在は国立のグランド・ゼコールの一つになっているが、当時はまだ私立で授業料はかなり高く、主に上流階級の子弟が高級公務員として役所に入るための行政予備校のような役割を果たしていた。戦後、ＥＮＡ（国立行政学院）が設立されると、シアンス・ポは国立化されてパリ大学政治学院、ついでパリ政治学院となったが、いまではグランド・ゼコールながらENAよりも格下で、その予備校化している。

松尾は、外語の同級生の「おふらんす」ぶりに辟易していたので、文学臭の少ないシアンス・ポを選んだのだろうが、しかし、いきなり登録したとしても、即座に授業の内容がわかるほど甘くはなかった。それだけではない。晩秋の陰鬱な雲がたれこめるパリで、ホテルの部屋に籠もって孤独に勉強しているうちに、眠れない日々が続き、日本人の多くがかかる「パリ症候群」、つまり突発性の鬱病に罹ってしまったのだ。パリ初心者を襲う心の病のうちで直接的原因となるのは、やはり言葉の問題である。

「いちいち考え考え言うこちらのフランス語はいくらか通じるが、ホテルのボーイや女主人《パトロンヌ》のいう早口のフランス語はよくわからないし、ましてフランス人同士が楽しげに語り笑っている言葉は全然わからない。学校でやったフランス語などは、文法的には正確でも、それは決して Le français tel qu'on le parle（巷でしゃべっているままのフランス語）ではなく、『生きたフランス語』というものが別にあることをはじめて知った」

しかし、「パリ症候群」を松尾が発症した根本的な原因を辿っていくと、それはむしろ、周囲のパリジャンの自由な雰囲気に溶け込むことのできない孤独感にあったと思われる。

「毎日毎日が霧でとざされた日であり、灰色の空には煤煙がまじり、午後の四時ごろには真暗くなり、そうした憂ウツな冬の日を忘れるためでもあろうか、この学生町のカフェの内部は賑わい、若い男女がいたるところで恥知らずにからみ合い、キッスし、料亭、映画館、町筋の暗がりで、みんながみんなアベックであり、戦後のゆるんだ空気でもあろうが、われわれ東洋人の目で見れば、目もあてられぬ廃頽《はいたい》風景であった。（中略）自分もあんなふうに女を抱いてみたい、やりたいんだが相手がいない、できない。かねてからパリというところは、こうした自由な世界だと聞いてはいたが、なんとうらやましい悪魔の世界だと思った」

悪魔に誘惑されることを望みながらも果たせずに悶々とした日々を送るうち、松尾は、突然、ある人物によって悪魔の世界の真っ只中に引きずり込まれることになるのである。

人前で平気でイチャつくフランス人に苛立ち、東海林さだお氏命名するところの「グヤジイマン」と化した松尾邦之助は、ある日の午後、背広服を注文しに仕立て屋に入ったが、向こうに、やけに顔色の薄黄色い、みすぼらしい若者がいるのに気づく。

「いやなヤツがいるわいと思って、顔をそむけると、その男も黄色い顔をそむけた。が、ふと、気づくと、なんだ、そのいやな若者は、鏡に映った自分の姿であった」

これと同じような体験は、高村光太郎も書いている。すなわち、オペラ帰りにカフェで娼婦を拾ってホテルで一夜を明かした翌朝、洗面所に入った光太郎は見知らぬ男が寝間着姿で立っているのと出会う。

「非常な不愉快と不安と驚愕とが一しょになって僕を襲った。尚およく見ると、鏡であった。鏡の中に僕が居るのであった。『ああ、僕はやっぱり日本人だ。JAPONAISだ。MONGOLだ。LE　JAUNEだ。』と頭の中で弾機《ばね》の外れた様な声がした」（「珈琲店より」『世界紀行文学全集1　フランス編1』修道社）

この体験をもとにして生まれたのが、光太郎の有名な詩「根付の国」の「猿の様な、狐の様な、ももんがあの様な、だぼはぜの様な、麦魚《めだか》の様な、鬼瓦の様な、茶碗のかけらの様な日本人」だが、松尾邦之助もまた、光太郎と同じような自己嫌悪のどん底にいたのである。

そんなある日、ポルト・マイヨーにあった「日本人会」に出掛けて日本食を食べていると、青山という書記が、いまとんでもない日本人がパリに現れ、大酒をくらっては羽織袴でブールヴァールを闊歩したり、ムーラン・ルージュの前の歩道で脱糞したりして騒ぎを巻き起こしているという話をしている。佐藤朝山《ちょうざん》という日本美術院会員の彫刻家だという。

松尾は驚いた。日本にいたとき、同じ大森のアパートに住み、近々、自分もフランスに行くから、通訳と案内を頼むと語っていたのが佐藤朝山だったからである。

その日の午後、書記からアドレスを聞いたオテル・デ・グラン・ゾムまで訪ねていくと、タバコの煙がもうもうと立ちこめる部屋には四人の人影があった。朝山と「東京日日新聞」記者の井沢弘、それに一晩をともにしたとおぼしき二人の娼婦である。朝山は、娼婦を追い払うよう松尾に頼み、その後で、これから一緒にパリの街に繰り出さないかと誘った。

こうしてカルティエ・ラタンのダンスホールから始まった三人組の放蕩は、サン・ドニ界隈の女郎屋《ボルデル》を数件ハシゴした後、モンマルトルのサヴォワイヤールというキャバレで終わったが、この一夜の経験で松尾のノイローゼは完全に消えてしまった。とりわけ、当時、「メゾン・クローズ」とか「メゾン・ド・トレランス」と呼ばれていた公認の娼婦の館で、ずらりと並んで全裸のからだを客に披露する娼婦たちを見たとたん、松尾の懊悩とコンプレックスは一瞬に吹き飛んでしまったのである。

「フランス人といえば、文明なる、特異な、まったく別な生物のように恐れ、敬遠していたのに、あの女郎屋《ボルデル》のサロンの赤いじゅうたんの上に靴から上を全裸にし、双の乳房をゆすり、白ブタのような大きな尻を見せ、舌を出したり、白い太腿をおし広げて騒ぎまわる女たちの姿態を目のあたりに見たとき、この全パリに、もう恐るべき何物もないのだといった自信（？）をもった」

不思議な自信の回復法であるが、とにかく、ショック療法として効いたことは効いたのである。この体験でグヤジイマンとしての松尾邦之助のみじめな顔は消え、「パリのどん底」まで知り抜いたリアリストの顔が現れたのである。

とはいえ、娼婦は金で買えても、素人娘と知り合うことは、洋の東西を問わずに思いのほか難しい。「素人童貞」という言葉がある通りである。

だが、運のいい松尾はこの障壁も見事にクリアーすることになる。セシル・ランジェーというソルボンヌの女子学生と恋仲になったのである。

シアンス・ポに登録した学生はソルボンヌの授業も聴講できることになっていたので、松尾は大講堂でブーグレ教授の授業を聴いたが、ノートをうまく取ることができない。そこで隣席に座った美しい女子学生にノートを貸してくれないかと頼んでみたが、これが一つのきっかけとなり、二人は授業が終わるとカフェで語らう仲になった。

だが、中央山塊《マシフ・サントラル》出身のセシルという女子学生は自称ニヒリストで、松尾が熱烈なラブレターを渡すと、予想外のアプレ・ゲール的な返事をよこした。

すなわち、自分は結婚などというブルジョワ的な希望は始めからもっていないから、松尾が自分を愛するように自分も松尾を愛しているという事実があればそれだけで十分ではないか。二人の恋の炎がもっと燃えさかるか、それとも一時的な閃光に終わるのか、それは次の日が決めることだろう。ただ一つだけ条件があり、それは二人の関係を外部のものには秘密にしておくこと、この条件が守られるなら、自分は若さのすべてを捧げるつもりである、云々。そして最後に『椿姫』でデュマ・フィスがマルグリットに言わせた「いつもあなたは、あたしに対し、ディスクレでシャルマンであるように」という言葉が添えられていた。ディスクレとは互いの自由を尊重し私生活には立ち入らないようにという意味、シャルマンとは魅力的で焼き餅を焼かないというくらいのニュアンスである。

ようするに、セシルは、後に、シモーヌ・ド・ボーヴォワールがサルトルとともに実践する自由恋愛哲学を先取りしていた元祖実存主義的な女子学生だったのである。

とはいえ、セシルも、サルトルと結ばれる前のボーヴォワールと同じく、ボーイフレンドと遊び歩いた経験はあるものの、実際には処女であった。それに、処女でもピルや人工妊娠中絶が合法化された時代の女子学生との大きな違いである。処女でもコケットな血を先天的に受け継いでいるフランス女だけあって、気分の高揚したときには大胆になるが、男がその気になると、とたんにジラシの態勢に移る。駆け引きには長けていたのだ。

凱旋門近くのレストランで食事したときのこと、セシルは急にタクシーを呼び止め、運転手にブローニュの森を一巡りしてくれと言い放つと、情熱的なキスの嵐を浴びせてきた。

「なんと驚くべき獣の接吻である。わたしは唇が溶解してしまうかとまで思われた。肉食者の熱い血みどろなこの接吻には、チーズの香のような、怪しげな、なんとも分析のできない味がこもりからんでいた。全身の血液とホルモンが吸収されてしまうような激流の口づけのため、わたしの骨も肉もぬけ落ちてしまうと思った」

だが、そこまでだった。セシルはその晩には身を任せなかったのである。二人が結ばれたのは五月にルーアンに旅したときのことだった。

「セシルは、わたしの肉体が、ちょっと彼女の胸にふれるだけで、もう全身を痙攣させるほど鋭い底知れぬ情欲の泉の持ち主であった。長い間せきとめていた大河の流れを一度に吐き出したように、彼女の肉体の欲求の波は、激流となってわたしに迫った」

というわけで、二人はめでたく結ばれたわけだが、こうしたかたちで、あれほどに憧れていた「インテリのフランス女」を知り、「国境」を越えた愛を得た松尾は、日本人留学生としては、とにもかくにも幸せ者というほかない。

「セシルは異国人であり、わたしも彼女にとっては、遠い極東の異邦人でしかなかったのに、どうして、このような二身一体を感ずるのだろうか。セシルという他人、この外物が、わたし自身でしかないというのは錯覚なのだろうか。わたしたちは、世界に対し、一切の社会に向かって目をとじていた。世界も社会も、みなわたしたちの中に溶解していたのだ」

かくして、ここに一人、国籍や民族を意識しないコスモポリット（世界主義者）が誕生することとなるが、現実には、国境と国籍を無化することは容易ではない。パリ生活二年目の一九二四年、セシルと一緒にイタリア旅行に出た松尾は、狂おしい情熱がこうじて、結婚を申し込むまでになるのだが、二人の関係を極秘にしておくことを絶対条件にしていたセシルから、決定的なノンをつきつけられる。フィレンツェのダビデ像の下で記念写真を撮ろうとした松尾に、セシルはそんなことをしたら秘密の恋に証拠品を残すようなものだと反論し、松尾がなおも言い募ると、唇をふるわせながら、頬を平手で打ったのだ。この平手打ちで我に返った松尾が出した結論は、結局、次のような苦いものだった。

「一寸先が闇である未来に甘い信頼を置かない刹那的なセシルの打算のほうが賢明なのかも知れないと思われた。（中略）いずれにしても、生活の保障を何物も持たない異国の貧書生に無打算で惚れる女があったとすれば、よほどのアホウ者であろう」

　ここに至って、松尾はつくづく金がほしいと思った。だが、兄が新事業に手を出して失敗したこともあり、仕送りの増額など期待できるわけがない。

　こうしたジレンマを抱えながら、松尾は、セシルの世話で入学した高等社会学院《オート・エチュード・ソシアル》（社会科学高等研究院の前身の一つか？）でルヴォン教授の指導を受け、「封建時代における日本の社会現象分析」という論文を執筆していた。そんな折も折、窮乏した実家から、帰国費用の千三百円を送るから日本に戻ってくるようにという手紙が届いた。だが、松尾は自分の内部的財産を築くまでは帰るまいと決意した。心の底にはもう一つの強い呪縛があった。

「もっと勉強してから、というのもひとつの理由だったが、それより以前の潜在的な別な理由もあった。それは、パリという都の宿した、なんとも説明のできない有機的な魅力、その環境の美しさ、社会生活の自由、その人間味、こうした魅力をそう簡単に捨てたてまるものかという理由であり、また、その理由のうちには、家には報告のできない、そして誰にも語れない、セシルとの恋愛という魔力がひそんでいた」

　ここには、所定の留学期限を過ぎても帰国しなかった居残り型の「パリの日本人」の典型的な心理がある。このタイプにとって、魂を奪って男を骨抜きにするセイレーンはパリ、ジェンヌという具体的なかたちを取ってはいるが、その実、セイレーンはパリそのもの、さらに言えば、パリが垣間見せてくれる「自由の幻想」なのである。その証拠に、帰国を切り出したとき、セシルは例のニヒルな態度で少しも騒がず、帰らなくてはならない事情があるなら仕方がないとしたうえで、こう言った。

「わたしが、あなただったら帰らないわ。あなたは、まだ若いし、パリに居残っても、きっと、いろいろなチャンスにめぐまれるわ。わたしは、それを信じている」

かくして、留学二年目にして残留を決めた松尾だが、現実は思った以上に厳しかった。三菱商事のような在仏企業からは、文学癖を理由に片端から就職を断られたからである。

そんなときに救いの手を差し伸べてくれたのが、明治初期に陸軍軍人としてパリの士官学校に留学しながら帰国しなかった「パリ残留日本人」の第一号ともいうべき「諏訪ホテル」の諏訪《すわ》秀三郎《しゅうざぶろう》であった（最終章参照）。皆から「諏訪老人」と呼ばれていたこの日本人ホテルの経営者は、知り合いの貿易商デマルクワのところで見習社員を募集しているから行ってみたらどうかと紹介状を書いてくれたのだ。

しかし、デマルクワ商会での勤めは惨めなものだった。当時、居を定めていたムードンのホテルから「労働者割引切符」で三等車に乗ってモンパルナス駅まで行き、そこでメトロに乗り換えて事務所に通うのだが、経営者のデマルクワは、フランスのプチ・ブルによくある口うるさい渋チンで、仕事の内容は完全な使い走りだった。

惨めな出稼ぎ労働者の境遇に身を落としてみると、折から盛りあがりを見せていた左翼の労働運動に加担したい気持ちが湧いてきた。とりわけ、腕っ節の強そうな労働者たちが赤旗を押し立てインターナショナルを歌いながらデモ行進する姿を見ているうちに、心に強い共感が起きるのを感じたが、しかし、曲がりなりにも高等社会学院で社会学を学んだ学徒だけあって、社会運動の行く末には暗い影を予感せざるを得なかった。

「かりに、こうしたプロレタリアの大集団がソ連の例が物語るように、勝利者となったとしても、その勝利者は、運命的に第二の別な権力体をいただきそれが、人間の自由を奪うであろう。（中略）わたしはこのようなことを考えながら、人間性とか倫理がいつか人間の『権力欲』を奪い去る日が来ない限り万事がダメだと思った」

このあたりが、留学を機に左翼思想にかぶれて非現実的な理想主義を振りかざすようになるお坊ちゃん留学生とは一味違うところである。やがて、倫理と権力欲の問題に思い至った松尾はアン・リネルという独立系アナーキストの著作に親しむが、そうなると余計に低賃金でコキ使われるだけのデマルクワ商会での勤務が耐えがたくなってくる。

そんなときである。日本大使館の理事官森山隆介がパリ日本人会の書記の口を世話してくれたのは。日本人会はポルト・マイヨーに近いデバルカデール通り七番地にあった。日本人は、この町のことを「デバカメ通り」と呼んでいた。隣には「オテル・リュナ」という連れこみ宿（オテル・ド・パス）があり、日本人会の建物も、以前は同じような目的のホテルではなかったかと想像させるすさんだ印象があった。

このポルト・マイヨーの「パリ日本人会」のことは、戦前の日本人の紀行文にはしばしば登場するが、その詳細の描写は意外に残っていない。それゆえ、以下の松尾の記述は、資料的にはかなり貴重なものであろう。

「地下室が料理部になっていて、斎藤という肥った板前さんが、食堂の経営をし、欧州航路の船から逃げ出したむかしの船乗りや、第一次欧州戦争に義勇兵となって流れこんで来た男どもが四、五人、奥のきたない暗い部屋にゴロゴロ寝ていた。彼らは、この地下室で、ユダヤ人しか食べないというドラード（タイ）の刺身をつくり、かば焼のウナギを買うために、朝早く中央市場に行き、形ばかりの日本料理をつくって、日本人のホーム・シックをなぐさめる役割を演じていた。ボーイどもは、客のいないときには、バクチをやり、耳でおぼえた奇妙奇てれつなフランス語で、近所のビストロに行って、売春婦をからかい、それぞれ、フランス人の情婦をもって彼らにふさわしいのんきな流れ者の生活をしていた」

この描写を読むと、一九七〇年代の末に、まだカルティエ・ラタンのサン・ジャック通りにあった日本食料品店「京子」付属の食堂に行ったときのことを思い出す。惨めで汚らしい食堂でコロッケ定食を食べ、置いてあった古い「朝日新聞」で巨人の江川が広島カープを完封した記事を読んだことが妙に記憶に残っている。おそらく、戦前の「日本人会」の地下食堂部も似たような雰囲気だったにちがいない。

松尾は、二階のサロンの隣にあった小さな事務室で執務し、夜は、三階の球つき場の横にあった穴のような埃っぽい部屋で寝た。隣が同伴ホテルだったこともあり、土曜日の午後や日曜になると、異様なうなり声が壁ごしに聞こえてきたりした。ようするに、その境遇はデマルクワ商会よりはいくらかましになったという程度で、仕事も決しておもしろいものではなかった。しかし、セシルは愚痴をこぼす松尾を「辛抱しなさいよ。あんたは、日本人会の仕事をしながら、きっといい友人関係をつくるわよ」と勇気づけた。

セシルの予言はやがて現実となる。松尾は、日本人会書記としてさまざまな人間と知り合うことで運命を開き、他に類を見ないようなユニークな滞仏経験をすることになるのである。

一九二五年三月からパリ日本人会の書記として勤務することとなった松尾邦之助が最初に親しんだのは、柔道をフランス人に教え込むという触れ込みで、一言もフランス語が話せないのにパリにやってきた石黒敬七だった。

戦後、NHKラジオの「とんち教室」などでとぼけたキャラクターが人気を集めた黒メガネの「旦那」については、次章で扱うので、ここでは簡単に済ませておくが、松尾の運が開けたのは、この石黒敬七のために自活の道を開いてやろうとして、「巴里週報」という日本語新聞の発刊を手伝ったことだった。

そもそもの始まりは、イギリスのチェンバレンに女装して面会したと称する布利秋《ぬのとしあき》なる奇人が突然、日本人会に現れ、「石黒君をなんとかしてやろうじゃないか」と相談を持ちかけてきたことだった。石黒敬七は、フランスに柔道を普及させるという名目で集めた資金をたちまち使いつくした豪傑だったが、松尾は石黒のこうした性格が気に入ったのか、親身になってサバイバルの方法を考えてやった。まず、モンパルナスに近い石黒のホテルに畳がわりのマットを運び込み、仮の道場としておく。しかし柔道で飯がくえなくなる可能性もあるから、謄写版印刷機をそろえてガリ版刷りの日本語新聞を発刊し、石黒が社長に収まるというアイディアである。

一九二五年八月、松尾の奔走もあって、「巴里週報」は無事、創刊号の発行にこぎつけた。当時、パリには、画家を中心として千人以上の日本人がおり、そのほとんどがフランス語を解さなかったから、石黒敬七の「巴里週報」は在留邦人社会になくてはならない情報源となったのである。

以後、石黒・松尾のコンビは、日本から次々に「視察」にやってくる政・財界人、作家、芸術家の「受け皿」となり、徐々に、だが、着実に、パリにおける人脈を築いてゆく。

ところで、「巴里週報」が軌道に乗ったのは、創刊が一九二五年という絶妙のタイミングだったことも関係している。というのも、この年には、「パリ装飾美術《アール・デコ》国際博覧会」が開催され、日本からの見物客は引きも切らなかったからだ。

ちなみに、この「アール・デコ博」の日本館は、純然たる和風建築で、在パリの日本人の間に賛否両論の渦を巻き起こしたが、松尾は日本大使館の森山庶務課長に頼まれ、万博の事務を手伝ううち、この日本館の装飾にかかわった藤田嗣治と知り合った。

「フジタは、レジヨン・ドノールの赤リボン略章をつけ、オカッパの髪によく櫛を入れて、灰色の絹ビロードのチョッキを着ていた。フジタは、実に軽い調子で、いつも率直にものをいい、最初から好感がもてた」

松尾は、在留日本人には珍しく藤田と喧嘩別れせずに最後まで付き合った一人だが、パリで日本からの援助を受けず、フランス人の間に混じって独立した生活を営んだという点において、互いに認め合うものをもっていたのだろう。松尾が日本人の同業者から嫉妬されて嫌がらせを受けたときにも、藤田は次のようにいって慰めてくれた。

「ここにいる日本人どもは、日本の金を吐き出し、日本に帰ってからの野心満足に、つまり『帰ってからのため』だけを打算して、満足しているヤツラだよ。こんなふうに精神的に、物質的に輸入ばかりしていたんじゃはじまらないいじゃないか」

こうして肝胆相照らした松尾と藤田は、一九二六年、石黒敬七と組んで奇妙なイベントに参加することになる。オペラ座で行われた慈善興行のアトラクションで、三人はフランス大統領夫妻以下のパリ名士たちが見守る中、「柔術」の模範演技を行い、藤田と松尾は石黒の投げられ役をつとめたのであるが、このとき、ショーの効果を引き立てるため、藤田が三人の顔に施したメークはなかなか見事なものだった。

「それはいいとして、楽屋で顔にコテコテと白粉をぬられ、口紅をつけられ、眉毛を太くぬられた化物姿の黒帯でフットライトを浴びたのは、まことにオリジナルな風景であったろう。厚化粧で柔道をやったのは、おそらくカイビャク以来わたしたち三人だけであろう」

オペラ座の柔術ショーは、のちのち、藤田を非難する熊岡美彦《よしひこ》らの一派から、藤田の売名行為の典型として引きあいに出されることになるのだが、それはまた別の話である。

このように、日本人会の書記をしていたおかげで、松尾はさまざまな風変わりな日本人と知り合う機会をつかんだが、そうした中で、彼の運命を変えるほどに奇妙な出会いとなると、中西顕政という「奇人中の奇人」とのそれを挙げないわけにいかない。

松尾が、この摩訶不思議な人物と知り合ったのは、日本人会の事務所近くのポルト・マイヨーのカフェで「巴里週報」のための原稿を書いていたときのことである。

ときどき日本人会で食事していく鼻眼鏡の紳士がカフェにあらわれ、「あなたが松尾さんですネ。美しいご婦人でもお待ちになっておられないのなら、ちょっと隣に着席させてください」と言って腰を下した。男はペルノー酒を注文してから、中西と名乗り、「巴里週報」に掲載されている松尾の随筆を面白く読ませてもらっていると持ち上げたあと、別れ際に「何か気の利いたご計画はありませんか」と尋ねた。

そこで、松尾が、「金でもあったら、仏文の日本文化紹介雑誌でも出したいんですが……」と答えると、中西は、あなたならきっとやれると励まし、また、風のように姿を消した。松尾はおかしな男だなとは思ったが、それきり忘れてしまった。

二、三日して、カンボン通りにあった日仏銀行に出掛けると、長島寿義という外語の同窓生の行員が、いま電話しようと思っていたところだが、昨日、一人の日本人が現れ、松尾の口座に三万フラン（注・松尾の『フランス放浪記』には二万フランとある）を入金してくれと、名前も告げずに現金を置いていったが、心当たりはないかと尋ねた。

驚いた松尾が、どんな男か問いただすと、行員は日本人離れした好男子で鼻メガネをかけた男だったというので、カフェで会ったあの中西という男であることがわかった。

「意外なこととはいえ、なんともいえない興奮を感じ、うれしくなり、とりあえず金を当座に入れてもらい、もらった名刺にあったアドレス、ファラディ街の彼に、礼状を出し、わたしの野望であった仏文の文化交流を目的とする雑誌を必ず発刊して見せるから、期待してください、と書きそえた」

しかし、それでも、中西について疑念を拭えなかったので、本格的に事業に乗り出す前に、知人の間をかけずり回って評判を聞くことにした。ある人物は、あれはどえらい金を持っているが、密輸かなにかで儲けた金ではないかと言い、またある者は、モンテカルロの博打場に出入りするイカサマ師ではないかと推測したが、だれも詳しく知るものはいなかった。そこで、藤田嗣治のアトリエを訪ね、中西について質問すると、次のような答えが返ってきた。

「中西顕政という人だろう。あれはオレが、日本を出るとき、同じ船で来た人だよ。シンガポールで下船したが、ゴム園を経営していたらしい。金はあるし、なんでも三重県あたりの富豪の息子だっていってたぜ。（中略）君は、いい男に発見された……。その仏文雑誌というのをやれよ。君は、パリの文士や記者を知っているから、みんな協力してくれるだろう。オレもひと肌ぬいで、できるだけの援助をするよ」

この藤田の励ましで踏ん切りがついた松尾は雑誌の創刊を決めた。かくして、一九二六年二月十五日、日仏文化を中心にして社会・経済まで扱う仏文の国際雑誌「ルヴュ・フランコ・ニッポンヌ」の第一号が書店に並んだ。編集長は松尾自身がつとめ、表紙のデッサンは約束通り、藤田が描いてくれた。目次には文壇の巨匠アンリ・ド・レニエ、ユマニスムの詩人フェルナン・グレーグ、ハイカイ（俳諧）詩人のP・L・クーシューおよびルネ・モーブラン、評論家エドモン・ジャルー、親日派の作家で日露戦争を舞台にしたベストセラーの作者クロード・ファレル、インド学者のシルヴァン・レヴィ、それに、松尾のフランス語翻訳の協力者となるステニルベール＝オベルラン、詩人で美術評論家のアンドレ・サルモンなどの錚々たる名前が並んだ。発行部数は千部。

評判も上々で、大手の日刊紙「ル・ジュルナル」がかなりページを割いて紹介記事を載せたほか、「コメディア」「ラントランジャン」にも創刊を祝う記事が出た。在パリの有力企業が広告を出し、在仏日本大使館も協力してくれたが、三号あたりから、資金繰りが苦しくなってきた。

そこで、社長の中西と連絡を取ろうとするが、いっこうに埒があかない。居場所をつきとめ、速達を出して窮境を告げると、金の代わりに鉢植えの美しい花が送られてくる。何度やってもこの繰り返しで、編集長の机の上には、鉢植えが七、八個も並んだ。切羽詰まった松尾は友人から金を借りて急場をしのぎ、以後は中西に頼らずにやっていくしかないと思い定めた。すると、ある日、突然、中西が編集部に現れ、モンマルトルにでも行って飲もうと誘った。松尾が食前酒を飲みながら、資金繰りの話を切り出すと、中西は俳句の話ばかりして取り合おうともしない。結局、最後までのらりくらりで、要領をえないこと甚だしい。

ところが帰り際、ちょっと話があると便所に誘われたので付いていくと、中西は上着の内ポケットから新聞紙に包んだ厚い札束を取り出し、その一部を「当分のこづかいにしてください」と手渡した。その金額は、借金を返した上、諸経費を払っても余りあるほどだった。

ところが年末に再び資金繰りが悪化したので中西に相談すると、またもや空惚《そらとぼ》けた話ばかり。結局、中西はそのままパリから姿を消してしまう。印刷屋から執達吏を差し向けると脅されたので、松尾は思い余って日本大使館の外交官補横山洋に相談をもちかけた。横山は会社には財産はあるかと尋ね、ないなら役所で「赤貧証明」をしてもらえと知恵を授けた。「赤貧証明」があれば、執達吏も手だしをできないのだという。こうして松尾は危機一髪のところで差し押さえを逃れたが、かといって資金繰りが好転するはずもない。最後は窮余の一策で、日本大使館からの援助金で借金を返したが、その分、雑誌は外務省の御用雑誌化した。

では、中西はどうしていたかというと、なんと、そのときにはもう日本に帰っていたのである。日本から、のんびりした内容の葉書が届いた。ところが翌年、中西はシベリア鉄道に乗り、再びひょっこりとパリに姿をあらわした。

酒場で会った中西は娼婦たちを侍らせながら、分厚い札束を見せびらかして弄んでいたが、別れ際に、シベリア土産だと言って、松尾にアカシア細工のシガレット・ケースを手渡した。松尾は、人を馬鹿にするにもほどがあると感じ、アカシア細工をパリの下水に投げ捨てようとさえ思ったが、翌朝、タバコを中西からもらったシガレット・ケースに入れようとしたとき、中に一〇〇〇フラン札がギュウギュウに詰め込んであるのを発見して仰天した。ここにおいて、松尾は中西という人物を知るに至るのである。

「ひとを失望させ、いら立たせた挙句の果て、このようないたずらで冷笑する中西さんには、金銭で、ひとをいじめて楽しむといった、何かしら病的な、一種のサディズムが宿っているようにさえ思われた。よく解釈すれば、わたしに、オイソレと安易に金を与えて依頼心を持たせることを嫌い、わたしの自主性といおうか、独立性みたいなものを奨励するための遊戯だったとも思われたが、なんと、こみいったことをする人だと思った」

どうやら、中西はだれにでもこうした金銭のサディズムを実践していたらしく、松尾はいたるところで現場を目撃することになる。たとえば、魚の絵ばかり描いてパリでそれなりの評判を取っていた戸田海笛《かいてき》。海笛のアトリエに出掛けた中西は、コイの絵を受け取るや、「ヤア、どうもありがとう」と言うだけで金も払わずにさっさと帰ってしまったが、怒り狂った海笛がテーブルの上に置いたタバコの袋からシガレットを取り出そうとすると、そこには一〇〇〇フラン札が数枚ねじ込んであった。

「海笛は『ウワア……金、金、金があった』といい、弟子を近所の酒屋や、肉屋に飛ばせ、みなで思いがけない大酒宴を開いた」

パリに舞い戻った中西は、不在中の不義理の埋め合わせをしようとでも思ったのか、雑誌ばかりか書籍の出版まで視野にいれた出版・印刷事業を始めようと言い出した。かくして、松尾はパリ一四区のラミラル・ムーシェ通りという寂れた通りに一軒家を借り、そこに原始的な印刷機と活字セットを運びこんで、新たな事業に取り組むこととなったのである。

「私が雨のどしや降の日にトラックに印刷機を乗せて新工場に引移つたのは一九二七年の十二月だつた。アミラル・ムシエと云ふパリ南端、大学都市に近いモンスーリ公園の近くの汚い町の二十二番地の工場は二間ある奥庭のアパァトの一階《レッドショーセ》で、日中からガスをつけないと暗くて仕事の出来ない様な荒屋で、ぢめ〳〵と湿気を持つた穴の様な所だつた。印刷機を設備して掃除を初めた時には、少々みぢめ過ぎるので淋しかつた。それにしても、精神的な妙なよろこびと張を感じ、殆んど寝食も忘れて働いた」（松尾邦之助『フランス放浪記』鱒書房、一九四七年）

協力者は、吉田保という世界的ヴァガボンドの青年ただ一人。後に、辻潤の紹介で、似たようなヴァガボンドの大海忠助という青年がこれに助手として加わった。さすがに活字は拾えないので文選のフランス人を二人雇い、払暁まで足踏み式の印刷機を回し続けた。

「朝の五時頃まで働いて戸外に出ると、冬の暗い街を職場に行く労働者がコツ〳〵と歩いてゐた。政治犯人を収容するサンテの牢獄の近くのビストロに行つて大蒜《にんにく》の這入つたカフエーを飲み、コンニヤックを二三杯飲む時のよろこびは、今でも忘れない、吉田君の顔にも手にも印刷のインクがついてゐたが私のレインコートなぞ全くルンペンでも貰ふのを断る様なよごれた黒い代物であつた」（同書）

こうして、若き日のバルザックのように、雑誌編集者から出版・印刷業者に転じて馬車馬のように働いた松尾であったが、やがて、その「穴」のような印刷所には、辻潤とか武林無想庵などという食い詰めアナーキスト、ダダイストが転がりこんで、梁山泊の様相を呈するようになる。その一方で、印刷所からは『ルヴュ・フランコ・ニッポンヌ』の第七号以降が出版されたほか、同誌への寄稿家で松尾の翻訳の共訳者でもあったオベルランの『アジア擁護論　アンリ・マッシスへの反駁』というパンフレットも出版された。そして、これがきっかけとなり、松尾はアンドレ・ジッドを知り、フランス文壇に多くの知己を得ることになるのである。

この意味で、中西顕政は松尾の最大の「恩人」だったわけだが、その経歴については、松尾が晩年に記した以下のようなものしか知られてはいない。

「さて、この怪紳士、中西顕政は、三重県熊野市木本町の生まれで、彼の父親中西源吉は、山持ちの富豪であり、昭和十二年に逝去している。中西顕政とわたしは、欧州大戦の直前から別れ別れになっていたが、帰国した彼は、静岡県伊豆の韮山に家をもち、細君の幸子さんと、静かな家庭生活をしていた。一度、中西さんは、池上本門寺裏のわたしの家を訪ねてきたことがあるが、昭和三十六年三月八日に、韮山で逝去した」（『風来の記　大統領から踊り子まで』読売新聞社、一九七〇年）

戦前に、親の遺産をパリで蕩尽し、日仏交流に少なからぬ貢献をしたのは、薩摩治郎八や福島繁太郎ばかりではなかったのである。これぞ、法人ではなく、個人に金があった古き良き時代だったからこそ実現した「積極的浪費」である。

松尾邦之助を再評価する基軸として忘れてはならないのが、ほとんどフランスで知られていなかった日本の文化や文学をフランス語に翻訳して日仏理解の礎を築いたという点だろう。フランス側にも影響を及ぼした「パリの日本人」として、松尾は藤田嗣治と並んで例外的な存在だったのである。

では、こうした面でのパイオニアになるきっかけは何だったかというと、それはステニルベール＝オベルランというアルザス系フランス人との偶然の出会いだった。

一九二五年の春、パリ日本人会の書記として働きはじめた松尾は、東洋美術の収集で知られるギメ美術館の「東洋友の会」という茶話会に出席したが、その席で、知己のフランス女性を通じて、人品いやしからぬ紳士に紹介された。これがエミール・ステニルベール＝オベルランだった。

オベルランは「肩書が履歴書のように書いてある俗人めいた名刺で恐縮ですが」と謙遜しながら名刺を差し出すと、自分は能とハイカイに興味を持っていると切りだし、能もハイカイも象徴的かつ暗示的で世界に比類のない最高の芸術形式だと絶賛した。これを聞いた松尾は、しかし、能やハイカイはまさにそうした特徴ゆえに世界性を持ち得ないのではないかと反論した。すると、オベルランは、日本文化が理解されていないのは良き紹介者に恵まれていなかったからではないかと答え、別れ際に、もし、松尾が日本の俳句を訳すようなことがあったら、自分は忠実な協力者になるだろうと誓った。

これが縁になって、二人は其角《きかく》の俳句に松尾が解説を付けた『其角の俳諧』を共訳というかたちで世に問うことになったのである。一九二七年にクレス書店から出版された《MATSUO,Kuni et STEINILBER-OBERLIN,Emile : LES HAÏ-KAÏ DE KIKAKOU》がそれである。以後、このコンビは、続々と翻訳を出版していくが、はっきりとタイトルと出版社・発行年がわかっているのは以下の通り。

①《LES NOTES DE L'OREILLER 枕草子》(STOCK,1928)、②《DRAMES D'AMOUR DE OKAMOTO KIDO 修禅寺物語》(STOCK,1929)、③《LE LIVRE DES NÔ 能の本》(PIAZZA,1929)、④《LES SECTES BOUDDHIQUES JAPONAISES 日本仏教諸宗派》(CRÈS,1930)、⑤《LE PRÊTRE ET SES DISCIPLES 出家とその弟子》(RIEDER,1932)、⑥《LE BOUDDHISME 友松円諦著『仏教概論』》(FÉLIX ALCAN,1935)、⑦《HISTOIRE DE LA LITTÉRATURE JAPONAISE DES TEMPS ARCHAÏQUES À 1935 日本文学史古代から一九三五年まで》(MALEFÈRE,1935)、⑧《HAÏ-KAÏ DE BASHÔ ET DE SES DISCIPLES 芭蕉とその一門の俳諧》(INSTITUT INTERNATIONAL DE COOPÉRATION INTELLECTUELLE,1936)、⑨《ANTHOLOGIE DES POÈTES JAPONAIS CONTEMPORAINS 現代日本詩人選》(MERCURE DE FRANCE,1939)

では、日本の文学や思想がほとんど知られていなかったこの時代に松尾と共同でこれらの翻訳を成しとげ、松尾をして「日仏交流の父」と呼ばしめたオベルランとはいかなる人物だったのだろうか？

松尾の『巴里物語』によれば、エミール・ステニルベール＝オベルランは一八七八年、パリで生まれた。実家はドイツとの国境の町ストラスブールの名家である。ソルボンヌで文学博士号を取得した後、高等社会学院と東洋語学校で学び、社会主義者のジャン・ジョレスの秘書を皮きりに、文部大臣、国民議会議長、法務大臣、労働大臣などの官房長官を歴任。野心さえあれば、フランスの政界でも重きをなす地位が築けたはずのキャリアであったが、同僚の讒言で官房長官を辞任したのを機に官界を去り、サンスクリットの研究に勤《いそ》しんで、老母との質素で地味な生活をパリのアパルトマンで続けていた。

日本語の翻訳に携わったきっかけは、藤田嗣治が挿絵を入れた芸者の端唄や小唄をイワムラという日本の学生と共訳し、《CHANSONS DES GEISHAS》というタイトルでクレス書店から出版したことだったが、一九二五年からは、松尾という新しき協力者を得て、日本への理解を深めていくことになる。一方、松尾はというと、彼との共訳を経て、次のような境地に達する。

「わたしは、オーベルランとの協力を自分にとって最もふさわしい快適な仕事だと考えるようになってから、孤独の寂しさを忘れ、海外で生きる目標を発見し、とらえたような安心感をもった。ほとんど知られていない日本の文化を紹介するということは、創造の仕事ではないにしても、すくなくとも自分の地理的条件、能力から考え、いくらかでも生き甲斐のある仕事だと思った」

オベルランは金銭には至って淡泊な男で、『其角の俳諧』がよく売れて印税が七〇〇〇フラン入ったときでも、松尾の共訳者となれた喜びだけが報酬だと言って、その金を全額松尾に渡した。フランス人がいざとなるとドケチ丸だしになるのを良く知っていた松尾は心底感心し、オベルランこそは「十八世紀から今世紀に残された少数の西欧精神主義者中の最後の人間」であると称賛を惜しまなかった。

そんなオベルランとの協力は第二次世界大戦が始まる一九三九年まで続いた。オベルランの最後の手紙はドイツ軍がベルギーを突破してフランスになだれこんだ一九四〇年の夏、避難先のマルセイユ近郊の小さな町のホテルから投函されたものだった。「呪わしい。この戦争においまくられ、やっとここまで逃げてきましたが、病気になり、宿の小さいベッドの上で走り書きをし、君に別れを告げます。どんなことになろうと、わたしのあなたへの友情を信じてください」

その後、オベルランの行方は、杳として知れなかった。松尾の言う「生き仏」らしい死に方だったのかもしれない。

このように、松尾はオベルランと協力しながら、次々に翻訳書を刊行していったが、それと同時に「ルヴェ・フランコ・ニッポンヌ」の編集・印刷・発行にも全力を注いでいた。この印刷所から一九二七年の六月に「ルヴェ・フランコ・ニッポンヌ」別冊として発行されたパンフレットの一つにオベルラン著の《DÉFENSE DE L'ASIE ET DU BOUDDHISME　アジアと仏教の擁護》というのがあった。これは「西欧擁護論のアンリ・マシスに与う」という副題が付いていたことからもわかるように、フランス文壇の右派の文人アンリ・マシスに反駁するというかたちを取って、西洋人の自己中心主義を排し、仏教的な平和主義を擁護したものだったが、松尾はこのオベルランのパンフレットを新聞社に送付すると同時に、マシスの論敵であるアンドレ・ジッドにも寄贈していた。反響は左派系の新聞からかなりあり、松尾とオベルランは気をよくしていたが、そんなある日、事務所に白い小形の封筒が届いた。開封してみると、果たせるかなジッドからの礼状だった。

手紙には、オベルランの著書に深く共感した旨が綴られ、最後に、自分は仏教には疎いので一度会って懇談したいから、もし都合がついたら、明後日の五時に自宅に来てくれないかという言葉が添えられていた。

松尾は、手紙をオベルランに見せて訪問への賛同を得たのち、指定された時刻に、ボン・マルシェ・デパート近くのヴァノー通りにあるアパルトマンにジッドを訪ねた。

「口髭《ひげ》もたくわえない彼は、シャツの上ボタンをひとつ外したままで、頸《くび》には、赤い花模様のついた布を無造作にひっかけ、黒の大きな鼈甲眼鏡をかけていた。『さあどうぞ、よく来て下すった。』といってわたしにソファを勧めたジイドは、単純で、一向に気取ったところがなく、会った瞬間から親しめた」

松尾はジッドのいくつかの質問に答えたあと、ジッドに会ったら聞いてみたいと思っていた個人主義について質問してみた。

するとジッドは自分の個人主義というのは学説でも思想でもなく、自己完成の試練としての生活態度だと答えてから、自分は日本人というのはみんな超国家主義者だと思っていたから、松尾のような「野人」が日本人にもいると知ってうれしいと語り、最後に、パリで文筆で自活することは難しいが、原稿の売り込みなら、友人のシュランベルジェやシヨーフィを紹介してやろうと請け合ってくれたので、松尾は目の奥に熱いものを感じた。

こうして松尾はジッドの紹介でジャン・シュランベルジェを訪問し、その人脈から、パリの良心派文壇との交流関係を築いていくことになる。

しかし、松尾が一九二八年の夏に日本にいったん帰国した後、一九二九年にシベリア鉄道経由でパリに戻ってジッドを訪れると、ジッドはすでに急激に左傾化しており、ソ連の熱烈な賛美者に変わっていた。

ジッドに尋ねられるまま、松尾がシベリア鉄道の停車駅で目撃した悲惨な社会の現状を語ると、ジッドは急に不愉快な顔つきになり、こう言った。

「まさか。……それは、君の物語として参考に聴いておくが、僕はそれを信じたくない。君の通った沿道には、そうした無秩序と貧困があったかも知れない。だが、それは、ソ連の現状とは全く別な風景で、他の大部分のソ連は、現代化し、幸福な農民が生を享楽しているよ。君は、素通りした旅客であっても、ソ連の真相を観ていない……」

そして、ついには「コンミユニスムは、キリストの理想そのままだよ。福音書の実践だよ。僕は、それを全幅的に支持する」と宣言した。

また、一九三一年に満州事変が勃発すると、ジッドは、松尾に向かって「満洲事変が、不幸にして日ソ戦になる様な場合、君には、いいたくないのだが、僕はソ連に与するよ」と言い切り、日本版ジッド全集のための「日本の読者へのメッセージ」を書くことさえも拒否した。

その後、ジッドは、ウージェーヌ・ダビなどとともにソヴィエト旅行に招待され、ソ連礼讃の記事を書きつづけたが、帰国後の一九三六年、まず『ソヴェト旅行記』を、次いで翌三七年に『ソヴェト旅行記修正』を発表して、ソ連への幻滅を語り、その急旋回ぶりで世界を驚かせた。

松尾はソ連から戻ったジッドに会ったとき、遠慮してソ連の話には触れなかったが、ジッドは閑談の途中で、「世間では、僕を変節者だといっているが、僕は誤った自分の持論を修正するのにも率直なんだ」と語った。

しかし、ジッドに対する松尾の最終判断は、次のようにかなり手厳しいものだった。

「文学に、評論に、あれほど立派な、賢明な、アフォリスムを綴るジイドは、結局、ノルマンディの分限の生れ、神経質な、好嫌《すききら》いの激しいブルジョア・インテリであった。ジイドは、青年詩人のように純粋であったが、それだけに、彼には、現実の政治にある汚濁や、複雑な裏表《うらおもて》が分らなかったのである」

これなど、世間の評価に目を曇らせずに対象を眺めることのできる苦労人の松尾邦之助の真骨頂を示す人物評ではなかろうか？

一九二九年に日本で結婚した妻をつれて再渡仏した後も、松尾は赤貧洗うがごとき生活を続け、「ルヴェ・フランコ・ニッポンヌ」の印刷工場に隣接した物置小屋や近所の木賃宿を転々とする暮らし向きだったが、一九三〇年夏のある日、配達された手紙の束を探っているうちに、癖のある字体の封筒に目を止めた。封を切って読み始めると、貴兄の住所が分からないので『修禅寺物語』の出版元であるストック書店宛てにこの手紙を送ったという前書きに続いて、次のような文面が綴られていた。

「ところで、今日、わたしが、あなたに一筆しましたのは、同じく貴国の現代作家、わたしの友人倉田百三氏の傑作『出家とその弟子』に関して御願いがあるからです」

松尾はここまで読んで、差出人がだれだか気になり、最後の一葉の署名をのぞいてみた。驚いたことに『ジャン・クリストフ』の作者であるあのロマン・ロランだった。

ロランは、まず、東京で発行されているドイツ語の雑誌で『出家とその弟子』の翻訳を読んで感動したことを告げ、妹とともに翻訳を試みたのだが一向にはかどらず、焦燥を抱えていたところ、たまたま松尾の訳した『修禅寺物語』を読み、こんな仏訳のエキスパートがいるならぜひ『出家とその弟子』の仏訳も頼みたいと思ったとしたためていた。

中学時代に『ジャン・クリストフ』を興奮して読んで以来、深く敬愛していた人物だけに、その手紙を受け取ったことは「歴史的な事件」と思われた。

もっとも、松尾は、『出家とその弟子』を優れた小説とは思っていなかった。しかし、ロランの依頼で読み返してみたところ、最後の章の唯円と親鸞との対話は非常に面白く読むことができた。オベルランは、この不況時に出版社を見つけるのは大変だろうと懸念したが、実際、ロランが手紙で推薦していたリエデル書店はいつまでたっても色よい返事を寄越さなかった。

こうなったら直接ロランに面会し、話を煮詰めるしかないと思いつめた松尾は、パリ滞在中だった鶴見・総持寺の管長とともにスイスに向かい、レマン湖畔の自宅にロランを訪ねた。ロランの瞳は澄んでいて、生まれて今日までこんなに清く美しい人間に接したことはないと思った。ロランは宗教と世界平和について語り、『出家とその弟子』の翻訳を依頼したのも、物質主義に捉えられたヨーロッパ人を覚醒させたいからだったと語った。

だが、ロランがいくら乗り気でも出版はまた別物である。リエデル書店は、三千部のうち千部分の金を供託してくれたら出版してもいいと言いだした。しかたなく、オベルランに相談してみると、「金を出して、本を出すのは、今度がはじめてですが、四千フランぐらい納金して見ましょうよ。ご心配無用。万事、私に任せて下さい」と言って、ポンと四〇〇〇フランを提供してくれた。松尾は、リエデルに出版後一年間に千部以上売れた場合は供託金を返却するという条件を付けさせて金を渡した。

かくして、『出家とその弟子』はロマン・ロランの序文付きで一九三二年の十一月に上梓された。売れ行きはリエデル書店の予想に反して好調で、一年間に千八百部売れ、供託金は全額返済されたが、オベルランは「金は、必要とする方に渡すのが自然ですよ」と言って受け取らなかった。

このように、松尾はオベルランという聖者のような共訳者を得て、都合、十三冊にも及ぶ翻訳書をフランスで出版することができたが、今日、その業績は、とりわけ日本では、ほとんど忘れられている。しかし、日本に関する情報がほとんどなかった時代に、しかも、一九三二年に「読売新聞」の正式な特派員となるまで定職を持たず、食うや食わずの生活を続けながら、報われることの少ない翻訳に打ち込んだ情熱は、日仏交流史の面からも、もう少し高く評価されてしかるべきものと思われる。松尾は第二次大戦開始後も帰国せず、読売特派員として一九四一年までパリに止まり、独ソ戦の開始後は、帰路が絶たれたため、トルコに赴任し、そこから「アンカラ発特電」を一九四二年の暮れまで日本に送り続けた。

翌年には中立国スペインの特派員となったが、今度は、英米の新聞で日本の敗戦が決定的である事実があまりにも明白であるだけに、「マドリード特電」には熱が入らず、現地妻となったスペイン娘と灼熱の恋に身を焼きながら悶々たる日々を送った。

終戦の翌年の一月、スペイン船に乗船してバルセロナを離れ、マニラ・香港経由で焦土と化した日本に帰りついた。そのときの混乱した有り様は『無頼記者、戦後日本を撃つ』に詳しく語られている。いずれにしろ、より詳しい研究が待たれる「パリの日本人」の一人である。

コレクター・石黒敬七

団塊世代までの読者は、石黒敬七というと、NHKラジオの「とんち教室」の冒頭で青木一雄アナウンサーが「出席を取ります。石黒敬七さん！」と呼ぶと、「ふあーい」と答えるあのとぼけた口調を思い出すかもしれない。

しかし、当時は、石黒敬七の経歴などまったく知らなかったから、後に日仏交流史に首を突っ込んで、一九二〇―三〇年代にパリで暮らした日本人の顔触れの中に、松尾邦之助と並ぶキー・パーソンとしてこの「とんち教室」の生徒の名前を見いだしたときには、おおいに驚いた。

そう、通称「旦那」こと石黒敬七こそは、フランス人に柔道の手ほどきをした最初の日本人であったばかりか、在留邦人向けの日本語情報誌「巴里週報」を出したり、パリの蚤の市で幕末の銀板写真の発掘に努めたり、メゾン・クローズ（売春宿）に関する貴重な証言を残したり、諏訪老人や岡本老人、それに山本老人といった「パリ残留日本人」を発掘したりした、戦前の「パリの日本人」の大物中の大物だったのである。もし、石黒敬七がいなかったら、パリの日本人社会はずいぶんと様相が変わっていたはずである。この意味でも、松尾邦之助とともに再評価の光が当てられてしかるべき人物である。

「明治三十年の真夏の八月、越後柏崎の町端れ比角《すみ》という村で生れた。一説では裏の茄子畑で生れたというのであるが、花咲爺のポチじゃあるまいし、まさか茄子畑でオギャアと生れたわけじゃあるまい。おふくろのお産が非常に軽く、茄子畑にいたと思ったら、もう生れたのかと、隣りの人が云ったことが伝説となったものと思う。おふくろは僕を生んだ時には七人目であったから、事実お産は軽かったのであろう」（「わが略歴」『現代ユーモア文学全集　石黒敬七集』駿河台書房、一九五三年）

父親は柏崎伝来の越後縮緬の行商だったというが、七番目の子供を大学にまで進学させることのできる資力があったのだから、実家はそれなりに裕福だったのだろう。

小学校では一年から六年まで首席で通し、柏崎中学に進学したが、ここで、柔道教育に熱心な英語教師の品田先生に出会い、柔道に開眼、さらに講道館から指導にきた中野四段が品田先生にかけた回し技を見て、「吃驚仰天《きっきょうぎょうてん》、かつ陶然かつ呆然として、果てはフヌケのように自失してしまった」（『柔道千畳敷』日本出版協同、一九五二年）。

ここから、熱心な柔道研究が始まり、あげくの果てに、回し技を磨いて伝説の「空気投げ」を完成することとなる。

しかし、あまりに柔道に打ち込んだせいか、勉強の方がおろそかになり、高校受験では二年浪人。徴兵猶予の期限が切れそうになったので、大正六年（一九一七）、苦手の数学がないという理由で早稲田政経学部の予科に入った。早稲田在学中は文字通り、寝食を忘れて柔道に励んだおかげで、「大正八年かに四段になった時は、全国の学生界で四段は、僕と慶応の阿部英児君との二人ぐらいのものだった」（『現代ユーモア文学全集　石黒敬七集』）

講道館の嘉納治五郎《かのうじごろう》を唯一無二の「先生」と仰ぎ、その影響で、早稲田在学中から海外への柔道普及の夢を抱くようになった。大正十一年（一九二二）、早稲田を卒業して五段も取り、海外に出る自信もついたと思っていた矢先に、関東大震災が起きて東京の町は壊滅してしまう。しかし、逆に考えれば、復旧は当分先のはずだから、十年くらい海外で暮らしてみる方がいいかもしれないと思い返し、パリ行きの準備を始めたが、この時代には、十分な資金としかるべき渡航理由がなければパスポートが下りない。だが、コネも金もないかわりに、石黒敬七には、柔道で鍛えた、相手の隙を突く機転（頓知）があった。では、その機転をどう生かしたのか？

当時、慶応義塾のある三田の警察署近くの兄の家に居候していた彼は、ある日、悠然と警察道場に現れ、馴染みの巡査と稽古を始めた。柔道熱心の署長も観戦していた。石黒は、それを確認すると、わざと六尺豊かな大男を相手に選び、二、三十本つづけざまに投げ飛ばした。すると、署長が「柔よく剛を制す」を地で行く石黒に感心して、こんなことを口走った。

「石黒先生のような方は日本になんかいないで、外国へ行ってあちらの選手を相手に大いに柔道の真価を拡められた方が宜しいですな」（同書）

じつは、これこそが石黒が署長に言わせたかった一言なのだ。そこで、石黒はすかさず、こう切り出した。

「実は僕フランスへ行こうと思って、その事をお願いしようと思ってきたのですが、旅券が下りそうもないので困ってるんです。パリの警視庁ではゼヒと希望してきているんですが、警視庁でその書類がどうしても見付からないので、書類を探すよりこっちから出掛けた方が早いと思ってるんです。何とか旅券の下りる工夫はないものでしょうか。下附願いはもう市の方へ出してあるんですが」（同書）

すると、署長が住まいはどこかと尋ねたので、待ってましたとばかりに三田豊岡町、塾のグラウンドの向こうだと答えると、署長は「ではうちの管轄だ」と言い、特高刑事を二人呼んで、調査するよう命じた。石黒は、旅券交付の手順をちゃんと調べてあり、住所のある警察署の報告がものを言うことを確認したうえで、この振るまいに出たのだった。目論見はまんまと当たり、一週間後に旅券は交付された。

だが、旅券が下りても、旅費がなければどうしようもない。そこで一晩寝ずに考え、無から有を生ずる妙案を考えだした。

「僕は早大時代随分方々コーチをして歩いた。僕の現在の力量を知っていてくれる人は尠《すく》なからずあるに違いない。しかも今迄それらの人達を少しもイタメていない。仮令《たとえ》一口五円としても百人集まれば五百円で、三等の船に乗ればまだ二百円位は余る。これに限る」（同書）

このアイディアに興奮した石黒は、さらに知恵を絞り、手紙は個人で出すよりも「石黒五段渡欧後援会」で発信することに決めた。また、後援会の発起人として、日頃親しくしている柔道界の先輩や友人の名前を二十名ほど列挙することにし、謄写版を借りてきて自ら考えた文面の手紙を日本中の知己・友人に発送した。
「結果いかにと胸ときめかして待つこと五六日、五六日目からくるワくるワ机上はたちまち書留の山となった。一口から十口までだが、その頃の十口の五十円はなかなかの大金だ。いまハッキリした記憶はないが、だいたい三千余円集った」（同書）
こんな調子で、持ち前の頓知を利かせて旅券と旅費を手に入れた石黒はマルセイユ行きの日本郵船「筥崎丸《はこざき》」の二等の切符を七百円で買った。国費留学生の奨学金が月三百円の時代だから、服と帽子を買っても、まだだいぶ余裕がある計算になる。
かくして、石黒は、大正十三年（一九二四）の暮れ、一路マルセイユ目指して出発、パリ到着は翌年の二月だった。
「パリに着いた僕は、先ず到着の日に同室（船での）のO君や、岡鹿之助君（同船）などをさそって、世界一の高塔エッフェル塔に昇って一千尺の上からパリを見下した。これから何年いるか判らないパリの街の全貌をふかんしておこうというのであった。パリの街は絵のように美しかった。焼跡ばかりの東京と比べて、世界にはこんな美しい都会もあるものかと感嘆し、これからはこの街が活動の舞台かと思うと心が躍った」（同書）
しかしながら、石黒になにかしらの当てがあったわけではない。第一、パリまでやってきて初めて気づいたのは、自分は一言もフランス語を理解していないということだった。暢気に構えて、そのうちなんとかなるだろうと思っていたが、そうは問屋が卸さなかった。「石黒五段渡欧後援会」でかき集めた金はどんどん減っていくが、生活のメドはいっこうに立たない。

だが、石黒という男は、周りの人間がどうにかしてやらなければと感じるような曰く言いがたい雰囲気を醸し出していたらしく、「松尾邦之助」の項で既に述べたように、松尾や布利秋《ぬのとしあき》といった面々がいろいろと奔走して道場の開けそうなホテルを見つけてきたばかりか、在留邦人向けの情報誌「巴里週報」を出すというアイディアまで提供してくれた。松尾の証言はこうである。

「石黒は、ウンウンといって、われわれの提案に賛成し、しばらくするうちに、モンパルナスに近いサン・ジャック街の彼のホテルの階下に、マットが運ばれ、布君の努力で謄写版器が手に入り、石黒社長の名で、ガリ版刷り『巴里週報』なるものが創刊された」（『巴里物語』）

一方、石黒本人の証言はというと、以下の通り。

「一週間目には、アンテルナショナルという日本人をお得意としているホテルから絵描街のモンパルナス近くの天文台の脇にあるホテルに移った。幸いこのホテルの一階には、かなり広いスポーツの室があり、ボクスのリングや体操道具などが完備していた。（中略）

やがて道場が出来た。道場といってもスポーツ室の一隅に三間四方位のマットを敷いただけだが、そこへフジタ御大を初めとして、海老原、伊原、高野、中野その他の連中が毎日やってきてドタンバタンやり出した」(『現代ユーモア文学全集　石黒敬七集』)

両者の証言を突き合わせた上で、その他から得た情報を総合して誤差を修正すると、おおよそ次のようになる。

すなわち、石黒が、松尾や布の周旋で一九二五年に柔道場と「巴里週報」の編集部を置いたのは、パリ一四区のフォーブール・サン・ジャック街二四番地のオテル・メディカルである。ということは、松尾は、五区を走っているサン・ジャック街とその延長であるフォーブール・サン・ジャック街を混同していることになる。このフォーブール・サン・ジャック街は、たしかにパリ天文台の脇の通りなので、石黒の記憶のほうが正しいのである。

それはさておき、われわれにとって興味があるのは、石黒が「同時開業」したこの柔道場と「巴里週報」のうち、どちらが、より後世に大きな影響を及ぼしたかという問題である。というのも、近年、総合格闘技人気により、日本の柔術および講道館柔道の海外飛躍ということが研究の対象になるにつれ、石黒が一九二五年に開設したこの「オテル・メディカル」一階の柔道場が、フランスにおける柔道紹介の先駆けとなったか否かという問題がクローズ・アップされるようになってきたからだ。いいかえると、今日のフランス柔道隆盛の種を蒔いたのは石黒だったのかということである。

結論から先に言ってしまうと、どうもそうではなかったらしい。自ら総合格闘技の一種「大道塾空道」四段で、ビジネスマンクラス師範代でもある東大教授・松原隆一郎は『武道を生きる』(NTT出版　二〇〇六年)でこう指摘している。

「石黒敬七は昭和二十年代にNHKラジオ『とんち教室』で活躍したので著名だが、大正十三年に渡仏しパリで柔道を教えた経験を新聞雑誌に綴ったことでも知られている。けれども彼がフランスに柔道を広めたかといえば現実には与えた影響は微々たるものだったと、フランス人が柔道書に記している。フランス柔道は、嘉納治五郎の幾度かの演武や飄逸な画文をものにする才人によっては、開花しなかったらしい」

では、フランス柔道生みの親となった日本人は誰かというと、松原によれば、武徳会と講道館に学んだ川石酒造之助という柔道家であった。川石は、石黒と入れ替わるように一九三五年に渡仏し、パリで日仏柔道クラブおよびフランス柔道クラブを設立したが、戦後、日本の柔道界に見切りをつけて再渡仏すると、一九四八年からフランス柔道連盟の技術顧問に就任し、「川石方式」と称する独特のメソッドでフランス柔道隆盛の基礎を築いたのである。

「川石は日本の主だった大会では成績を残さなかったが、講道館方式をそのままで伝えても受け入れられない異文化で、柔道の本質をできるかぎり損なわない形で伝える『方法』をつくり出すという業績をあげ、後年『フランス柔道の父』と呼ばれた」(『武道を生きる』)

まさに、松原の言う通りなのだろう。だが、石黒のために一言弁護しておくと、石黒自身は、どの著書においても、自分がフランス柔道の先駆者であるとは一度も名乗ってはいない。その著作、とりわけ、『柔道千畳敷』にまとめられた柔道普及の思い出話を丹念に読むと、石黒が、異種格闘技の大会で、見事、強豪をなぎ倒し、日本柔道の強さをアピールしたのは、招請されて赴いたルーマニアとトルコであるとわかる。では、具体的にパリの道場のことが出てくるところはないのかと探すと、『柔道千畳敷』の中に次のような箇所が見つかった。

「ペダーソンというのも怪力であった。彼はかつてグレコローマン流の重量級世界選手権をとったことがあって、すでにかなりな年輩（五十歳位）であったが、隆々たる筋肉はもり上るばかりであった。

僕がパリへ行って間もなく、彼はやって来た。僕がサンジャック通りのホテルの階下にマットを敷いて、柔道教授を開始した時である。彼は日本へ行って角力と試合したいから世話をしてくれといって来た。（中略）そこで僕は階下の道場で稽古衣を着せて、『君は僕を投げても締めても逆をとってもいい、僕もその通りのことをするから』といって取組んだ。（中略）僕はそこで怪力ペダーソンを巴投で投げて、腕を逆十字にとってたやすく勝った。然し、これは彼等が柔道との試合をする場合のことで、柔道家が裸体となってレスリングやボクシングとやったら、これまた問題なく片づけられてしまうのだ。餅は餅屋とは蓋し名言である」

もう一回のパリにおける異種格闘技は、ドレスデンから乗りこんできたウィリアム（ヴィルヘルム？）というドイツ人のレスラー兼柔道家だった。石黒はフランクフルトの夏季講習に出張したが、そのときは腰を痛めて対戦しなかったので、ウィリアムはその年の暮れにパリで英独柔道試合が行われた帰りに、石黒の道場に他流試合を挑みに来たのである。

ウィリアムはなかなか強く、石黒が自分の道場の弟子である業師ハミルトン君を差し向けても簡単にこれを粉砕、次いで石黒門下随一の怪力メリケン君と戦わせたが、こちらもたちまち返し技で投げられ押さえられてしまった。

かくなるうえは、石黒御大自ら道場破りと戦うほかないが、しかし、石黒にはこの手の大男には絶対の自信があった。

「そこで僕は、このウイリアム君に必ず空気投がきくという確信をもっていた。彼の横捨身などは足を上げて跨げばわけなく逃れることができる。（中略）で、僕はウイリアムをさし招いて一礼して取組んだ。巌の如く頑張っている。然し二三度押したり引いたりして見ると応《こた》えがある。柔道をやっているだけ敏感だ。それはこっちの附け目なのだ。そこで僕は二三度前へ軽く引いておいて、ツト体を沈めながらパッと空気投を打ってみた。果して彼の卅貫の巨軀は半円を描いてどうと倒れた」（『柔道千畳敷』）

石黒はすかさず後ろから廻って送り襟で締めたところ、ウィリアムはたまらずギブ・アップ。

このように、パリの石黒道場には門下生もいて、道場破りも時々現れたようだが、石黒に組織化の情熱がなかったのか、門弟数千人というような繁盛には至らなかった。その原因は主に石黒自身にあった。というのも、いつしか、柔道の指導よりも、それ以外の時間の方が心を占めるようになっていたからである。

「稽古のないときは、カフェで雑談したり、街を見物したり展覧会（絵の）を観に行ったり、蚤の市へ行ったりで、友達といえば殆んど絵描さんが主であった」（同書）

かくして、石黒は、道場と同時に設立した「巴里週報」の編集をきっかけとして、画家たちと交流し、さらには政治家や著名人と付き合いながら、「彼なりのパリ」を発見してゆくことになるのである。

今日、石黒敬七を再評価する観点を探るとすると、それは、同時代の「パリの日本人」たちと違って、パリに赴きながら、「フランス」ではなく、「日本」を発見したこと、しかも極めて具体的なかたちで、一九二〇年代にはもう失われてしまっていた「いにしえの日本」を再発見したことにあるのではないだろうか？　つまり、柔道をヨーロッパに普及させる目的でフランスに渡った石黒は、フランスそのものを志向していたわけではなかったがゆえに、西洋人の持ち帰ったかつての「日本」とパリで邂逅し、それを里帰りさせることに成功したのである。

では、石黒が失われた日本と出会った場所はどこだったのか？

パリの蚤の市である。すなわち、石黒はパリでまず蚤の市という素晴らしい時間移動装置を「発見」し、その蚤の市で、この時間と空間を二重に飛び越えるタイムマシンによって運ばれ、「いにしえの日本」に遭遇したわけである。この点に関して、石黒は次のように自ら語っている。

「僕は、西眼に映じたる日本、日本眼に映じたる西洋、といふ題目で物を蒐める事を前々から心がけて今日に及んでゐる。かういふ目で物を観ると、西洋人が日本から、昔土産に買つて帰つた品は皆、その中に包含できるし、日本にある西洋物もまた同様で、蒐集範囲が広くなるから便利でもある」（『敬七ところどころ』十一組出版社、一九四二年）

これは、まさしく今日でいうところの比較文化学的な視点であり、石黒は、比較文化学が成立する以前に、この道の泰斗となっていたことになる。

しからば、なにゆえに、この時代の蚤の市には、石黒を狂喜させるような過去の日本の掘り出し物が転がっていたのだろうか？

おそらく、幕末から明治にかけて日本に旅した初代ジャポノロジストの世代が隠退したり死去したりして、そのコレクションが、第一次大戦後の一九二〇年代に一斉に競売に付されて、パリの蚤の市に出たからなのだろう。石黒はこの絶好のタイミングにパリに居合わせたのである。

なかで、石黒の目を引いたのが、幕末・明治の銀板写真とコロタイプ写真であった。

「僕がパリ滞在中に蒐めた写真に関するものは、銀板写真ばかりでなく、日本の古写真も三千枚ほどあるが、それは皆、文久から明治初年にかけて日本へ来た旅行者が、土産に、記念に持つて帰つたもので、それが代替りになつたり、貧乏したり、絶滅したりして売りに出たものである」(同書)

収集のきっかけとなったのは、クリニャンクールの蚤の市で、彩色した銀板写真を一枚買い求めたこと。それをモンパルナスのカフェで、友人の画家(おそらくは後出の蕗谷虹児《ふきやこうじ》)に見せたところ、「これは何んだ、素的に面白いもんだナ」と感心したので、一つ集めてみようかと思い立ったのだという。

もっとも、後に石黒敬七コレクションの中核となる古写真がまとめて発見されたのは、蚤の市ではなく、ラスパーユ大通りがセーヴル通りと交差する一角にあるボン・マルシェ・デパート付近の骨董屋だった。

そこの主人は六十がらみのユダヤ人で、日本人が刀剣を買うことからすっかり日本贔屓になっていた。ある日のこと、石黒が、普段は客に見せない店奥の部屋で、未整理の品物の山を引っ掻きまわしていると、二、三千枚はあろうかというフランスの古写真を収めたアルバムが見つかった。その中に一冊、分厚いアルバムがあったので、ふと手に取って開いたところ、息が止まるほどの衝撃を受けた。

「そこには、維新前に日本に旅行した宣教師か何かが持つて来たと思はれる、日本及び支那の古写真が二百枚あまり、色も褪せずに、而も着色さへして、一枚の抜けもなしに、挟んであるではないか。

よく見るとナガサキとかヨコハマとかと、ちやんと区分けがしてあつて、例の出島蘭館のもの、丸山遊女に囲まれた武士達、鉄砲を握つて当時の軍服を着た親子の写つたもの、高杉晋作や福地源一郎ではないかと思はれる青年の写真、その他アサヒグラフの百年祭記念号に出てゐたものと同じものも数枚（文久慶応の頃外国人の撮影せしもの）あり、何れも服装や、また写真が同種類のものである点等から考へて、文久慶応明治初年のものである事が解る」（『巴里雀《パリスズメ》』雄風館書房、一九三六年）

ユダヤ人の店主は、プライベート・コレクションだから売らないと言い張ったが、そこは骨董屋、金さえ払えば「売らないもの」はないので、なんとか納得させ、かなり重みのあるそのアルバムを小わきに抱え、モンパルナス大通りを雲にでも乗ったような気持ちで歩いて、知り合いの画家・蕗谷虹児のアトリエに立ち寄っておおいに自慢した。ちなみに、ここで石黒が「アサヒグラフの百年祭記念号」と呼んでいるのは、朝日新聞社が写真発明百年を記念して一九二五年に出したアサヒグラフ記念号のことである。

この大発見がきっかけとなったのか、石黒の古写真コレクションは収集の勢いを加速していく。次なる大発見は、オペラ座近くで東洋の骨董品を扱っている店でのこと。ある日、石黒が散歩のついでにその店に入ると、五十がらみの主人が現れ、「おまえは日本人か？」と聞くので、「そうだ」と答えると、自分の父親も一八六五年頃から日本に滞在したことがあり、長崎を皮切りに日本各地を旅行したが、そのときに撮影した写真のアルバムが田舎の家にあるのだが、と話しだした。維新当時、長崎にいた外国人は中国に避難したが、長崎総領事（前出のレオン・デュリーか？）と彼の父親だけは残って仕事を続けたという。次の日曜日に田舎に帰るのでアルバムを持ってきて見せてやろうというので、石黒は名刺を置いて連絡を待つことにした。手紙の届くのが待ち切れず、次の月曜日に出掛けていくと、日曜は雨だったので田舎に行かなかったという返事。ガッカリして、翌週の月曜にまた出直すと、主人が大判のアルバムを抱えてニコニコ顔で現れた。

「奪ふ様にして見ると、イヤあるのないの、幕末、慶応から明治にかけての古写真の珍品揃ひ、二百枚程貼つてある。

全くかういふ処にかういふ珍品が訳もなく保存されてゐるといふ事は、日本人の誰もが知らぬ事で、僕も唯もうポーとなつて、次から次へとむさぼる様に見乍ら、自分の幸福を感謝した次第である」（同書）

この気持ちは、同じコレクターとして、実によくわかる。これぞ、コレクターたるもの、一度は夢（本当の夢）に見る至福の瞬間である。

そして、そうしたコレクターの口をついて出る言葉は、もうほとんど決まっている。石黒とて例外ではない。

「で、内容の詳しい事なぞも調べもせずに『いくらで売るか?』ときいて見た処『いや飛、い、い、んでもないよ。これは親父のスーヴ《マ》エ《マ》ールでいつかな手離されぬ』とそれこそ頑として応じない。『千法《フラン》でも売らないか』と訊くと『金はいくら出しても売らない』といふ」（同書）

しかたなく、複写を願い出ると、これは簡単に許可してくれたので、翌日、さっそく種板を用意して複写に出掛けた。

「その中の写真の一つ〳〵が何といふ素晴らしいものばかりであらう。僕は今だにあのアルバムの事を思ふと、自分のコレクシヨンの中に当然加はるべきものが不幸、人手に渡つてゐる様な、落ちつかないワク〳〵した気持ちになる。いつかは手に入れたいと思つてゐる」（同書）

この幻のコレクションの中には、一八七〇年頃に長崎で写した芸者の写真、明治天皇の写真、彰義隊の集合写真、大隈重信が佐賀から長崎に出た頃の写真、さらに木戸、井上、山県、中島、桐野、篠原、西郷、稲垣等の幕末維新の志士の若き日の肖像写真などもあった。問題は西郷である。

「西郷は Tamors と書いてあつた様であるが、鉛筆で走り書きしてあつたのでよく読む

事が出来ず、又その人物は隆盛とは余り似てゐない様であつたから、或ひは従道侯の若い時のものかと思ふ」（同書）

写真がなぜ西郷隆盛とわかったのか、少し謎の残る記述であり、文脈からすると、この写真の複写は石黒の手元にはないようなので、「西郷隆盛の写真発見！」のスクープは幻のまま終わりそうだが、いずれにしろ、石黒がとんでもないコレクションと遭遇したことだけは確かなようである。

石黒は次いで、写真コレクションを銀板写真機そのものにまで広げ、ついにこれをクリニャンクールの蚤の市で発見するに至る。

「大きさは9×12、蛇腹なしで全部木製、レンズはとても明るく直径六サンチ程あり、取枠二個付で、今の乾板を入れても完全に写る。どうも写真器等は、便利になつて来ても、百年前のものと今日のものと比べても余り大差はない様で、昔のものの方が反つて簡単によく撮れる様である。

温かい小春日の朝、啣へ煙草で、この『蚤の市』をブラ〱さまよふ気分は何んとも云へぬい丶気持ちである。

かういふ写真器等は、気を長く探さなければ仲々見つからない」（同書）

これを読んでよくわかるように、石黒は本当によい時代に蚤の市に遭遇したものである。

一九二〇年代とはまさに、十九世紀にパリに溜め込まれたガラクタが一斉に蚤の市に吐き出された年代なのだ。やはり石黒は本質的にラッキーマンだったのである。そのラッキーマンとしての本質は、モノ以外に関しても、遺憾なく発揮された。すなわち、パリにおける、骨董品的な価値を持つ日本人との遭遇である。

そうなのだ、石黒の功績として、われわれが是非とも特筆しておかなければならないことの一つに、明治初年にパリに渡ったまま日本に帰らずに居残ってしまった「パリ残留日本人」のミニ・バイオグラフィーを書き留めておいたことがある。というのも、こうした、「書く」ことをせずに歴史の闇に消えていった「パリ残留日本人」については、もし石黒が興味を持たなかったら、いっさい記録が残らなかっただろうと想像されるからである。

たとえば、「諏訪老人」。すなわち、パリのクリシー大通りで、日本人相手の諏訪ホテルを経営していた諏訪秀三郎については、その情報源は、石黒が『巴里雀』の「モンマルトルの主」というエッセイで、老人から聞き書きしたものしかないのである。その他、石黒の目を通して描かれた他の「パリ残留日本人」としては、山本老人というのがいる。

この山本老人は、明治二十五年（一八九二）に二十五歳で日本を発ってサンフランシスコに渡って以来、欧米各国を巡業して歩き、二度と故国に戻らなかった放浪の曲芸師で、傘芸を得意としていた。

山本老人と知り合ったのは、画家の碓田克己を介してである。碓田はパリに絵の勉強に来たが手元不如意なので、モンマルトルのアポロ座でチョイ役の俳優としてアルバイトをしていたところ、アポロ座がニースで夏興行を打ったさい、市営のカジノのカフェで人品いやしからぬ東洋人の紳士と知り合った。これが山本老人で、実はヨーロッパにおける日本人曲芸師の大親分、元締で、そのニースのカジノのアトラクションに出演するために来ていたのだった。碓田は、この山本老人からポスターの制作を頼まれてこれから伺うところだが、一緒に行ってみないかと石黒を誘ったところ、石黒は、二つ返事で承諾したという次第である。

山本老人の家はモンマルトルの高台にある一軒家で、古い建物であったが、元はオペラ座近くに広壮なアパルトマンを持っているほかロンドンにも住居があり、なかなかの暮らしぶりだったらしい。

「山本老は七十に近い年輩であつた。娘さんが一人ゐたがその娘さんは、不二子さんと云つて、明治二十五年に日本を発つ時は、僅か五つであつたといふ。その娘さんがその時にはもう四十以上の年増であつたが、顔立ちはよく、円顔で眼が濃くて、口元の締つた中々の美人であつた。その娘さんは貰ひ子で、山本老のことを『お父うちやん』と云つてゐた」(『敬七ところところ』)

山本老人の全盛期は、日露戦争の起こった一九〇四、五年頃で、不二子さんも娘盛りの絶世の美人。親子ともども、各地で大人気を勝ち得た。

「人気国日本を背景にして、欧洲各国を縦横に活躍し、各国の鼻下長連をして、その妙技と相まつて、陶然とせしめ、何処の国へ行つても幾人かの求婚者があり、ラヴレターの山を為したといふ。

『傘の山本』といへば、全欧洲から南北アメリカまで鳴り響いたもので、如何なる曲芸団でもその中に『傘の山本』が加はれば、いつも満員続きの盛況であつた」（同書）

こうして山本父娘の家で、その来歴を聞いていると、そこに三人の来客があった。皆曲芸師だったが、中の二人は「亀さん」「虎さん」という兄弟だった。この兄弟の語った物語が、まさに、事実は小説よりも奇なりを地で行く数奇な運命で、石黒と碓田は長嘆これを久しくしたというから、こちらも書き留めざるを得ない。

日露戦争直後、ロンドンで大博覧会があった年、日本館でもいろいろとアトラクションがあったが、その中の軽業のプログラムに出演していたのが、この亀さんと虎さんだった。二人はこの時に初めて知り合った仲で、まったく別のルートを辿りながらロンドン博覧会で出会ったのである。二人はともに、鳥井という世話好きの女将さんが経営していた下宿に泊まっていたが、その下宿にたまたま文部省から留学生として派遣された若林という名古屋第八高等学校の英語の教授がいた。

若林教授が二人に身の上を聞くと、ともに信州福島の出らしいということ、そして生まれながらの曲芸師の子供であったという以外に詳しいことは皆目わからない。

そこで、若林教授は帰国後、親切心を働かせて、信州福島まで出向いて戸籍関係を洗ったところ、驚愕すべき事実が明らかになった。二人は真の兄弟であったのだ。

真相はこうだった。

鉄道敷設以前、二人の実家は裕福な本陣で、父親は次男ながらも家を継いで四人の子をもうけていたが、囲碁に凝り、ブラブラと近所の村や町で賭け囲碁を打っては、借金を重ねていた。ある日、その父親がプッツリと消息を絶ったまま家に戻らなくなった。噂では人の恨みを買い殺されたらしい。

「そこで、四人の子は一先づ母親とも全部伯父の厄介になる事になつた。併し、その伯父も母子五人に押しかけられて悲鳴を挙げたに相違ない、そこで頑是ない二人の男の子は人買に売つて了つた。その頃はまだ公然？と人買といふものがゐたらしい。その人買といふのが軽業の親分であつたか、人買が軽業師に又売りをしたのか、その辺は不明である。二人の娘は、伯父の手許で成長さして、それぞれ嫁にやつたといふ。

で、若林教授は、戸籍謄本を添へて詳しくそのいきさつをロンドンへ知らしてくれたので二人は抱き合つてポロ〳〵泣いて喜んだ。生れて四十年親も兄弟も分らずに暮して来た二人が万里の異郷ロンドンの、而も、同じ下宿に住んでゐて、今まで、何年もお互ひに知らずに毎日顔を合はせ、一緒に仕事をしてゐたといふんだから、これを奇蹟と云はずして何をか奇蹟と云はうか。

そして、二人はその後一所に山本老の一座に入り、各地を巡業してゐるのだと云うてゐ

た」(同書)

これぞ、まさしく、「人間蚤の市」たるパリで石黒敬七が見いだした珍品的人物だったというほかない。石黒は、人間の掘り出し物についても中々の目利きだったのである。

二十五年ほど前、パリに長期滞在していたときに、私がさる有名な商社の駐在員から聞いた話である。その商社には、歴代の駐在員への申し送り事項があり、パリ支社の一員である以上どうしても避けては通れないのだという。

なんのことかというと、国会の会期終了と同時に日本から大挙して「視察」にやってくる与野党の先生方をメゾン・クローズにご案内して、パリの「ナイト・ライフ」を満喫していただくという重大なる任務である。費用は商社がいったん立て替えておいて、後で、大使館の機密費から落としてもらう。最初のうちは大使館の書記官がこの仕事をやっていたが、日本経済の立ち直りとともに、パリ視察にやってくる「先生」たちの数があまりに多くなりすぎたため、商社が気をきかせて、大使館へのサービスの一環として、代行するようになったのだとか。商社や大使館で「先生のアテンド」といえば、それは即、メゾン・クローズへの御案内を意味する。良心的で堅い店と年間契約しているので、先生たちが熱心に「視察」を行っても、ボラれたり、後でスキャンダルの種にされたりする心配はないのだとか。

私が、「でも、メゾン・クローズは戦後、廃止になったのでは?」と尋ねると、「確かに、『法律上は』廃止になったが、『事実としては』いまでも、しっかと存在し、先生たちに楽しい思い出を残してもらっています」という答えが返ってきた。一九八〇年代でさえこの調子だったのだから、メゾン・クローズが男の社交場として公認され、「飲む、打つ、買うは男の甲斐性」という風潮が残っていた戦前においては、「視察」のためにパリを訪れる「先生」たちが、このパリ名物に熱い期待を寄せていたであろうことは改めて指摘するまでもない。さらに、戦前には、小説家や評論家といった文学者の「先生」たちも、今日に比べると、はるかに社会的地位が高かったから、パリに立ち寄ったさいには、かならずといっていいくらいに、夜の接待を受けることとなった。

では、戦前に、このアテンドを引き受けていたのはだれだったかというと、どうも、これが、「巴里週報」社長・石黒敬七その人自身だったようなのである。

松尾邦之助は『巴里物語』でこう語っている。

「石黒は、こうした数百人の画家と交際し、日本から来る奇怪な見物客を『のみの市』や『女郎屋』に案内し、何か面白いエピソードがあると、それを丹念にノートブックに書いていた」

その成果が、帰国後に出版された『蚤の市』(岡倉書房、一九三五年)、『巴里雀』『旦那』(雄風館書房、一九三七年)および、これらの実名版である『にやり交遊録』(日本週報社、一九五九年）である。石黒のパリ回想録のユニークさはあげて、この点にあるといっても言いすぎではない。もっとも、こうした特徴に対しては、「その多くが、男性旅行者を『美女の家』なる場所へ案内することに類した話題であり、書かれた男たちと、このような記事を得々と語る態度に多少なりとも反感を抱く読者たちにとっては、不快な内容ともいえよう」（和田博文・真銅正宏・竹松良明・宮内淳子・和田桂子『言語都市・パリ　1862―1945』藤原書店、二〇〇二年）という批判もあるのだが、なにごとも奇麗事で済ますのを潔しとしないわれわれの立場からすれば、むしろ、石黒「旦那」の業績は、こうした戦前のパリにおける日本人の下半身の実態をかなり赤裸々にかきとめたことにあるとも言えるのであり、ここを避けてしまっては、石黒敬七の再評価も中途半端なものに終わってしまうおそれがある。

というわけで、この章では戦前のメゾン・クローズの案内人たる彼の側面を追ってみることにしよう。

石黒敬七によるメゾン・クローズ紹介記事の先駆けとなったのは、処女作『蚤の市』収録の「有名な〇屋」という一文である。

「巴里暗黒界随一の名所、所謂〇屋は、どんな偉さうな名士でも、必ず一度は、歩を運ぶ事になつてゐる。場所は昔の巴里の外郭であつた、旧城門サンドニー。オペラの大通りからこのサンドニー城門にかけての一帯は夜の娘さん達が無数に活躍してゐるのであるが、このサンドニー近くに、この有名な〇屋が二軒あるのだ」

サン・ドニ城門近くの二軒の「有名な〇屋」とはブロンデル通り三二番地の「オ・ベル・プール（美しき雌鶏）」と同じ通りの一六番地の「レ・ヴェロ（自転車）」のこと。

石黒は、このうち「オ・ベル・プール」に、大正十四年（一九二五）、「各国都市施設調査」の名目でパリにやってきた東京市議会議員団（大野伴睦《ばんぼく》・大崎清作・大野敬吉・片山久蔵）を案内している。大野伴睦はもちろん、戦後、自民党の党人派の大物となった政治家である。大崎清作・大野敬吉も後に代議士となった人物。『蚤の市』には、戦前の検閲とプライバシーへの配慮か「某大都市の市会議員」としか書かれていないが、戦後出版の『にやり交遊録』には堂々と一行の行状が記されている。

「さて、今夜はどこにしようかと考えた結果、パリ見物の重要コースの一つ、サンドニー旧城門脇にあるハサミ屋に、まずみこしを進めることにした。（中略）さてハサミ屋といっても、別に紙を切る鋏《はさみ》を売っているわけではない」

そこは一見、普通のカフェのような二十坪くらいの店だが、控えている美女は五、六十人もいて、銀座の大箱の高級クラブのように客とテーブルで談笑している。

「われわれ一行が入って行き、二つのテーブルを合わせて座ると、客にあぶれている美女が十五、六人、前に並んで立った。申しおくれたが、ここの美女は、ことごとく裸で、身に一糸もまとっていない。だから初めての旦那はビックリ仰天する」（同書）

美女たちはみな香水だけはふんだんに振りかけているから、魂もとろけるような香が店に充満している。五人が美女を前に選択に苦しみながら「敵娼《アイカタ》」を選ぶと、五人の美女は彼らの横にはべって、それぞれ客と自分たちの飲み物を注文する。普通のメゾン・クローズでは、各人が美女と意気投合すれば、この後、階上の部屋に消えるという手順になっているのだが、「オ・ベル・プール」では、その前にちょっとした余興がある。石黒が一行を案内してきたのも、これゆえであった。

「ワイワイいってる間に美女たちのアトラクションが始まる。というのは、この家のハサミ屋たる名称のいわれの分る遊びが始まるのである。すなわち彼女らは一斉に手近のテーブルの角に一フランまたは二フランの金貨（仏貨は銅に金メッキしてある）を置かせ、それを妙なところで挟みとって、自分の所得とするのである」（同書）

一行の中に酔狂な御仁がいて、よし、これならどうだとばかりに二フラン金貨二十枚を角に乗せた。すると中の一人がこの難技に挑んで、見事、二十枚をかっさらった。

「これを見た一同は勇気もくじけ、酔いもさめてそこそこに退却に及んだ」（同書）

この最後のところは真実か否か疑問である。

ところで、この「オ・ベル・プール」では、一行は美女のもう一つの珍芸も見物し、おおいに感動している。

「これはある個所で火のついたタバコをくわえ、如何にも吸っているかのモーションをして、おなかをへこますのである。すると、如何なる生理的理由によるものか、不思議にもポーッと火のところが明るくなると一、二秒の間をおいて、彼女が静かにおなかをさすりながら、天井を仰ぎ見て、フーッと息を吹くと、――コワ不思議やタバコのけむりがスーッと上へ立ち昇るのである」（同書）

これを見た大野伴睦一行の中で、大論争が巻き起こった。あれは本物だという説と、いや、肺に吸い込んでおいた煙を吐き出しているだけだという説があい譲らなかったのである。本物だと主張したのはO旦那だった。

「『そんならOさん、練習すれば、口から吸ったけむりが、胃や腹を通って妙な個所から出せるようになるわけだね』『イヤ、まだわしはそこまでは研究しとらん』因みに一行中には大野伴睦、大崎清作、大野敬吉の三〇氏のいたことを断っておく」（同書）

このぼかし方はなかなかうまい。同じように、一行がオペラ座の近くの別の「美女の家」を訪れたときの記述も、巧みにカムフラージュが施してある。即ち、一行が選択を終えていよいよ個室に引き下がったところ、別室にいた日本人が女から追加の金を要求されたと怒り狂って大暴れしはじめたので、一行はすっかり興ざめして、服も脱がずにそこを引き上げたと記しているのだ。大野伴睦はまだ自民党の派閥の領袖として首相を狙う座にあったから、あるいは、石黒は暴露の筆を控えたのかもしれない。

一方、戦前の大横綱である栃木山のパリ武勇伝は、栃木山がすでに世を去っていたこともあって、かなり詳しく記している。

栃木山は、現役引退後の一九二六年、モンマルトルの諏訪ホテルに投宿すると、石黒の案内で凱旋門近くの「美女の家」を訪れることになるが、力士には珍しい用心深さを発揮し、淋病予防薬を使うと言い出した。ところが、説明書の記述が複雑で石黒が読んでも埒があかない。そこで、同じホテルに東北帝大の中沢房吉医学博士が滞在していたので解読を乞うたところ、赤・青・白の薬を当時の日本の国鉄切符の等級の色に従い、赤・青・白の順に三分間おきに注入し、塗り込めばいいと説明してくれた。これで心配の種が消えたのか、栃木山は上機嫌で石黒とともにタクシーに乗り込んだ。

「二人はガイセン門近くのB街に入り、そこの七番地で車を降りた。夕べのパリは日が長い。九時頃でも薄明るい。堂々たる住宅街の一角に、元大臣級の人の邸宅がある。石段を上がってベルを押すと、臆病窓からチラとこの家のマダムの顔が見え、すぐトビラを開いてくれた。

『今晩はムッシユウ』と甚だ愛想がいい。

『今日は日本のジャック・デンプシーを連れてきました。どうかよろしくマダム』

この家はパリに数ある『美女の家』でも高級に属する方で、家の造り家具調度品は帝政時代の趣きがあり、ここに出入する女性は、オペラ歌手、百貨店（マガザン）の売子、未亡人、金持の道楽夫人等といわれているが、実際は果してどうか、確かめる暇も根気もな

いが、出てくる女性を見ると、満ざら商売女ばかりを出入さしているとも思われない」(同書)

石黒が栃木山を案内したバルザック通りにあったと覚しきこの店は当局公認のメゾン・クローズ(鑑札を持った娼婦だけのいる娼館)ではなく、ケッセルの『昼顔』で人妻セヴリーヌが訪れたメゾン・ド・ランデヴー(出会いの家)というやつだろう。当然、非合法だから、マダムが小窓から覗いて確かめたのである。ちなみにジャック・デンプシーとは、無敵のボクシング・ヘビー級チャンピオンのことである。

二人はことが終わると、サロンで待ち合わせて外に出て、互いの戦果を発表しながら別れたが、三、四日後、石黒が諏訪ホテルを訪れると、栃木山は「がいせん門にやられたらしい」と悄然としている。驚いた石黒が、薬はつけたのかと尋ねると、ちゃんとつけたという答である。東北帝大の先生の教えに従ったはずなのに、こはいかにと思った石黒がなおも質問すると、栃木山は心配なので事後に四回も塗ったという。

栃木山はその晩、日本人会での歓迎会に出る予定だったので、石黒はパストゥール研究所の中村拓博士に電話して出席を乞い、現れた博士に詳しくいきさつを説明した。

「博士は笑って、『そりゃ予防手当過多で尿道に炎症を起したのです。今夜はビールを一ダースか二ダースのんで、うんとオシッコをすれば、明日は膿も止まってすぐ治ります』

その時の横綱のうれし気な顔、そしてその日に旦那がビールをのんだこと、のんだこ

と」(同書)

栃木山は日本に帰ると、坊主頭で全日本相撲選手権に出場し、現役の横綱・大関を片端から投げ飛ばして優勝。パリでがいせん門にやられなかったのが効いたのである。

それはさておき、石黒が「美女の家」に案内したあまたの「先生」の中で、ダントツの異色ぶりを発揮したのは、早稲田の柔道部の先輩で、社会ファシスト集団「東方会」の党首・中野正剛《せいごう》と同じ選挙区でライバルだった宮川一貫《いっかん》代議士だろう。それというのも、宮川はオカマ・バーに出掛けては美少女(?)のスカートの中に手を入れて確認したり、あるいは、メゾン・クローズで黒人女性との一戦を希望したりと、当時の日本人としては破格の趣味の持ち主だったからである。

石黒がこの宮川一貫とともにマッサージ店に出掛けて見学した「白・黒(白?)ショー」のエピソードも、そのオチが奮っているので紹介しておこう。

「この家のサービスは至れりつくせり、風呂付の部屋へ案内する前に、三助になる美人が二人、一人が白、一人が黒の役柄となって、黒になった方は、大一番の代表品をヒモでしっかと腰にゆわいつけ、秘技の数々を示してくれるのである。型もオイオイ佳境に入ってくると、『ハイ、これがルイ十六世の型』と椅子に掛けての方法。『ハイ、次はタクシー内の型』と、車の振動まで身ぶりで見せてくれる。驚いたことには、『次はジャポネー(日本人)の型』といって、僕等の見たこともきいたこともない奇妙な形態をした」(同書)

そこで石黒が、宮川に、あんな型は知っていますかと尋ねると、宮川は見たこともないとの返事。ところが、そのとき宮川は何かを思いだしたらしく、いきなり、「あの女子《おなご》が今、腰に結んでいるヤツね。あれをぼくにこのぜえひ（是非）譲ってもらいたい」と言い出した。いぶかしく思った石黒が、もうあんなものが必要なのかと聞き返すと、じつは、郷里の大先輩で七十四歳になる金子堅太郎子爵が十八の妾を持っていて苦労していることを知っているので、一本土産に買って帰りたいというのだ。

そこで、石黒がマダムに交渉すると、未使用のが三本残っているから一本譲りましょうという話になり、めでたく一件落着したのだが、今度はこれをどうやって日本に持って帰るかという問題が持ち上がった。神戸の税関は代議士の「日の丸」カバンのお陰でなんとか通過できるかもしれないが、ロンドンからの帰国船に乗るのに、ドーバー海峡でイギリスの税関をくぐらなければならない。さて、どうしたらいいかと二人して思案にくれたが、翌日、ロンドンに出発間際の宮川を諏訪ホテルに訪ねると、宮川は案外平然とした顔をしている。

「『先生アレどうしました？』ときくと、彼はポンポンとおのれの股根（ももね）をたたきながら、『君、なんぼイギリス税関でも倅が二人ここに並んでいるとはよもや思うまい』どうだとばかり、僕の顔を見てニヤリとした」（同書）

こんな調子で、石黒敬七は、パリを訪れた貴顕紳士たちが次々に「美女の家」で羽目を外すのを眺めては、その有り様を密かにノートに書き溜めていたが、では、いったいなにが楽しくて、彼はこんな「道楽」を何年間も続けていたのかといえば、それは、やはり彼特有のコレクター趣味とゲテモノ愛好癖の発露であったというほかはない。

つまり、石黒は、モノでも人間でも、数を集めれば「差異と類似」という大原則によって、おのずからいくつかの集合体に収斂し、その集合体が独特の布置を示しだすということをコレクターのカンで先験的に知っていたのである。

この意味で、パリのメゾン・クローズは、蚤の市と並ぶ、コレクターの大漁場であったのだ。いや、パリこそが、石黒敬七を他に類のないコレクターにしたのである。

もしかすると、石黒は、同時代にパリにいて『パサージュ論』を書いていたヴァルター・ベンヤミンの精神的な同類だったのかもしれないのである。

山の手作家・獅子文六

獅子文六《ししぶんろく》といっても、いまの読者はピンと来ないかもしれない。げんに、古本屋で獅子文六の名前を出しても、若い店主から「シシってどんな字を書くんですか？」と聞き返される始末である。

それくらい獅子文六（本名・岩田豊雄《いわたとよお》）は忘れられかけた存在だが、昭和においては、新聞連載小説の多くが映画化された売れっ子作家であり、朝日新聞社からは堂々、全十六巻（別巻二）の全集も出ている。純文学偏重の日本文学全集でも大佛次郎と並んでラインナップに組み入れられることも多く、文庫にも二十冊近くが入っていた。

私よりも少し上の世代には、そのカラリとしたユーモアを愛する読者がいまだに多く、加東大介主演で映画化された『大番』、北沢彪《きたざわひょう》が獅子文六自身を演じた連続テレビドラマ『娘と私』などに刺激されて彼の小説を手に取ったという人も少なくない。

しかし、では、一時期は売れに売れたベストセラー作家が時代が更新されると急速に忘却の淵に沈んでしまった例として獅子文六を論じていいのかと問われれば、私は声を大にして「否《ノン》」と叫びたい。

それどころか、獅子文六は死後四十年を経過してもなお蘇らせるに値する珍しい大衆作家であるといえる。いや、大衆作家というのはふさわしくない。私はむしろ、語の正しい意味での「ブルジョワ作家」と呼びたい。すなわち、成熟した市民（ブルジョワ）社会が成立したときに初めてその真価が見えてくる「大人の作家」なのである。

学習研究社版『現代日本の文学30　獅子文六集』巻末の年表をひもとくと、獅子文六は一八九三年（明治二十六）に横浜に生まれ、一九二二年から二五年までフランスに遊学、ヴィユ・コロンビエ座のジャック・コポーに師事し、フランス現代演劇を学んで帰国するや、志を同じくする岸田國士らとともに新劇活動を開始したとある。

文名が高まったのは獅子文六のペン・ネームで書いた新聞連載小説『悦ちゃん』で、以後、昭和期に台頭した新興ブルジョワジーの生活を題材にしたウェル・メイドの小説を多く手掛け、戦前・戦後を通じて、フランス的な明るさをともなう良識とエスプリの小説家として、純文学からも、また大衆文学からも一歩離れた独自の地位を築きあげた。

以上が文学史的評価だが、近年、「戦前真っ暗史観」への反動か、戦前の健全なブルジョワ文化の根強さを見直す動きが高まるにつれ、獅子文六文学に再び光を当てようとする流れが出てきた。牧村健一郎の伝記『獅子文六の二つの昭和』（朝日新聞出版、二〇〇九年）はそうした再評価に先鞭をつけた動きである。

私はといえば、パリに留学や遊学した日本人のミニバイオグラフィーをいくつか書いている関係で、フランス体験がその文学的な質に大きな影響を与えた作家として獅子文六は絶対に逸することはできないと思って資料を集めてきたが、いざ「パリにおける獅子文六」をテーマにしようと思ったとたん、意外に資料が少ないのに手を焼くこととなった。

なぜなら、獅子文六は『達磨町七番地』などを除くと、パリにおける自分の足跡について断片的な文章しか書き残していないので、伝記には不可欠な「いつ、どこに住んで、何をしていたのか」についての情報が手に入らないからである。

その隠蔽には、あきらかに一つの意志が感じられた。あるいは、獅子文六は『父の乳』と『娘と私』をつなぐような、「パリの私」を扱った自伝的作品を書く予定でいたのかもしれない。もしそうであれば、エッセイにパリでの個人的体験を書いてしまって、これから書く自伝に対して読者に既視感を持たせてしまう愚は犯すべきではないという判断が働いた可能性は十分ある。

しかし、結局、その自伝三部作の「中」に当たるものは書かれずに終わった。とするなら、「獅子文六のパリ」について書こうと思う者は、『達磨町七番地』などのわずかな手掛かりから、「獅子文六のパリ」を自らの手で再構成してみるほかはない。これが、長年、獅子文六の作品を読み、そのパリ時代の欠落が気掛かりになっていた伝記作者志願者の結論なのである。

「僕は一九二二年の春にフランスへ着いた。そうして、その夏には神経衰弱に罹ったのである。これは傲慢な旅行者の避け難い運命と云わねばならない。ことごとが癪にさわるのである。気に入った事がひとつもないのである。（中略）目指す大きな都へ着いて、二、三カ月というものは、対手があったら何時《いっ》でも喧嘩がしたい下心である。その癖、ガチャリと卓刀の音をさせて、花嫁のように紅くなるのである。すくなくとも僕は、そういう気の毒な日本人であった」（「水のルアイユ」『獅子文六全集　第十三巻』）

獅子文六は、このとき二十八歳。大正二年（一九一三）の末に慶応義塾文科予科を退学して以来、父の遺産を喰いつぶしながら、いまでいう「ニート」の生活を八年も送り、その間に、おそらくは、暁星の夜間部あたりでフランス語の勉強をしていたのだろうが、しかし、この程度の語学力では、外国人だからといって容赦しないパリジャンの早口フランス語に太刀打ちできるはずがない。その結果、ホスピタリティがゼロのパリジャンと日々接するうちに日本人がよくかかる神経衰弱に陥ったのだ。

現在では「パリ症候群」と呼ばれているこうした鬱症状を獅子文六も呈していたわけだが、やがて様々な知り合いを介してパリの諸相に触れるうち、その神経衰弱も和らぎ、水を得た魚のように、モンマルトルやモンパルナスの劇場やミュージック・ホールを泳ぎ回ることになる。

しかし、それは少し先のこと。とりあえずは、パリで最初に獅子文六が滞在したのがどの界隈かを同定してみたい。

尾崎秀樹は、『現代日本の文学30　獅子文六集』の巻末に付した「評伝的解説」で「パリではカルチエ・ラタンに住んだ。しかしまだ何を専攻するかというメドもたたず、パリの風物にふれるだけで日がたっていった」と書いている。これは、おそらく事実だろう。つまり、パリにおける獅子文六の最初の住まいはカルティエ・ラタン、それも、日本人が多く住むパンテオン付近の長期滞在者用のホテルであったに違いない。

だが、そうだとすると、彼が、自分を含めた「パリの日本人」をモデルにして書き上げた数少ない小説の一つである『達磨町七番地』の記述とは矛盾してくることになる。というのも、この小説は次のように書き出されているからである。


「『お住いは？』

『ダルマにいます』

それで、意味が通じるし、時としては、

『どこにいるんだい』

『七番地だよ』

だけでも、立派に、居所を伝えることができるのだった。一戸一番地の外国の習慣ではあるが、考えてみれば、D'alma 町七番地のアパートも、日本人間に名を売ったものである」（「達磨町七番地」『獅子文六全集　第二巻』）

多少ともパリの地理に詳しい人なら、獅子文六が「D'alma 町」と呼んでいる通りが、パリの七区と八区を結ぶアルマ橋近くの通りだろうと察しをつけるはずだ。というのも、この近くには、place de l'Alma、cité de l'Alma などの地名があるからだ。事実、獅子文六研究の多くはこの地理感覚で「D'alma 町七番地のアパート」を処理して、アルマ橋付近と推定している。

ところが、じつは、これ、舞台となったホテルが容易に同定されるのを避けるために獅子文六が取った韜晦（ミスティフィカシオン）なのである。つまり、「D'alma 町七番地のアパート」というのは、アルマ橋近辺とは全然関係のないところにあったホテルだと思われる。

その理由はいくつか考えられる。

一つはアルマ橋界隈というのは一九二〇年代の日本人の居住空間とはほとんど無縁の地域であり、こんなところに日本人が多く住むホテルがあったとは考えられないということ。第二は、アルマ橋近辺の通りや広場がいずれも、place de l'Alma、cité de l'Alma と、つまり「de l'Alma」と記されているのに、「D'alma町七番地のアパート」は定冠詞の「l」を省略していること。alma と先頭が小文字なのも引っかかる。もしこのホテルがアルマ橋近辺の通りにあるなら「ダルマ町」ではなく「ド・ラルマ町」ないしは「ラルマ町」と発音されるはずなのである。

となると、「D'alma 町七番地のアパート」というのは獅子文六が実在の通りを元に作り上げた架空の通りのホテルということになる。では、その元になった通りはどこか？

探すべきはカルティエ・ラタンである。なぜなら、『達磨町七番地』の続編と思しき短編『芸術家』には、『達磨町七番地』に登場する主人公の一人松岡範平《はんぺい》さんが再び登場してくるが、そこにはこうあるからだ。

「これは松岡範平といって、羅典《ラタン》区の日本人専門みたいな下宿に住んでる留学生で、矢走も一、二度顔見知りであった」（『獅子文六全集　第十一巻』）

このほかにも、『達磨町七番地』には、件のホテルがカルティエ・ラタンにあったことを示唆する記述がいたるところにある。ひとことでいえば、それは、パンテオンかソルボンヌ近辺の通りにあった「日本人ホテル」なのだ。

だが、いったいそれはどこなのか？

可能性が高いのは、サン゠ジェルマン大通りと並行しながら走っているソムラール街十七番地にあるオテル・ソムラール（サン・ミシェル大通りとサン・ジャック通りに挟まれた一角。現在はオテル・オム・ラタンと改称）とパンテオン広場十七番地のオテル・デ・グラン・ゾムである。いずれも、一九二〇年代にはパリに到着したばかりの日本人がたくさん住んでいたいわゆる「日本人ホテル」である。獅子文六も、このいずれかのホテルないしは両方のホテルに住んでいた可能性が高い。

これは想像だが、獅子文六はこの二つの「日本人ホテル」を合わせて二で割って「D'alma 町七番地のアパート」を創造したのではないだろうか？　オテル・ソムラールは、カルティエ・ラタンでもかなりセーヌ寄りで、『達磨町七番地』の次の記述にぴったりとくるからだ。

「このアパートへ、日本人が集まりだしたのは、大戦直後からであろう。それまでは、この都へ学問をしにきた日本人は、もっと高台の、天文台やL公園近くに住んでいたものである。例えば、島崎藤村氏なぞが、そうである。それが、次第に、セーヌ河の近くへ、降りてきたのである。ダルマ町から、二、三分歩けば、河岸の洗濯船が見える。これ以上、低く住もうとすれば、水の中である。で、これを、日本人学生の素質の低下と、結びつけて考える人もあるが、もとより駄洒落に過ぎないであろう」(『獅子文六全集　第二巻』)

ことほどさように、場所はオテル・ソムラールのそれに近い。では、「D'alma 町七番地のアパート」という名称は？　こちらは「オテル・デ・グラン・ゾム」をヒントにしている。ただし、少しひねった形で。

いまもなお盛業中の三つ星ホテル「オテル・デ・グラン・ゾム」は、そのファサードはパンテオン広場に面しているが、じつは、ユルム通り(rue d'Ulm)との角にも部屋の一部が面している。ところで、「D'alma 町」というのを rue d'Alma とすると、これは rue d'Ulm と明らかに関係がある。というのも、Alma はナポレオン三世の、Ulm はナポレオン一世の戦勝地を記念して採用された通りの名であり、音韻的にも似ているからだ。

まとめていえば、「D'alma 町七番地のアパート」というのは音韻的にはオテル・デ・グラン・ゾムを、地理的にはオテル・ソムラールを「合成」して作られたトポスなのである。

さて、以上で、獅子文六がパリ到着後に最初に逗留して神経衰弱に陥ったとおぼしきホテルの同定がすんだわけだが、では、そのパリ体験は『達磨町七番地』にはどのように投影されているのか？

トポスが「合成」によるとするなら、登場人物の人格は「分裂」によっている、というのが私の考えである。

一般に、「パリの日本人」は、セーヌの水に馴染みすぎて自分が日本人であることを忘れ、すっかりパリジャンになったかのように振る舞う「無日本人」と、それとは逆にフランス的個人主義に対する反発から日本的精神主義に目覚め、フランス的なものを憎悪する分、日本を称揚するにいたる「超日本人」という二つのジャンルに収束するといわれる。

思うに、パリ到着直後の獅子文六は、この二つのタイプを日本人ホテルの中に見出すと同時に、自らのうちにも二つのタイプが交互に現れる様を感じていたにちがいない。

でなければ、帰国後、『達磨町七番地』において、松岡範平と中上川亘《なかみがわわたる》という登場人物に、それぞれ「超日本人」と「無日本人」の人格を与えたうえで生き生きとしたキャラクターとして造形するには至らなかったはずである。いいかえれば、松岡範平と中上川亘は、パリ時代の獅子文六の中に共存した二つの人格を「分裂」させて作った二つのタイプの「典型的日本人」なのである。

まず、「超日本人」たる松岡範平から見てみよう。

日本の医学士の称号も持っているが、パリで学位を取って故郷に錦を飾ろうと、妻子を日本に置いたまま、二年がかりで人体寄生虫について論文を書いている松岡範平は、極めて質素な生活をしているが、それは生活信条のためである。

すなわち、彼は、パリにあっても衣食住のすべてを日本式で通すばかりか、心のほうでも日本的精神主義を貫き、日本にいるときよりもはるかに日本人化しているのである。

「日本で製《つく》った黒サージの背広」の着たきり雀で、頭は坊主頭。朝一番に起きてうがいをしてから頭を日本から持ってきたタオルで摩擦する。ホテルのタオルは女たちがビデを使ったあとに局所をふくと聞いてから決して使わない。食事はなるたけ米と萵苣菜《チシャ》で自炊し、同宿者の日本人が遊びにいくような悪所には決して足を踏み入れない。二言目には、西洋人の利己主義に日本人の国家主義を対置しようとするので、他の日本人同宿者は煙たがって近づかないようにしている。

「――日本だ、日本だ、日本だ。

意味もなしに、日本という字が、範平さんの頭を駆けずり回る。日本がどうだというのか、どうしようというのか、それとも日本へ帰りたいというのか、少しもハッキリした観念は浮かばないが、無闇矢鱈に、日本という字が飛びだしてくる。なにも、今日に限ったことではない。この頃、気が鬱屈してくると、反射的にこんな現象が起こる。

範平さんは、日本にいる時、決してこんな愛国者ではなかった。少くとも、七千万人中六千九百万人並みの愛国者だった。それが外国へきて、一年も経った頃から、俄かに熱を出したように、こんな事になったのである。理由はわからない。（中略）日本を讃え、外国を譏っていないと、範平さんは、なにか息苦しそうに見えて、気の毒だった」

　そして、範平さんは、ついにマントルピースにお神酒として赤白ワインをいれたコップを二つ並べ、拍手を打って神様に礼拝し、日本人会で購入した半紙を使って御幣をつくり、禊をやろうと決意するまでになる。

　もっとも、この「超日本人」たる松岡範平のイメージについて、獅子文六は、昭和十五年（一九四〇）に白水社から出たエッセイ集『牡丹亭雑記』の中の「モデルの経験」でこう語っている。

「僕もたつた一度だけ、確かにモデルを使つた経験がある。それは、『達磨町七番地』の主人公で、国家主義者の松岡範平の場合である。

　松岡範平は無論本名ではないが、僕のパリにおける下宿の同宿人で、今は某大学で教鞭をとつてゐる」

　してみると、松岡範平はモデルをそのまま描いただけなのか？　引用の続きを読むと、やはり、彼の激しい日本回帰には獅子文六自身の似たような感情が投影されていることがよくわかる。

「僕は松岡氏が好きだつた。今でこそ国家主義者は腐るほどゐるが、当時、知識階級は悉くデモクラであつたといつてい、時代に、彼はパリの真ン中で、敢然として日本、日本と、叫び続けてゐた。硬骨偏狭にして、何人にも煙たがられてゐたが、僕は大いに意気投合した。尤も、しまひには喧嘩しちまつたが……」

たとえ松岡範平に実在のモデルがあったとしても、パリ到着後に、語学力の不足とホームシックから神経衰弱に陥り、激しくフランスとフランス人を呪詛して日本回帰した獅子文六自身の体験がなければ、松岡範平は「生きた」人間にはならなかったはずである。

では、もう一人の主人公である法学士・中上川亘はどうか？

中上川亘は仏法科出身でフランス語ができたので、まだ四カ月しかパリにいないのにすっかり事情通になり、「帽子から靴の尖きまで、こちらの品物ずくめで、部屋へ行けば、専門の交通経済の書籍のほかに、『ラ・ヴィ・パリジェンヌ』のような色ッぽい雑誌まで、堆高く積んである」。

そのため、日本人ばかりがたむろするホテルよりも、どこか、美しい娘のいる素人下宿にでも引っ越したいと考えているが、範平の目が怖く、決心がつきかねている。しかし、範平の「超日本人」ぶりに辟易し、気晴らしでもしようと街に出る。

「そうして、学校通り《リユウ・デ・ゼコール》を右に曲って、キャフェ・バルザールの前へ出たが、ふと気が変って、向い側のキャフェ・スウフレへ足を向けた。〝バルザール〟は古風な家で、街の女なぞも出入りせず、静かで居心地がいいので、中上川もよく出かけるのだが、今夜は賑やかで明るい〝スウフレ〟の方が、気持に合った」（『獅子文六全集　第二巻』）

このホテルを出てから夜の散策コースの描写は、ホテルがやはりオテル・ソムラールであったことをよく証明している。

それはさておき、夜のカルティエ・ラタンに繰り出した中上川の考えることはどんなことか？

「中上川は留学生になるくらいだから、秀才だった。だが、貧乏な秀才で、放蕩をする金も、時間もなかったのである。

――だから、今だ。一生を通じて、金はもっと持てるかも知れないが、時間と自由のあるのは、今だ。誰も見てやしない。見たところで、此処では、誰も問題にしない」

だが、せっかく、カフェにいる娼婦に合図を送り、一緒に通りに出たと思ったら、女はカフェの出口でヒモの男と話を始めてしまう。アバンチュールは失敗だったのだ。

ところが、なんという偶然のなせるわざだろう。その晩、当てもなくセーヌの河岸を歩いていた中上川は、セーヌに身投げしようとしていた娘を間一髪のところで救うことになる。カフェで身の上話を聞くと、娘はパリから遠からぬ田舎町で女工として働いていたが、シャトー・ドーの伯母によい働き口があるからと呼ばれて行くと、そこは娼館で、断ったら追い出されたというのである。名前はポオレットと言った。

同情した中上川は娘をホテルに連れて帰り、そのまま同棲することになる。

「中上川亘だって、セーヌ河岸から拾ってきた女を、恋愛すると同時に、研究することを忘れてやしない。フランス女の心理及び肉体に就いて、彼の好学心は、燃える薪のようなものだ」

ポオレットには意外に質素で堅実なところがあり、中上川が芝居やレストランに誘うと、そんな浪費はやめて、河蒸気でサン・クルーにピクニックに行こうと誘ったりする。おかげで、中上川は、堅気のフランス娘を恋人にできた自分をつくづく幸せ者と感じることができるのである。

「ポオレットという女ができてから、急角度でパリ生活の中心へ近づいたように、彼は思うのである。土地を知るには女を知れ——或る紀行文家がそう書いているが、まったく真理であると、彼は考えるのである」

ところが、中上川が日仏銀行から引き出した三〇〇〇フランを部屋に置いたまま外出したある日、ストック書店で買い物して戻ってくると、ポオレットがいなくなっている。そればかりか、三〇〇〇フランを入れた紙入れもなくなっていた。トランクの中から見つかった空っぽの紙入れの中には「二十日間の奉仕代《セルヴィス》として　P」と書いた紙切れが挟まっていたので、中上川はガックリくる。

「——する事が残忍だ。日本の女は絶対にやらんぞ、こんなことは。

腹の中の言葉が、やや範平さんの口吻《こうふん》に似てきたことなぞ、彼はまるで気がつかなかった」

エピソードのオチはさらに残酷である。中上川の訴えでホテルの経営者が連れてきた刑事は女の風体や知り合うきっかけとなった事件などを聞くと、こう言ったのである。

「ハハア。彼女は一週間前まで田舎にいて、シャトウ・ドウ町に伯母さんがいると、いったでしょう」

そして、刑事は次のように付け加えた。

「先月は、暹羅《シャム》の学生が引っ掛かりましたよ」

いっぽう、範平さんはどうしていたかというと、同宿の日本人に誘われて、メゾン・ド・ランデヴーと呼ばれた売春宿に出掛けたはいいが、娼婦から「おお、妾の可愛いシナ人さん《モン・シエル・プチ・シノア》……」と呼ばれたのに憤慨して娼館を飛び出し、ホテルに戻る途中に寄ったカフェで牛乳配達馬車の御者と喧嘩になった挙げ句、鼻に相手のパンチを食らって気絶してしまったのである。

小説は、その御者が刑事に引き立てられ、範平さんのいるホテルに示談にやってきた場面で終わっている。

範平さんはいたって寛大だったのに対し、中上川は刑事が示談を勧めるとは何事かと憤慨し、女泥棒のポオレットをなぜまだ捕まえないのだと怒りくるう。

「思えば、範平さんが眉間へ受けた一撃は、不思議な一撃であった。頭を坊主刈りにしたり、菜食を始めたり、白酒黒酒《しろきくろき》を献げたりした——あの頃の狂おしい気持が、その一撃のために、瘧《おこり》のように落ちてしまったのである」

これに対して、中上川は、いまだに示談解決に憤っている。

「『まあ、そう怒り給うな。四海同胞だよ』

範平さんは、つい此間まで、口が腐ってもいわない言葉を洩らして、微笑むのだが、中上川は民族だとか、国家だとかいう語まで用いて、なお反駁を続けるのである」

見事な結末というほかない。

獅子文六が自分を二つに割って作った範平さんという「超日本人」と中上川亘という「無日本人」、すなわち、愛国者とコスモポリタンという二項対立は、外敵から身を守ろうとする「自我」という名の盾の両面に過ぎず、偶然の状況によっていくらでも変わりうるものなのである。

このように『達磨町七番地』では、二つの傾向はある種の止揚を遂げることができたのだが、獅子文六自身はどうだったのだろう。

先に引用した「水のルアイユ」によると、鬱症がこうじてブローニュの森の芝生に寝転がっていると、折よく、画家の川島理一郎から手紙が届き、パリ近郊のルアイユの村に遊びにこないかと誘われたので、ある日曜に、サン・ラザール駅から旧式の二階付き近郊行き列車に乗って下宿まで遊びに行き、縁日やセーヌ川での水上槍試合を見学して、気散じを試みたとある。

この記述からは、獅子文六が、なにかしらのコネで川島理一郎とは前々からの知り合いだったことがわかる。例の鬱症も、川島を介してパリでの交際範囲を広げていくうちに、徐々に解消していったらしい。

実際、川島理一郎というのは、「パリの日本人」の相関図を描くうえで欠かせない結節点のような人物で、とりわけ、藤田嗣治、薩摩治郎八といった国際派の人脈を築いた人たちは、たいてい川島理一郎をそのコネクションの出発点としている。

それは、川島がアメリカ経由で、それもかなり英語が話せるようになってからパリにやってきたことが関係している。具体的にいうと、川島は英語によるコミュニケーションが得意だったため、イザドラ・ダンカンの兄でギリシャ美術復興の立役者だったレイモンド・ダンカンや、ロンドンにおけるバレエ・リュス（ロシア・バレエ）公演の元締めであったシリル・ボーモントといった英米系の芸術家や批評家と知り合い、そのイングリッシュ・コネクションを介してまず自身がフランスの画家や演劇関係者と親しくなり、次いで、藤田や薩摩といった後輩たちをこのインターナショナルな芸術家人脈に招き入れたと想像される。

おそらくは、獅子文六も、こうした川島コネクションによって、演劇関係の知り合いを得た一人にちがいない。

「文六の演劇熱は、親しくなった画家川島理一郎の勧めによって、おりからパリ公演中のバレエ・リュッスを見たのがきっかけといわれる。以来、熱心に劇場巡りを続ける。そのころのパリは、五〇年に一度といわれる演劇開花期で、さまざまなジャンル、時代、民族の創造的作品が短時間で見られるところといわれた」（『獅子文六の二つの昭和』）

実際、獅子文六はいい時期にパリに居合わせたものである。

かたや、ロシア・バレエやスウェーデン・バレエがあるかと思うと、その対極にはジャック・コポーの「ヴィユ・コロンビエ座」やシャルル・デュランの「アトリエ座」があるといったスペクタクル状況は五十年どころか、百年、いや二百年に一度訪れるか否かの奇跡であった。

このうち、まず獅子文六が刮目して立ち会ったのは、ニジンスキーとカルサヴィナを失ったディアギレフが捲土重来を期して一九二二年五月十八日からオペラ座で打った「パリ・シーズン」だった。このときの演目は『カルナヴァル』『眠れる森の美女』『狐』『イーゴリ公』で、後の文学史的興味からいうと、『狐』の初演にマルセル・プルーストが立ち会い、ストラヴィンスキーに「ベートーヴェンはお好きですか?」と尋ね、「大嫌いです」と答えられて失望したというエピソードが伝えられている。

それはさておき、獅子文六はおそらくは川島理一郎のコネで「パリ・シーズン」を見たものと想像される。そのときの直接的な記録はまだ見つかっていないが、『フランスの芝居』（生活社、一九四三年）に収録された「劇場と画家の間」で、この「パリ・シーズン」の舞台装置と衣装を担当したレオン・バクストについて熱い思いを語っていることから、ロシア・バレエに対する熱狂のほどをうかがうことができる。そして、これをきっかけに、ロシア・バレエの「パリ・シーズン」が行われるたびに、獅子文六は劇場に日参したらしい。そのことは、『近代劇以後』（河出書房、一九四〇年）収録の「ヂアギレフ逝く」というエッセイの次のような証言から明らかである。

「ロシア舞踊が毎年パリへくると、装飾画家のラリオノフが僕にパスをくれた。パスでも席へ坐れば観覧税をとられるから、いつも通路《プロムノアル》へ立つて見物した。さういふ時、僕はよく自分の背後でひそひそと話し合つてる一群を見出した。スモオキングに姿をあらためた、ロシア舞踊の関係者達だつた。鼻眼鏡のストラギンスキがゐた。童顔のスウデキンがゐた、さうしてある晩、ヂアギレフの猫背を発見した」

近くで見るディアギレフは、眼鏡を外した菊池寛そのものだった。眼と鼻が小さく、唇が厚いので、どう見ても日本人にしか見えなかった。獅子文六は、こんな男が築地あたりの待合からブラリと出てきても違和感はないだろうと書いている。

ロシア・バレエのあとに獅子文六が一驚を喫したのは、ピカソ、ブラック、ドラン、マリー・ローランサン、ジャン・ユゴー（文豪ヴィクトル・ユゴーの曽孫）といった一流の画家が衣装と舞台装置を担当し、ロシア・バレエのレオニード・マシーンが振り付けを行った「ソワレ・ド・パリ」（一九二四年五月）の公演だった。これはバレエ好きの貴族エチエンヌ・ド・ボーモン伯爵が主催し、モンマルトルのシガール座で社交界のお歴々を招待して行われた慈善公演だったが、中でも獅子文六が注目したのは、ジャン・コクトー作・演出、ユゴー舞台装置の『ロメオとジュリエット』、とくにユゴーの装置と衣装だった。

「ユウゴオは二十三の場面を悉く黒で塗り潰した。舞台の奥を黒幕で張詰め、それへ対して また黒の衝立《エクラン》を並べた。衝立の面には、赤、白、碧緑のパステルで、極く単純な線で場所の特性が描かれた」（『フランスの芝居』）

これだけ記憶がはっきりしているのは、獅子文六がどんなスペクタクルを見るときでも、ストーリーや演出ばかりか舞台装置や衣装まですべてをノートに書き記していたからである。

だが、こうしてパリの革命的なスペクタクルに日参してノートを熱心に取れば取るほど、獅子文六の心にはある種の空しさが生まれてくる。それは、豪華絢爛たる舞台装置も、また鬼面人を驚かす類いの舞台装置もいわゆる「眼の衝撃」を追求しすぎで、ある種の陳腐化に陥っていることだった。

「しかし人の目はつねに慣れる。

始めは、それが舞台革命の烽火そのものに見えたさうした構図、さうした色彩、さうした意図の一切が、真面目な看客に或る不審を懐かせて来た。

——装置は素晴らしく立派で且つ芸術的だが、さて役者は、演技は、演劇は何処にゐるのだ、と」（同書）

この疑問は、当時の観客が感じていたものだろうが、それはもちろん獅子文六の気持ちでもあったにちがいない。素晴らしい舞台だが、なにかが違う、第一、これでは日本に持って帰れない、云々。

そうした疑問を抱えているときに出会ったのが、ジャック・コポー率いる「ヴィユ・コロンビエ座」だった。なぜなら、ヴィユ・コロンビエ座はロシア・バレエに象徴される「見せる」スペクタクルとは正反対の演劇概念を提起していたからである。

「さういふ疑問に対して、最も明快にまた妥当な解答を与へたものは、ギウ・コロンビエ座の主張であらう。

『木地のまゝの縁台《トントオ》が一つあれば、それで沢山だ！』

ギウ・コロンビエの主宰ジャック・コポウは、彼の劇場に必要な舞台装置について、さう叫んでゐる」（同書）

獅子文六がコポーの「ヴィユ・コロンビエ座」を初めて見たのがいつだったのかははっきりと分かってはいないが、おそらくは、劇場通いがしばらく続いた一九二二年の暮れか、あるいは明けて二三年の年頭だろう。いずれにしろ、獅子文六は、「ヴィユ・コロンビエ座」での舞台の上に自分の求めていたものを見出したにちがいない。

その熱い思いは、コポーとこの劇場の歴史を描いた「ギウ・コロンビエ運動」(『近代劇以後』)を読むと痛いほどに伝わってくる。

描写は、「ヴィユ・コロンビエ」のある界隈から始まる。

「セエヌ左岸随一の大寺院サン・シュルピイスの鐘楼が八時半を打つときには、もうひっそりと静まる界隈。時代遅れな二階電車が通るのは巴里でもここいらばかり、たまたま乗合《ビュス》もくることはくるが、それが過ぎれば歩道の瓦斯灯が青白い息をつく古鳩舎町《リュ・ドュ・ギウ・コロンビエ》。しもた屋と菓子屋に挟まれて、肉桂色の柱、白壁の欄間——そこに書いてあるThéâtre du Vieux-Colombierの黒文字を見落したら夜学校でもござらうかと思つて通り過ぎてしまふほどに、細やかな表構へ」

中に入れば、荷物預かりの係員は驚いたことにチップを取らない。劇場内に入ると客席は二階も桟敷もない質素極まりない五百席足らずの空間だが、陰気な感じも不潔な感じもしない。客筋はとみると、ソルボンヌの教授とその家族、美術記者風の男、女学生などがいる。みんな、カルティエ・ラタンの住民らしい質素で整った服装をしている。中に、「ぽつつりとソオスの浸点のやうに黄色い顔の目立つ極東の仏蘭西演劇研究家」がいたが、これは獅子文六自身か？　それとも、同じ時期に「ヴィユ・コロンビエ友の会」の会員となっていた、後の盟友・岸田國士だろうか？

「彼等はこの劇場を熟知し、この劇場に馴染んでゐる。（中略）その馴染んだ、打解けた心持が見物席へ入交つた前舞台の階段を匍上つて、柔かい栗色の幕が二つに絞り上げられる時を待つてゐる。（中略）八時四十五分きつかり……。ダン・ダン・ダンと床を木槌で叩く古風な開幕の合図である。銅鑼もベルも鳴らさない」

　こうして「ヴィユ・コロンビエ座」に足しげく通うようになった獅子文六は、やがて、コポーやその仲間の文学者の知遇を得て、研究生に等しい存在となる。コポーの組織するヴィユ・コロンビエ学校に通い、その演劇理論の吸収に努めたのだ。その時の成果は、次の要約に雄弁に示されている。

「演技、演技、演技――コポオは繰返して倦むことを知らない。彼は演技を以て舞台の絶対能力と認め、『その他のもの』を最小限度に抑圧しようとする。それが力の経済であるよりも、さうしなければ演技の生きる道がないからである。さうすることに依つて、演技の力が最大限に発揮されるからである。

　ここに於て、必然的に特殊なる舞台建築が要求される。（中略）コポオとジュウヸは、希臘羅馬の舞台を考へ、エリザベス朝の舞台を考へ、日本の能舞台を考へ、遂にあのヸウ・コロンビエ式の常置舞台を考へ出したのである」

　この最後の言葉は重要である。

なんのことかといえば、フランス的なるものを求めてパリに遊学した獅子文六は、さまざまな彷徨と試行錯誤の末、ヴィユ・コロンビエ座の舞台の上に、ある意味、極めて日本的な簡素さの美学を見出したのである。

ここにおいて、慶応予科入学から長く続いてきた獅子文六の「自分探しの旅」は終わり、ひとつの調和へと続く道が見えてくる。

そして、ヴィユ・コロンビエ座的な新しい演劇に開眼するとときを同じくして、良き伴侶にも巡り合うことになる。

「彼女は、エレーヌと呼び、中部フランスの小さな町の小学校長の娘だった。女学校を出てから、ロンドンへ英語の勉強に行き、その語学の助けで、パリの米国人商社に勤め、自活してるうちに、私と知り合ったのである。その時、彼女は二十六歳、私は三十を迎えていた」（獅子文六全集『娘と私』）

獅子文六が三十を迎えていたということは一九二三年のことだろう。『娘と私』で獅子文六がエレーヌと呼ぶこの最初のフランス人妻は本名マリー・ショーミイ。フランスでも最も貧しいマシフ・サントラルの出身で、フランス女には珍しく「意志の強い、理性に富んだ、そして極めてジミな女だった。彼女の情熱は、潜在的で、堅実で、道徳的でもあった」

ようするに、ここで獅子文六は、「フランス女」の中にも「日本の女」を発見したのである。

『牡丹亭雑記』収録の「ノーエルの記憶」というエッセイで獅子文六は、このマリー・シヨーミイと過ごしたパリで二度目のノエル（クリスマス）のことをロマンチックに回想している。

「十二月二十四日の午後は、壮大にシュミネへ石炭を燃やした。黒い鶏卵のやうな煉炭だが、それがすつかり火になると、暖く、また美しい。石油ストーヴはけとばしたくなる。なんでも、雪は降らなかつたが、降りさうなノーエルだつた。僕等は二人だつた。あまり話もしなかつたが、夜更まで楽しく火を守つた。コニャックの壜とガトオ・ド・ノーエルぐらゐはテーブルの上にあつた」

日本人にとって、異文化体験は本当にむずかしい。獅子文六は『達磨町七番地』に描かれたような二極分化を免れた数少ない「パリの日本人」の一人であるといえる。

吉本隆明は『高村光太郎』の中で、日本人の留学について次のように述べている。

「たとえば、西欧の生活様式になれ、西欧の気候や習慣になじみ、西欧の発想や論理を理解すれば、もうじぶんは西欧人とおなじ通行手形を手にいれたと錯覚できる精神構造はありうるだろう。しかし、かれは、もうひとつ、隣人さえも肉親さえもそのこころの働きを理解できないという第二の眼で、西欧をみなければならぬ。一定の意識の目的をもってこころを作動させねばならぬ。おそらく、ほとんどすべての留学は、第一の眼でおこなわれた。少数の留学は、第一と第二の眼でおこなわれた。このいずれが、大きな比重をしめるかは、かれの（後進社会の優等生の）心因の質によってきまるのである」

獅子文六の遊学は「第一と第二の眼でおこなわれた」「少数の留学」ではなかったか？

いまや、こうした観点から獅子文六の文学を読み直すときが来ている。同じ仏文系の物書きとして、そんな気がしてならない昨今である。

「娘」「と」「私」

「山の手」という言葉が「〔山に近い方の意〕サラリーマンが多く住む、高台の住宅地」（『新明解国語辞典』）の意味であった時代、獅子文六は「山の手文学」のチャンピオンであった。

だが、この「山の手文学」というのは、森鷗外の文学が「山の手文学」であるというのとは多少ニュアンスを異にしている。森鷗外の文学が、明治の近代日本を背負った旧武士階級（厳密にいえば下級武士階級）の刻苦勉励型のメンタリティを共有していたとするなら、獅子文六の文学は、こうした初代「山の手住人」の子供の世代、つまり二代目「山の手住人」としてメンタリティを分かち持っていた。

では、二代目山の手住人のメンタリティを特徴づけるのはどんなものかといえば、それは、おおむね「……がない」の羅列で済ますことができる。

日本を背負って立つという気負いが「ない」、大言壮語が「ない」、自己陶酔が「ない」、蛮カラが「ない」、過度の名誉欲が「ない」、自己中心的な正義感が「ない」……。もちろん、「ある」の羅列も可能である。

羞恥心が「ある」、客観性が「ある」、ユーモアが「ある」、健全な倫理観が「ある」、穏当な社会常識が「ある」、下劣なものへの嫌悪感が「ある」、高尚なものへのテレが「ある」、西欧的教養が「ある」……。

しかし、こうした二代目山の手住人というのは、昭和三十九年の東京オリンピックあたりを境にして数を減じはじめ、バブル景気とその崩壊およびインターネットの登場によって完全に日本から消滅してしまった。その結果、いまや、獅子文六を読む読者は地を掃い、それが劇作家・岩田豊雄のペンネームであることを記憶している者とてない。

では、獅子文六をまったく知らない読者のために、全集にして十七巻もある彼の作品の中で何を勧めればいいだろうか? 私は、晩年に書かれた『娘と私』、『父の乳』を挙げたい。獅子文六にしては例外的な自伝的作品であるこの二つの作品は、失われてしまった二代目「山の手住人」のメンタリティを知るのに、このうえなく貴重な資料となっているからである。獅子文六文学を復活させるには、まず、自伝を介して獅子文六その人を復活させることから始める必要があるようだ。

描かれている年代からいうと、『父の乳』（一九六八年）の前半・後半が『娘と私』（一九五五年―一九五六年）をサンドイッチのように挟み込むかたちを取っている。

すなわち、『父の乳』の前半が、早死にした父の回想から始まり、明治天皇の崩御と乃木大将夫妻の自刃で終わる、著者の生誕から大学時代まで（一八九三―一九一三年）をカバーしているのに対し、後半は、三度目の結婚で男の子に恵まれた六十歳の時から七十歳頃までの時代（一九五三―一九六三年）を扱っている。

一方、『娘と私』は、フランス留学中にフランス人女性と結婚した著者が、日本に戻って女の子に恵まれ幸せな家庭を築くところ（一九二五年）から書き起こされ、妻の急逝で病弱な娘の看護に明け暮れたあげくに、娘のためを思って日本人女性と「理性結婚」に踏み切るが、娘が無事に成長し、義理の母娘関係が本当の母娘関係以上になったと安心したとたん、二度目の妻にも死に別れ、娘の結婚とほぼ同時に三度目の結婚に踏み切るところで終わっている。

つまり、クロノロジカルに獅子文六の生涯を作品によって追おうとすれば、『父の乳』の前半を読んでから『娘と私』に移り、ついで再び『父の乳』を手にとって後半を読了すればよい仕組みになってはいる。したがって、当然、獅子文六の自伝を論じるにはこの二部作を取り上げなくてはならないが、ここでは便宜上『娘と私』を中心に話を進め、適宜、『父の乳』から情報を補っていくことにしよう。

『娘と私』には獅子文六には珍しい「自跋」があり、次のようなことが書かれている。
「私は、今まで、フィクション（つくりごとの小説）ばかり、書いてきた。これは、文学の職業に対する私の考えから、出ていることで、今後も、それを続けていくだろうが、この『娘と私』だけは、まったく、例外だった。この作品で、私は、わが身辺に起きた事実を、そのままに書いた。つまり、私小説であるが、それは、私の文学に対する考えが、変ったというよりも、むしろ、偶然の動機からだった」

その動機というのは七年前に二度目の妻が急逝したとき、出版社から妻を失った感想を求められ、そんな心境ではないと執筆を断ったが、その後、娘が結婚して外国へ去り、自身も後妻を娶って生活が一段落したところに長編の依頼が来たので、主に亡妻への追憶のために筆を執ろうと思い定めたのだという。では、亡妻に捧げる本に『娘と私』というタイトルを選んだのはなぜかといえば、それは以下の理由による。
「私にとって、亡妻と、私の娘とは、離すべからざるものであった。亡妻を娶った動機も、娘の義母として適当の人間と、考えたからであり、事実、彼女は、娘を、一人前に育て上げてくれ、そして、世を去った。彼女の追憶のどんな断片にも、常に、私の娘が付随している。亡妻のことを書くのは、私の娘のことを書くことになり、私の娘のことを書くのは、亡妻のことを書くことになるのである。

そして、無論、私は、娘のことも、書きたかった。幼い時に、生母を喪い、やっと一人前の女になり、飛行機で外国へ出かけるのを、見送った直後で、父として、私の感慨は、湧くが如くだった。私は、娘と亡妻と私との三人で営んだ生活を、書きたいと思った。そして、亡妻に対する私の気持の中心は、結局、娘の存在にあったから、題名は、『娘と私』がいいと、思った」

これは、まったく過不足なく『娘と私』の執筆動機を語っているが、しかし、もし、亡妻と同じような立場にある女性がここだけを読んだらカチンとくるのではないか？　なぜなら、もし、ここにあるように、「娘の義母として適当の人間」としてだけ扱われ、「女」として扱われなかったとしたら、その亡妻はいったいどんな気持ちで夫婦生活を送ったのか？　余りに女心を無視した仕打ちではないだろうか？

そうなのである。『娘と私』は、その淡々とした語り口にもかかわらず、非常に緊迫した人間関係をうちに秘めたドラマなのである。

獅子文六がほぼ八年にわたる文学的な無為徒食の生活を切り上げ、父の遺産を留学費用としてフランスに渡ったのは大正十一年（一九二二）三月のことである。二年前に、母アサジが脳出血で亡くなり、留学する決心がついたのである。

『父の乳』によれば、父・岩田茂穂は中津藩の元武士で、同郷の福沢諭吉の門下生となり、その影響で横浜の居留地に絹物貿易商社岩田商店を開いた。獅子文六は、この父に愛され、自らも父を深く愛していた。晩年、父は脳神経の病気に侵され、床擦れを防ぐための薬を塗っていたが、その臭いでさえ耐え難くはなかった。

「私は、父が好きであった。私を、可愛がってくれたからである。それも、手放しの可愛いがり方であって、親類の間の笑い草になってるということだった。そんな父が、病気になったことは、悲しさの形で感じる年齢ではなかったが、不安の感情はあった。不安は、子供の本能が味わうのだろう」

父は明治三十四年二月に福沢諭吉の葬儀に出席したのがたたって病に倒れ、それから一年半後に死去した。店は母が経営に当たったが、番頭に抜擢した店員をえこ贔屓したため、他の店員から反発を買い、次第に家運は傾いていった。明治四十二年、岩田商店はついに廃業を余儀なくされ、一家は横浜から東京府下の大森山王に移り住む。

豊雄少年は岩田商店が横浜にあった時代に横浜野毛山にある老松小学校に入ったが、五年生の時、父の母校である慶応義塾幼稚舎に転学する。寄宿舎でイジメにあって徒歩で三田から横浜まで「脱走」した事件もあった。普通部に在学中に文学に目覚め、回覧雑誌を発行したり、博文館の「文章世界」に投稿したりした。普通部卒業後、理財科予科に進学したが、学業に興味を失い、文科に転科するも、不登校で、結局、大正二年十二月に退学を決意する。

この慶応退学からフランス留学までの八年間について獅子文六は寡黙で、小説でもエッセイでもほとんど触れていない。かなりの精神的危機があったと想像されるが、純文学作家と違って、その青春の彷徨を主題とすることはなかった。あるいは、いずれ取り上げるつもりでいたのかもしれないが、ついに語られることなく終わった。

語られなかったという点では、フランス留学中のことも同じで、前述のように『娘と私』の前日譚となるものが上梓される予定だったとも考えられるが、想像の域を出ない。

というようなわけで、『娘と私』は、娘・巴絵（作中では麻理）が大正十四年八月二十六日に横浜の産科病院で生まれるところから始まる。

「娘が生まれたことから、話さねばならない。

彼女は、パリで妊《みご》もられ、日本で生れた。母親は、私の最初の妻である」

フランス人妻の名前はマリー・ショーミイ（作中ではエレーヌ）。繰り返しになるが経歴に軽くふれておけば、中部フランス、オーヴェルニュ地方のピュイ・ド・ドーム県の小学校校長の娘で、女子のリセ（あるいはコレージュ）を出てからロンドンへ英語の勉強に行き、その語学力を生かしてパリのアメリカ人商社で働いているうちに、獅子文六と知り合ったのである。

「彼女は意志の強い、理性に富んだ、そして極めてジミな女だった。(中略) 体は、骨格型の中肉中背で、容貌も平凡、やや近視である外に、病気を知らず、パリ女の繊弱さと遠い女だった」

妻は料理は不得手だったが、その代わり、裁縫は得意で、娘の服は自分で新調した。味噌汁や刺身を好物と言い、和洋折衷の生活にも愚痴ひとつこぼさず、ほとんど定期収入のなかった獅子文六の家計を助けるために週に何回かフランス語の出張教授に出ていた。

「麻理は、健康に育っていった。頭もクリクリ、眼もクリクリした、血色のいい赤ン坊だった。肌の色がトースト色で、髪も、黒褐色で、瞳も、青さがなく、混血児の特徴に乏しかったばかりでなく、女の子とさえ、見えなかった。動作が元気で、声立てて笑い、泣声も大きかった」

このように、家庭はまずは幸福といえた。翻訳の仕事も増え、経済的余裕も生まれた。ところが、娘が数えで六つの年、突如妻が発病したのである。日本の生活に溶け込もうとして無理をして、持病の心臓病が悪化したらしい。相談の結果、妻はフランスの郷里に戻って静養することとなり、娘を朝鮮にいた姉夫妻に預け、獅子文六は妻とともにフランスに渡る。昭和五年の晩秋のことである。

妻を両親に託して、パリで半年、独身生活を送り、観劇に専念。翌年、シベリア経由で帰国する。朝鮮で結核に罹患して別府で静養をしていた義兄と姉のもとを訪ね、娘と再会を果たす。

「別府の貸別荘を訪ねると、麻理は、ハシカで臥《ね》ていた。

『パパ、お帰ンなさい！』

純粋な日本の子供と、少しも変らぬ言葉で、彼女が、病床から叫んだ。途端に、私の胸が、掻き毟られるようになり、涙が止まらず、彼女の頭を撫ぜること以外に、何もできなかった。彼女の出産の時に感じたような、烈しい感情が、再び、爆発したのである」

娘を引き取り、東中野の伯母の家に寄宿するが、このときから、「娘と私」の辛い生活が始まる。娘はうってかわって病弱となり、医者があきれるほど、ありとあらゆる病気にかかるようになる。獅子文六は、育児と看病に疲れ果て、執筆の時間も取れず、経済的にも逼迫する。

「夜、眠れなくなり、隣の寝床で、小さな寝息を立ててる麻理のことを考え、一向に芽の出ない自分の文筆生活のことを考え、窮迫していく家計のことを考え（麻理の病気の度に、失費は嵩むばかりだった）、暗闇の中で、吐息ばかりついた。ある時は、ムックリと、暗中に起き上った。半ば、無意識の行動だが、目的はわかっていた。

——麻理は、生きていない方が、幸福ではないか。私自身は、勿論のことだ」

こうして親子心中の一歩手前まで行ったときに考えたことは、麻理をどこかに預け、執筆に専念することだった。幸い、仏英和と呼ばれていた白百合女学園（作中では白薔薇）小学校の寄宿舎に入れることができた。おかげで、文運は上向きとなり、雑誌からも注文が入るようになったが、昭和八年の一月、突然、フランスから妻の死亡通知を受け取る。

妻の葬儀を神田教会で執り行った翌日、寄宿舎から電話が入り、娘が高熱を発していることを知らされる。肺炎だった。娘のいる寝室に入り、必死に呼びかける。

「突然、麻理が、浮ずった声を出した。

『お家へ、帰ろう、パパ……』

その言葉が、ひどく、私の心を撃った。

『うん、帰ろうね、帰ろうね……』

鸚鵡《おうむ》返しにそう答えたが、涙が湧き、声が詰りそうだった」

娘は知り合いの医師の世話で病院に入院し、あやうく一命を取り留めたが、これを機会に、獅子文六は再婚の意志を固める。子育てに限界を感じたからである。

かくして、姉の世話で、お見合いを繰り返すことになるが、娘の母親になってくれる女性という条件に適うような相手はなかなか見つからない。一人だけ写真を見て興味を感じた女性があった。

「美しいとか、醜いとかいう、特徴のある容貌ではなく、健康的とも、病弱とも、いい切れない、中肉中背の体軀だった。いい換えれば、どこにも、癖のない、平凡な女性だった」

興味を感じたのは、その経歴が前妻とよく似ていたからだ。郷里は愛媛県で、父親は小学校の校長を経験した人物。土地の女学校を出て結婚するが、姑と折り合わず離婚。東京に出て、神田の共立女子職業学校に入学。卒業後は母校で和裁を教えている。それが富永シヅ子（作中では、福永千鶴子《ちずこ》）だった。お見合いは獅子文六の姉の自宅で行われ、再婚の目的を互いに率直に語りあった。

「『まず、子供のことですが……僕は、実をいうと、今、子供を育ててくれる人が、一番欲しいんです……』」

しかし、相手は驚きや失望の色は見せず、母親になれるか心配だと語った。獅子文六は世に言う継母継子の関係は知性で回避しうると力説した。だが、一方では迷いもあった。

「彼女は、性的魅力には、乏しかった。（中略）そういう醜さが、一生、私を悩ますのではないかと、心配も起きた」

だが、折りから、伯母の家を出なければならない事情が生まれ、彼は再婚を決意する。

新婚旅行は熱海の知り合いの旅館に泊まった。

「やがて、女中が、寝床を敷きにきて、去ってしまうと、私たちは、シンとして、黙ってしまった。それは、少くとも、私にとって、羞恥のためではなかった。

『じゃア、これ……』

私は、そういって、小函《こばこ》を、彼女に渡した。その当時流行した、避妊薬の函であった」

特異な夫婦関係を象徴する場面である。

千駄ヶ谷の新居で娘と私と妻との生活が始まると、娘は新しい母親をママと呼び、表面的には二人の仲は滑らかのように見えた。とくに娘の方は自然だった。獅子文六自身も、仕事は順調で、すべては順風満帆であるかに思えた。だが、危機は半年後にやってくる。娘を散歩に連れ出し、駄菓子を買ってやったときのことである。駄菓子を買ったことを話すと、突然、妻が叫んだ。

「お菓子ぐらい、あなたが買っておやりにならなくても、あたしが、買ってやります！」

夫はこの言葉で癇癪を爆発させ、娘の手から駄菓子を取り上げると、庭へたたきつけた。

この駄菓子事件から数カ月が夫婦の最大の危機だった。

「私は、外出する時に、背後から、彼女に外套を着せかけられたりすると、ゾッと、嫌悪感で、慄えることもあった」

こんな調子だから、二人の間に性行為が行われるわけもない。妻が娘と二人で階下に寝ているのを幸いに、夫は数カ月も独身生活を謳歌する。そんなある日、書斎の机の上に妻から自分に宛てた手紙を見出して驚愕する。

「やや、冗談めかした調子で、

――あまり、夫婦が、ご無沙汰すると、仲が冷たくなるといいますから、私の方から、押し掛けるかも、知れません。よろしくて？

というような意味のことが、書いてあった」

夫は狼狽した。というのも、押しかけられても、応えるだけの能力に欠けていたからである。獅子文六は中年性のインポテンツに陥っていたのである。妻を呼んで生理的事情を説明すると、最初は「あたしは、鵜の真似をする烏だったのね」と自嘲していたが、最後には真面目な顔になってこう言った。

「あたしね、決して、麻理ちゃんを、愛さないわけではないんですの。麻理ちゃんは、一生、責任をもって、可愛がりますわ……。でも、あたし、どうかして、あなたの子を、生みたいんです」

彼女は、そういうと咽び泣き始めた。「私は、一言もいえなかった。理窟も、弁解も、何の役に立ちはしない。山のように高い、暗い壁に、つき当った気持で、私は、妻の泣き声を、聞いていた」

ここが全編のハイライトで、『娘と私』のエッセンスが凝縮しているところである。私小説家なら、格好の題材である。だが、獅子文六は、私小説家ではなく、あくまで『娘と私』の自伝を書いているので、その後の事実を淡々と語っていくにすぎない。

ある日、妻は医者の診断を受けた結果、自分が不妊症であると言い渡されたと告白する。

「もう、すっかり、腹をきめましたの。これからは、あなたと、麻理ちゃんのために、尽しますわ……」

この宣言の後、妻は落ち着いた態度で夫に対し、娘にも親身な調子で接した。

「今までのように、よけいな神経を費《つか》わずに、淡々と、世話をするようになった。それが、却って、自然の母子に、似てきた。（中略）その日は、まったく、私たち夫婦にとって、記念すべき日だった。一時的に、危機を脱したのではなかった。その日から、千鶴子は、腰の据わった女になった。後妻として、継母として、迷いのない女になった。（中略）そして、彼女の言葉どおり、自分を二の次に、私たちのために、尽してくれた。それが、一生、続いた」

小説としてはここで終わってもよかったのである。事実、この後、戦中戦後の浮き沈みはあっても、夫婦の危機はもう訪れることはない。表面的な有為転変にもかかわらず、獅子文六一家の平和は続いたのだ。

しかし、不幸は、突然やってくる。昭和二十五年、シヅ子は前妻と同じく、心臓発作で倒れ、帰らぬ人となったのである。妻の死後、獅子文六は「おれは、こんなに、あの女を愛していたのか」と驚くことになる。

「麻理というものがいたために、私たちは、かえって、普通の夫婦の知らない、こまやかな心遣いを、交換することができたのかも知れない。とにかく、麻理の母親にと思って、結婚した女が、私のための妻になってしまった。選びに選んだ挙句に、やっと見出したような、妻になってしまった」

「娘」と「私」を結ぶための助詞「と」のごとき存在だった妻。その妻が、「娘」にも「私」にも強く作用して、世にも稀な緊密な夫婦・親子関係を作りあげたというパラドックス。

是非とも再読されるべき自伝小説の名作である。

妖婦《ヴァンプ》・中平・武林・宮田文子

究極のドーダ女を探して

この世にはドーダ女というものがいる。だが、ドーダとはなにか？　話はそれから始めなければならない。

ドーダとは、「ドーダ！　オレ様（あたし）は偉いだろう、ドーダ、まいったか！」と思いきり自分の偉さを相手に見せつけて自己愛の中でふんぞり返るときの心理を指す。東海林さだお氏が『もっとコロッケな日本語を』でこの自己愛の普遍性に注目し、「ドーダ学」として体系化したのを私が真に受けて『ドーダの近代史』なる珍書をものして以来、一部のコアなファンの間では、かなり流通するタームとなったが、近年、とみに周囲に増加しつつあるのがドーダ男ならぬドーダ女である。

いや、ドーダ女の多いこと、多いこと。右を向いても左を見ても、ドーダ女ばかりである。日本女性は自己主張が少なくて奥ゆかしいなど、いったいいつの時代の話であろうか！　ドーダ男が減少の一途をたどるのとはまさに好対照である。

といっても、誤解しないでいただきたいのだが、私はこのドーダ女が大好きなのである。長らく女子大の教師をしてきたせいか、どうも女というのはドーダ女でなければおもしろくないと感じるようになってしまったのだ。わたしはつまんない女が大嫌いなのだ。

そんなドーダ女愛好家の私にとってまことに寂しいのは、明治・大正・昭和のフェミニストの中で「これぞドーダ女！」といえるような正真正銘の自己顕示欲丸だしの女は意外に少ないことである。ドーダ女としてかなりいいセンまで行っているのではと伝記を洗ってみると、案に相違して単なる可愛い女であったり、思いのほか慎ましかったりして、期待外れの連続であった。

ところが、ついに見つけました、究極のドーダ女を。

旧姓の中平文子の名で物書き業界にデビューし、武林文子時代に数々のスキャンダルで超有名人になり、最後は宮田文子という名の元気バアサンとしてマスコミにもてはやされたドーダ女が実際に存在したのであった。

その自伝『わたしの白書　幸福な妖婦の告白』（講談社、一九六六年）を読むと、その「ドーダ、まいったか！　あたしはスゴイだろう！」の連続攻撃に「ハイ、まいりました。降参です！」と力なく呟かざるをえない。そして、「いや、すごいね。ほんとうにこういうドーダ女が実在したんだ。それにしても、明治・大正の近代化はここまで急激であったのか！」とある種の感動を誘われるほどなのである。

では、どこがどうドーダ的にすごいのか一例を挙げよう。

文子が元祖フランス文学者・武林無想庵の妻であったパリ時代、文子の名を日本スキャンダル史上に一躍高からしめたモンテカルロ銃撃事件が起こった。文子は、ロンドンで知り合って愛人関係となった日本料理店「湖月」主人川村泉といったん別れた後、再びよりを戻し、モンテカルロに文子の振り袖ダンスを売りにしたダンシング・ホールを開くという計画を立てたが、そこで踊る踊らないの口論のあげく、川村にピストルで銃撃され頬に重傷を負った。これが事件のあらましである。

それから六年ほどたった昭和六年（一九三一）の暮れ、パリから日本に戻って、再び自分をマスコミに売り出す必要に迫られた文子は、なんと、この事件の詳細を三人称で語った「曲玉型の血塊を窺く」という告白記事を「婦人画報」に売り込み、それにこんな前書きを寄せているのだ。

「モンテカーロのドラマ。それは千九百二十六年一月七日に、モナコ王国、有名な世界一のカジノの前の大きなレストーランで、ダンシングを経営してゐた、私たちの上に起つた、まつたく字の通りのドラマだ。場所が場所だけにこのドラマは欧米各国の新聞に殆んど残らずのせられた。

が私はいまこゝにそのドラマの詳細を事新らしく語り出さうとするのではない。

ここに書いたのはそのとき血みどろになつてギッチリ死に直面したやうに思つた私の真剣な思出だ」

これを読んでいるうちに、文子という女は、もし、この銃撃で「死んで」しまっていたとしても、自分のことが「欧米各国の新聞」に書かれたことを大喜びして、あの世から報告しにくるのではないか、そんな気がした。とにかく、自分のことがマスコミで話題になるのが（たとえそれが「妖婦」「妖女」扱いの悪評であっても）うれしくてうれしくてしかたがないトンデモないドーダ女であったのだ。

実際、その遺作である『わたしの白書』は、端から端まで「そんな私が好きだった」の自己愛で満たされている。なにしろ、無想庵との間にできた娘イヴォンヌの突然の死に触発されて自伝を書き始めたと言いながら、すぐに次のようなことを書き連ねてしまうのだから。

「だが、もはや残り少ない私の人生、この苦しい感傷のなかで、私はこのまま老いさらばえてはならない。思い出の針よ、私をつつけ、私をさいなめ！（中略）悲しみに負けないでよく喰べ、健康で、ますますおしゃれをして、できるだけ美しいおばあさんでいよう」

文子はこの本を昭和四十一年六月六日に出した後、六月二十七日に出版記念会を企て、出席者に手作りの長寿料理を食べてもらおうとしていた矢先の二十五日、脳出血で亡くなった。最後の最後まで、「騒がれ、男どもに囲まれてチヤホヤされたい」という自己愛に生きた見事なドーダ女の一生であった。

というわけで、最晩年の自伝『わたしの白書』と若書きの『女のくせに』（やなぎや書房、一九一六年）に拠りながら、究極のドーダ女「中平・武林・宮田文子」の一生を再現してみることにしよう。きっと、喜んでもらえるにちがいない。

妻には適さない女

中平文子は明治二十一年（一八八八）の七月、伊予の国松山に鉄道省の官吏の一人娘として生まれた。巌谷大四《いわやだいし》の「物語女流文壇史　武林文子・山田順子」（「婦人公論」一九七五年十一月号）によると、父は一流船会社の船長中平寿太郎であるというが、『女のくせに』の解説の江刺昭子は、松山の駅長であったとしている。いずれにしても、明治の中頃から勃興した中産階級であったことに変わりはない。母は小学生のときに亡くなったが、継母となったのは母の妹だったから、文子は溺愛を受けて、子供のときからドーダを存分に発揮できる環境の中で成長する。京都の府立第一高女を卒業し、親元に帰った年の春、父親の転任で東京に引っこすことになった。

「東京！東京！長い間夢にばかり見て居たその東京へ、輝く春の歓びを胸に抱いて、父母と一緒に行かれるかと思つたら、私は只もう嬉しくて、引越し前の二三日は夜もろく〳〵寝られない程でした」（『女のくせに』）

おりから時代は硯友社から自然主義に文壇の覇権が移り、東京にも市電が走って都市化が一気に進んだ発展期だった。なかでも、ジャーナリズムは日清・日露の戦いを契機に部数を拡大し、政治新聞から大衆新聞に脱皮する過程で家庭欄や実用読み物を掲載するために、「女記者」を採用するようになっていた。

そんな機運に刺激されたのか、文学少女で作文が得意だった文子も、十八歳の春、親戚の娘の勧めで新聞の女記者に応募し、試験的に採用されそうになるが、父母の強い反対にあい挫折。当時の習慣にしたがって、何度かお見合いを繰り返した後、「資産家の息子で、麒麟麦酒に勤め、将来性のある青年」近藤某（『物語女流文壇史』）と結婚する。十八歳のときのことである。

巌谷大四によると、近藤と文子の間の三人の子供のうち、二人は先妻の子供だったというが、『女のくせに』を信じれば、三人の子供（浩・彌栄子・百合子）はいずれも文子が腹を痛めた子で、大正元年十二月に夫を捨てて家を出たときには、可愛い盛りの長女の彌栄子だけを手元に引き取って別居したと書いている。江刺昭子によれば、結婚生活は五年に及んだということなので、三人とも文子の子供というのが正しいようだ。

ちなみに、長男の近藤浩は、長じて満州に渡り、昭和六年に文子が凱旋帰国する途中、訪れたハルピンのホテルに文子を訪ねて、親子再会を果たしたが、文子の冷たい態度に逆上し、その顚末を「婦人公論」（一九三二年二月号）に寄稿している（『子は哭いてゐる――なつかしき母武林文子に――』）。

では、最初の結婚が壊れた原因はというと、それは一方的に文子にあった。

「私はまるで、氷の下に閉じ籠められて居た湖水の魚が、俄に洋々とした春の海へ泳ぎ出たやうな自由の歓びに、反つて陰鬱な悩みが消えて、再び処女に帰つたやうな若々しい気分に、前途にも新しく希望を持つやうになつたからである。私の結婚は徹頭徹尾失敗の結婚であつた。私の性格は人の妻となるのに適して居なかつた」(『女のくせに』)

離婚後、フランスに渡って裁縫学校に入ることを夢見たが、「ふらんすはあまりに遠し」であった。大晦日に婦人雑誌の新年号を買い、ページをめくっているうちに、坪内逍遥の文芸協会の記事が目に止まった。

「終はりの頁の、『婦人職業としての女優』といふ中には、現代の女優の収入や、其日常生活の模様などが明細に示されてあつた。さらぬだに女優の二字は感傷的な若い女の心をそそる。況して文芸の趣味に生きようとする思想に、五年の間絶えず圧迫を加へられて来た私には、如何に此記事が強い刺激を与へたらう。『いつそ女優にならうかしら』私はふと左様思つた」(同書)

多少とも容姿に自信のあった女性は、みな文子のように思ったことだろう。そして、結局、思っただけに終わるのだが、文子は違った。思ったら、即実行に移すのである。以後、これが文子のモットーとなる。

あけて大正二年の一月三日、文芸協会の看板女優・松井須磨子の家を訪ねて話を聞くと、翌日には坪内逍遥の熱海の別荘に乗り込んだのである。

逍遥は親切で、協会入りも認められ、晴れて生徒となって稽古に励んだが、三カ月後、演劇への不向きを悟って女優を断念する。その理由はというと、「にごり江を美しく婉曲に泳いでゆかねばならぬ金魚としては私の尾鰭は余りに短すぎた」。曖昧な言葉だが、ようするに、自分は正直者で、上辺をつくろうことはできないので、女優はやめたということで、才能がなかったからではないと言いたいようだ。

女記者になる

ちょうどこの頃、手元に置いていた長女の彌栄子も父親の実家に引き取られることになり、文子は完全にフリーの身となった。

こうして自分の人生を思いきり使えることになった文子が選んだのは、十八歳のときに断念した女記者という道だった。文子は政友会系の代議士・吉植庄一郎が重役に名を連ねる「中央新聞」に入社したのである。

任されたのは、名流夫人や女優を訪ねて談話を取ってくる訪問記事。度胸がいいうえに人に取り入るのが巧み、おまけに美人で、文章もうまいということで、文子は人気記者となったが、しかし、その分、危険も伴った。

シーメンス事件の取材で、上司からドイツ大使館の書記官のコネを使って関連のドイツ語新聞をいち早く入手せよとの命令を受け、書記官の自宅に赴いたところ、あわや犯されそうになったこともある。このときはギリギリの瞬間、次のようなセリフを口走ったおかげで間一髪、危機を逃れた。
「さあ、出来るものなら、何うになりして御覧なさい。其代はり私この事すつかり新聞に素破抜きますから左様思つていらつしやい」（同書）
女記者・文子が得意としていたのは、当時、ジャーナリズムで流行していた「化けこみお目見え日記」というジャンルである。これは女記者が身分を隠していろいろな分野の見習いとなり、そのルポルタージュを書くというもの。
「化けこみの第一日目は桂庵に紹介されて、料理屋の女中に半日住みこみ、次は女奇術師天勝の内弟子に。その内情をすっぱ抜いて評判になると、吉原遊郭にお針子でもぐりこんだり、鵠沼の尼寺にまで探訪の足を向け、なでしこの署名で連載している。出てくる人物の人相から着物の柄、家具調度のたぐいまで観察がいきとどき、流れるような饒舌体に、会話がはずみを就けて、とりたてていうほどの内容ではないが、おもしろい読み物になっている」（江刺昭子同書・解説）
この突撃記事が人気を呼び、「中央新聞」はおおいに部数を伸ばすことになる。
だが、社内での地位が上がると、ヤッカミも多くなる。おまけに、文子は重役の代議士・吉植庄一郎に気に入られ、男女の関係になっていたので、こちらの方面でも波風が絶えなかった。どうも、文子が吉植庄一郎の庇護をいいことに社内で大きな態度に出たためらしい。ところが、これがとんだ命取りとなる。
「それが噂になり、部下の統率にぐあいが悪くなると、一九一五年（大正四）年末、吉植は社長になるにあたり、文子を馘首した。こういう場合たいていの女は泣き寝入りするが、文子は翌年五月号の『中央公論』に、『弱きが故に誤られた私の新聞記者生活』という題で、吉植との交情の顚末をぶちまけた。男が寝物語りにした政治家仲間の悪口まで洗いざらい書いたから、吉植も窮地に立たされたというが、世間の批判は文子のほうに厳しかった。翌々月の同誌で高島米峰が『中平文子君に引導を渡す』と、激しく攻撃したのをはじめ、文子は妖婦、姦婦とたたかれた」（江刺同書・解説）

中平文子・妖婦伝説の始まりである。

運命的な訪問

「男が寝物語りにした政治家仲間の悪口」には、原敬、山本達雄、高橋是清などが含まれていたから、文子の投げ付けた爆弾はかなりの範囲に被害を及ぼしたことになる。

しかし、これだけの暴露記事を書けば、他の新聞や雑誌が文子を敬遠するのは当然である。その結果、糊口《ここう》の資を失った文子は嵯峨野天龍寺に駆け込んだが、どういうわけかその寺に来ていた目付きの鋭い早稲田出の禅学青年と恋に落ち、そのまま結婚にゴールインしてしまう。ところが、この禅学青年、林加茂平と称する政友会の代議士の息子ではあったが、生活力はゼロの上に異常に嫉妬深く、いまでいうＤＶ男だった。たまらず文子は逃げ出して、上海を振り出しに、天津、奉天、北京と逃げて、行く先々でほかの男から「金銭面での保護」を受け、離婚の成立を待つ。

やっとのことで離婚が成立し、日本に戻ってきたのが大正九年（一九二〇）のこと（文子は大正十年と誤記）。知り合いの内藤千代子という女流作家がいる藤沢・鵠沼に遊びに行ったところ、東家旅館にゾラやドーデの翻訳で名を知られた文士の武林無想庵が逗留していると聞き、興味本位で話を聞きにいった。

無想庵はこの頃、鎌倉の材木屋の妻に失恋し、比叡山に籠もってその顚末を「ピルロニストのやうに」に書いた後だったが、文子は、そのことよりも、無想庵のフランス行きという噂話に敏感に反応した。内藤千代子によれば、無想庵は、近々、実家のある北海道の土地が売れるので、フランスに渡航する予定だというのである。

文子自身が、『わたしの白書』の「無想庵の第一印象」という章で、このときの運命的な訪問について、自己陶酔的にこう書いている。

「かくて私はその日、内藤千代子さんに伴われて武林無想庵を東家へ訪れた。このことが彼と私の縁をむすび、やがて『イヴォンヌ』の出生を見ようとは、夢にも思い浮かべないで――」（以下、引用文は「無想庵の第一印象」による）

では、文子の目に映った無想庵はどうだったかというと、「少し猫背だったが、体格のいい立派な男だ。額が広く、鼻が高く、口もとのしまった、みるからに知的な感じのする」男だった。

しからば、文子はこんな美男子の無想庵に一目ぼれしたのかというと、じつはそうではない。文子というのは不思議な女で、男の容姿に惚れるということはあまりないのだ。惚れるのは金と財産なのである。今日風にいえば「自己実現を可能にしてくれる」だけの金を提供してくれるような男と結びつこうとするのである。無想庵との出会いもまさにそうだった。

すなわち、文子が無想庵にフランスに行くというのは本当かと尋ねると、北海道の土地が売れたので二年ほど、ダダイスト詩人の辻潤を連れてパリで遊んで来るつもりとの返事である。そこで文子がうらやましがって、「まあ辻さんいいことしたわね、私もパリへ行きたいな――」というと、無想庵はこう答えた。

「行きたけりゃ、辻をやめて君をつれて行ってもいい。ぼくは同行者はだれでもいいんだ。でも野郎同士よりは女の道づれのほうがいいね。どうです、君、ぼくといっしょにパリへ行かないか？」

東家からの帰途、内藤は文子をさかんにけしかけた。

「文子さん、無想庵をこの際つかまえなさいよ。さっきのアレ、まんざらデタラメではないらしいわ、無想庵のああいったときの眼つきで、私にはわかる。あなたにはいいチャンスよ」

あるいは、これは内藤のセリフではなく、文子が内心でつぶやいた言葉かもしれない。無想庵と一緒になれば、女学校を出て以来憧れていたフランスに行けるのだ！　このチャンスに賭けない手はない！

色仕掛けでフランスへ

翌日、文子は東家を訪れると、すぐに要件を切り出した。

「『先生、昨日辻さんのかわりに私をフランスにつれて行ってもいいといったの、アレ、本気？』『どうしてソレきくんだ？　君、行くつもりかね？』『本気だったら、おねがいしようかと思って』私はズバリいった。『君が行く気なら、辻をやめて君にしてもいいよ』『でも辻さんが怒るでしょ？』『怒らないよ。辻はそんな男じゃない』『じゃ私つれて行っていただこうかしら？　でもね先生、男と女と二人だけでパリへ行くなんてことになると、世間の人、へんに思うでしょうね？』『そりゃ思うだろうな。だったら二人が結婚して行きアいいじゃないか。向こうへ行って別れたきアパリへ着いてすぐ別れてもぼくはかまわないよ』」

文子はそれでも、無想庵には恋人がいるではないかと、わざと邪推して拗ねてみせる。するると、無想庵が「君だって、目下一人じゃないんだろう、恋人がいるんだろう？」と尋ねると、待ってましたとばかりに、自分を囲っている大会社の社長の惚気話を聞かせて、嫉妬を煽る。すなわち、目下の恋人には妾が四号までいるが、たいへんなテクニシャンなので女は全員大満足だといって好奇心をそそったのである。

「先生、その人、アノほうも凄腕なの。あけすけないいかただけど、お兄さんは相手を何度でもよくさせて、自分は平気でガンバレるという手を知ってるの、精力絶倫よ」

こうして、セックスの方に話を誘導しておいて、無想庵が「君は何べんだ？」と聞くと「フフ……」とごまかし、無想庵がそのままなだれこもうとすると、再度条件を突き付け、ついに言質をとることに成功する。

「『よし。じゃ決めた。もう一度いおう、フランス行きはぼくも辻をやめて君にする』『ほんとう、まア嬉しい、じゃ先生、約束破らないようにサア指切りしましょう』私は膝におかれた彼の手をとると、からだのわりにきゃしゃな彼の小指に自分の小指をからませた」

こうして、文子と無想庵は大正九年の七月半ば、帝国ホテルで結婚式を挙げた。仲人は島崎藤村夫妻。招待席には、谷崎潤一郎、佐藤春夫、改造社社長の山本実彦……と豪華な顔触れが並んだ。

ところが、九月にフランスに出発だというのに、文子はすでに妊娠していた。

「私はガッカリした。パリへ行って彼と別れたら、ひとりでいろいろ勉強して、帰ったら女優になろうという思惑だったのに、子どもができて、洋行結婚の彼との仲がこげつきになっては困る」

無想庵に妊娠を告げると、医者に堕胎してもらえばいいじゃないかとこともなげにいわれたが、文子は掻爬の経過が悪くてフランス行きが中止になるのを恐れて中絶手術は拒んだ。

そのうちに無想庵が友だちから、中国に旅行すると、道が悪いので揺られて流産しやすいという話を聞いてきたので、文子はこれに飛びついた。

「私たちは帝国ホテルで結婚式をすますと、すぐその南支那へ旅立った」

しかし、「流産旅行」は期待したような結果を生まなかった。南京総領事夫妻に呼ばれて夕食に出掛け、馬車で帰る途中、馬車の事故で文子は往来に投げ出されて、うまいことに流産しかかったが、陣痛に似た痛みはそのうち収まって、残念ながら流産には至らなかったのである。

かくて、「パリ行き」という条件で契約結婚した二人の美男美女は、横浜港を解纜した日本郵船一等客室の人となり、一カ月半の後、フランスはマルセイユの港に着いた。ときに大正九年十月半ばのことだった。

女優志願の妊婦

洋行という目的だけで結びついた武林無想庵・文子の夫婦は、一九二〇年の十月にパリに着くと、とりあえず、エトワール広場近くのホテルに旅の荷を解いた。武林無想庵の『無想庵物語・イヴォンヌ』（記録文化社）の記述によれば、イエナ大通りがエトワール広場に突き当たる角にあった「オテル・ボーシート」であったという。

彼らがこのホテルに宿を定めたのは、そこがマダム・サルという七十八歳の元女優の住むテルヌ広場五番地のアパルトマンに近かったからだ。では、なにゆえに夫妻が元女優のマダム・サルを頼りにしていたかといえば、それは次のような理由による。

すなわち、いまだ女優の夢を捨てきれない文子は、無想庵と結婚してフランスに遊学できると知ったとき、パリで女優の修業を積みたいと願ったのだが、その話を行きつけの東京の美容院の日英混血の美容師マリー・ルイーズにしたところ、それなら自分の名付け親であるマダム・サルが最適だといって紹介状を書いてくれたのである。マリー・ルイーズは後述のようにマダム・サルが若き日に来日して歌舞伎座の舞台に立ったとき、貰われてパリに行き、そこで成人したのだった。

文子は計算高い女の常として、同類の魂胆を見抜くのに敏だったらしく、マリー・ルイーズとマダム・サルの意図をこう推測している。

「パリで勉強して女優になりたいと志願しているジャポネーズを送る。フランス語や歌や踊りやいろいろ覚えさせて、伯母さんがうまく仕込んだら、パリで女優に売り込めるかもしれない……ぐらいの連絡が前もってあったにちがいない。マダム・サルは、パリの芝居で東洋の出し物のあるときにはジャポネーズの女優は必要だから、ひとつうまく仕込んでモノにしようと期待していたのかもしれない」(『わたしの白書』以下、引用文は同書による)

こうした事前連絡があったせいか、マダム・サルは夫妻を身繕いして出迎えた。スタイルもよく、肌の弛《た》るみも頰紅で巧みに隠し、口紅も眉墨も引いていたので五十代にしか見えなかった。後ろには白髪の上品な老紳士が控えていたが、これがムッシュー・サルだった。

しかし、アパルトマンの内部はこぎれいにはしているものの、絨毯は破れ、椅子や肘掛け椅子の布地も擦り切れ、台所の苦しさを物語っていた。どうやら、武林夫妻は格好のカモとして待望されていたのである。そのせいだろう、文子の体に一瞥を与えると、マダム・サルはとたんに顔をしかめた。

「彼女はもう臨月に近い私のオナカにその視線を止めると、『まア、マダム・タケバヤシ、あなたパリで赤ん坊生《べべ》むの?』」

そして、無想庵に向かい、赤ん坊がいたのでは女優になるなんて無理だ、なんで中絶してこなかったのかと文句をつけたが、流産失敗の顛末を知ると、割り切って次のような解決策を示した。

「じゃ生むよりしかたがない。ナーニ生んですぐ預けて育てるんだったら、パリの郊外に赤ん坊《べべ》預かってくれるとこいくらもあるわ。マダムがその気なら赤ん坊《べべ》生んでも、仕事はじめられないことない。万事私にまかせておいていいの。そしてあなたたち、あんな高いホテルにいつまでもいないで、ここへ引っ越していらっしゃい。ちょうど部屋が一つ空いてるから下宿人《パンショネール》においてあげます……」

こうして、武林夫妻は、マダム・サルのアパルトマンに月極め一五〇〇フランで下宿することになったのだが、フランス語もわからず地理にも不案内な文子にとって、マダム・サルはパリ生活の良きガイドとなった。というのも、マダムは日清戦争があった頃、上海から日本に渡って九代目市川団十郎と、福地桜痴作・長田秋濤《おさだしゅうとう》仏訳の『互疑惑（仏題Le Doute Mutuel)』という日仏合作の一幕物に出演したことがあり（ちなみに団十郎は日本語で、マダム・サルはフランス語で演技した）、カタコトの日本語を覚えていて、文子との間でコミュニケーションが成り立ったからである。

またマダム・サルはデパートの買い物や朝市に文子をつれていき、女優の下勉強だと言ってカジノ・ド・パリやフォリー・ベルジェールにも同行したので、急速に文子はパリ生活に慣れ親しんでいった。

ただし、その「パリ勉強」の費用は、当然ながらすべてこちら持ちで、おまけに、手数料が追加されていた。

「マダム・サルは典型的な巴里女《パリジェンヌ》だった。そして欲の深いことも典型的といいたいガッチリ婆さんだった。彼女に買い物をたのむとなんでも手数料《コミッション》をとられた。美容院《コワッフェ》へつれて行ってもらっても、服屋や帽子屋を世話してもらっても、食料品の買い物を頼んでも、彼女は必ずプールボワール（チップのこと）をとる」

文子は、お産のためにマダム・サルが選んでくれた有名な産科医ドブライン（デヴライニュ）医師に彼女を通して三〇〇〇フランを支払ったが、後に、その三分の一はマダムの懐に入ったということを知ることになる。

イヴォンヌ誕生

ところで、妊娠の途中まではマダム・サルの敷いたレールに乗るつもりでいた文子だったが、出産が近づくにつれ、子供は自分で育てたいという気持ちが強くなる。心境の変化をもたらしたのは、近くの公園で遊ぶフランスの子供たちの服装を観察したためである。

実際、文子は一九二〇年十二月五日にオートゥーユのモンモランシー大通り六二番地ヴィラ・モリエールという産院で女の子を産み落とすと、その瞬間から強い母性愛を感じるようになった。産院に見舞いにきたマダム・サルが里子に出す話を切り出したので、文子が「赤ん坊はもう預けないで自分で育てることに決めた」と宣言すると、マダムは「女優になるのをやめて、赤ん坊を育てるというんだったら、もうこの先、あなたがたの世話はしないし下宿も断わる」と憤慨した。そこで、夫婦は、パッシーのポール・ソニエール街の三階に月極め九五〇フランのアパルトマンを見つけると、さっさと引っ越してしまう。建物の四階には前田という彫金家夫妻が住んでいたが、夫妻には光《みつ》という男の子と、生まれたばかりの赤ん坊がいた。

「Mさんの赤ん坊の名は鈴子だったがフランス名はスザンヌと呼ばれ、私の赤ん坊は五百《いお》子《こ》（この名は当時パリに留学しておられた、もと京大総長故羽田亨《はねだとおる》氏によってつけられた）でイヴォンヌと呼ばれた」

これは、現地出生主義を採り、フランスで生まれた子供には全員フランス国籍が与えられる戸籍法と関係している。すなわち、親は洗礼名リストの中から子供のフランス名を選択しなければならないと決まっていたためで、武林夫妻や前田夫妻が酔狂で自分の子供にフランス名を与えたわけではない。もっとも、無想庵が『無想庵獨語』（朝日新聞社）や『無想庵物語・イヴォンヌ』で証言しているところによると、イヴォンヌというフランス名を選んだのは、夫妻の友人でパリにいた新聞記者・大住嘯風であり、それに「五百野」という漢字を当てたのが羽田亨だという。文子は、自分の母が春野という名だったが若死にしているので、「野」の字を避けて「五百子《いおこ》」ということにした。

文子は毎日、赤ん坊を連れてトロカデロやミュエットの公園に散歩に行き、可愛らしい子供服に身を包んだフランスの子供たちの姿に目を細め、自分の赤ん坊にも同じような服を着せるため洋裁を習う決心を固める。

「私はパリで踊りや歌のかわりに洋裁の稽古をはじめた。週に二度子ども服の仕立屋のマダムを家へ招き、週に一度モンマルトルのロシア人のモディスト（婦人帽製造者）の家へ帽子づくりを習いに通った」

文子は、なにごともその気になると行動は素早いのである。たちまち、イヴォンヌに着せる服くらいは自分で縫えるようになった。ことほどさように、何かに熱中していないと落ち着いていられない文子にとって、幼いイヴォンヌとともに過ごしたパッシー時代こそ、「我が人生、最良の年」であったが、それは無想庵にとっても同じことだった。後に文子は振り返って、こう書いている。

「幸福といえば、このパッシイのアパルトマンに家庭を持ったころが、無想庵との結婚生活のなかでいちばんまどらかな時代だった。いまは亡くなった彼も、生前ときにはこの平和で、生活苦のなかったあのころのパッシイの家を思い浮かべたこともあったろう」

帰国して資生堂へ

しかし、文子が、執筆も翻訳もまともにしない無想庵に文句を言わなかったのは、まだ札幌の地所を整理した金が残っていて、多少の贅沢暮らしが可能だったからだ。しかし、その金も尽きようとしていた。

「が、いくら小生が金持でも、月に五千フランもかかるような生活はいつまでもつづく道理がありません。そこでいよいよ、ほんとうのプロレタリアとなるべく、日本に帰ることに一決したのです」(『無想庵獨語』)

これが一九二一年の六月のこと。ところが、無想庵には、帝国ホテルで派手な結婚式を挙げた自分たちがパリだけしか見ないで日本に帰ってくるのは恥ずかしいという妙な見栄があったので、ロンドンを皮きりに、ベルギー、ドイツ、スイス、イタリアと百万長者のような顔をして渡り歩き、最後にパリに二カ月滞在してから十一月にマルセイユから北野丸に乗った。山本夏彦は『無想庵物語』(文藝春秋)で、この一年余りの豪遊で無想庵一家が費やした金額を三万円と推定している。

では、日本に帰ったとたん一家三人が食い詰めたかというと、幸いなことにそうはならなかった。無想庵一家帰朝の新聞記事が出ると、資生堂宣伝部長の三須裕という人物が訪ねてきて、資生堂子ども服部の主任に就任するよう文子に懇請したからである。

当時、日本でもようやく子供の洋装が流行しはじめていたが、それにいち早く目をつけた資生堂は、美容部と子ども服部の開設を決め、パリ在住の画家の川島理一郎にパリ通信を依頼したが、その道のプロではない川島には任は重かった。そこで、資生堂は文子にパリ通信を依頼してきたのだった。

「三須さんは、私のパリ通信が子ども服部の開設にたいへん役にたち、子ども服と帽子をパリで勉強した新帰朝者……という歌い文句はいいキャッチフレーズでもあるから、ぜひ私に資生堂の子ども服部の主任になってもらいたい、福原社長も松本支配人も希望している、それであなたを迎えに道後までやってきたのだ、といった」(『わたしの白書』以下同)

しかも、三須は、なんと、就任の条件として月給三百円という大臣級の金額を提示したのである。利に聡い文子のことであるから、これに飛びついたかと思うと、そうではなかった。自分の腕前が素人に毛の生えた程度なのはよく知っていたので、あまりの破格の条件に尻込みしてしまったのである。すると、三須は、デザインや縫製の全責任を負えといっているのではない、パリで勉強した子供服や帽子の作り方を簡単に説明するだけでよい、あとはプロの職人がなんとかすると口説いたので、文子も最後には首を縦にふった。

かくして、一九二二年の正月明け早々、文子は二宮から東海道線に乗って銀座竹川町の角にある資生堂に月給三百円で隔日勤務することになったのである。

「私は資生堂に一年半くらいつとめていた。その間私は三須さんにお尻を叩かれて、子ども服はパリ・モードの雑誌と首っぴき、帽子のほうはモンマルトルで習った帽子づくりを土台に、自分でも工夫して、日本にある材料で、まアなんとかパリ・モードのムードを出した子ども服や帽子をつくった」

その間に、自らがデザインした子ども服と帽子のファッション・ショーを春秋二度やったというから、それなりの才能と自信はあったのだろう。

ところが、一年半後に、文子は資生堂を辞めてしまう。理由は、素人あがりの主任とプロの助手との折り合いが悪く気苦労がたえなかったことだと文子は語っているが、本当の理由は、文子が帽子作りに熱中するようになり、宮仕えよりも独立して大きく儲け、自分の名前をアピールしたいという、例のドーダ心が働いたためのようだ。

「関東大震災の年、私は東京・芝田村町に『流行学校』と名乗る洋裁学校を開いた。顧問には無想庵の友だち関係で小山内薫氏、私と同郷で親しかった和田英作画伯がなってくださった。そして流行学校で生徒たちの手でつくられる子ども服と帽子は、春から秋まで銀座の毛皮屋『山岡』の店で売ることになって、私の小さい事業のスタートはうまく行っていたが……」

つまり、もし、関東大震災というアクシデントが起こらなければ、武林文子の名は日本のモード界の草分けとして服飾史に一ページを飾ることになり、文子のドーダ心もおおいに満たされ、その結果、無能な無想庵も「髪結いの亭主」として平穏無事な一生を過ごすことができたのかもしれない。

だが、起こるべきことはやはり起こった。

パリ、再び

「突如、関東をひっくりかえしたあの大震災で東京の私の流行学校も山岡の店も丸焼けになってしまった」

これをきっかけに、文子と無想庵とイヴォンヌの運命は暗転する。震災の惨状はすさまじく、東京は立ち直れないように見えた。無想庵が書き溜めていた翻訳原稿も灰燼に帰した。そうなると、二人の思いは、当然のように、素晴らしい生活を送ったパリへと飛ぶ。イヴォンヌはパリで生まれたのだから、パリで教育を受けさせたいと夫妻は考えた。

こうして、日本を見限った親子三人は、一九二三年の十二月上旬、神戸から日本郵船の香取丸に乗って、一路、フランスを目指した。

といっても、武林夫妻にパリで生計を立てるこれといった目算があったわけではない。無想庵の原稿はあいかわらず売れなかったし、翻訳も無想庵が手掛けている十九世紀文学は流行しなくなっていた。文子も元はジャーナリストだから、原稿収入は多少はあったがたいしたものではない。山本夏彦は、この第二次渡仏に当たっての一家の財政状態を次のように推測している。

「当時の無想庵の原稿料は小説五円五十銭随筆四円五十銭、文子の原稿料は読物だから三円五十銭だとある。文子は浪費家ではないが、買いたいものを買わないで暮すのはご免だという女である。月に最低三百円は要る。それには百枚書かなければならないのに月に三十枚もおぼつかない。それでいて何とかなるだろうと船に乗るのは暴挙としか言いようがない。無想庵も文子もまだ残っている札幌の土地をあてにしているのである」（『無想庵物語』）

札幌の土地というのは、養父が札幌に持っていた土地で、価値は五万円から三万円と推定された。文子は、この土地の権利書を担保にしてパリで金を借り、それを元手に何か事業を興そうと考えていたのであった。

このときのフランス行きには五千円を用意したが、金は半年で消え、事業の目論見は片端から外れた。もちろん、無想庵の原稿は金など生まない。一家は窮乏した。そんなとき、文子は、パリにいた「沢之鶴」の息子の妻から耳寄りな提案を受けた。日本料理店をパリに開いてはどうかというのである。パリに千人以上の在留邦人がいるのに、まともな日本料理店は「ときわ」しかない。文子の器量と人あしらいのうまさをもってすれば成功は確約されたも同然である。

文子はこの提案に飛びついた。だが、日本料理店を開くにはそれなりのノウハウが要る。そのとき、文子の脳裏にひらめいたのが、前回の豪遊時に立ち寄ったロンドンの日本料理店「湖月」の支配人・川村泉のことだった。

「湖月」の経営者は、ロダンの彫刻のモデルになったことで知られる花子である。花子は岐阜の芸者だったが、一九〇二年（明治三十五）にコペンハーゲンで開かれた博覧会に日本の音楽や踊りのできる女性を派遣しようと思っていたベルギー人興業主に誘われ、たった一人で渡欧し、現地で日本人の一座を結成して各地を巡業し、「ハラキリ・ショー」で喝采を集めた女傑だが、パリでロダンのモデルになった後、引退し、ロンドンに渡ってドーセット・スクウェアで日本料理店「湖月」を開業した。このとき、支配人に抜擢されたのが一座で花子の相手役をつとめていた川村泉で、無想庵夫妻がロンドンに遊んだときに夫妻を出迎えたのも川村である。

この時の出会いの印象を川村はモンテカルロ事件の手記でこう記している。

「はじめて無想庵と文子が、生田葵氏の紹介で『湖月』に来た頃は、我も人も羨む様な夫婦仲であり、円満な家庭を持つてゐる文士夫妻であつた。（中略）『もし私が結婚するならば彼女の様な女性こそ』とさへ思つてゐた位だつた」（「武林文子を撃つまで」「サンデー毎日」一九二七年一月九日号）

ところが、一九二四年の八月三十日、花子から「湖月」を受け継いで三年前から経営者になっていた川村のもとに突如、パリの文子から出迎え依頼の電報が届いたので、ウォータールー駅に駆けつけてみると、そこにいたのは文子とイヴォンヌの二人連れ。しかし、川村がなによりも驚いたのは、文子の変わりようであった。

「あの華やかな生活を続けてゐた文子が、かうまでなるものかと思ふ程憔悴してゐた」

とりあえず、「湖月」に連れ帰ると、文子はパリで日本料理店を経営するための相談にやってきたという。川村は日本料理店の経営の困難さを語ったが、むげに突き返すわけにはいかず、話を聞くうち、文子の誘惑の術中にはまってしまったのである。

凄艶なる人妻の眼に

その手口というのは、こういうものだった。

文子は、川村にルース・ハッソンという金髪の「元彼女」がいるのを知ると、川村との逢い引きの場所に元彼女が勤めている中国料理店を指定、川村と元彼女がダンスするように仕向けたあげく、翌日、ルースと朝食を取っている川村の部屋に現れると手紙を渡し、パリでの事業の話はなかったことにしようと伝えてきた。驚いた川村が、ソファに横たわった文子に直接問いただすと、文子はルースとのむつまじい仲を見ているうちに嫉妬を感じたと言ってから、いきなりこう切り出した。

「この後、私の若い日が幾日続く……そんな事をゆうべはつくづく考へさせられました。それで出来ることなら……も少し進んだ交際がして頂き度いの……」（同「サンデー毎日」一九二七年一月十六日号）

川村はそれこそ「ガーン」となり、文子の目を見つめた。

「あの凄艶そのものゝ様な眼だけがもつ神秘は解し得た様に思ふ。『逃げ様としたつて駄目だ』その様にも語つてゐた」

しかし、その瞬間はなんとか川村も踏みとどまったが、自室に戻り、ベッドに仰向けになって夢想しているうち、どうにもたまらなくなって文子のいるリビングに戻った。

「と、彼女は眼をあげた、その瞬間二人の視線はばつたりと会つた。（中略）そして私の前には人妻ならぬ一人の日本娘が、涙にぬれた顔に満足の色さへたゝへて私をみつめてゐるのが映つた」

かくも容易に川村は文子の軍門に降《くだ》ったのである。

北駅に出迎えた無想庵に、文子は川村と共同経営で「湖月」パリ支店を出すと語った。文子はロンドンに行くときと打ってかわって、淫蕩なとろりとした目つきをしていたので、無想庵は二人がすでに出来ているのを悟ったが、どうしようもない。このときから、「Cocu」のなげきが始まったのである。

ことを始めるとなったときの文子の動きはじつにスピーディである。凱旋門から放射状に広がる大通りの一つマルソー大通りから入ったケプレル通りの大銀行家の邸宅だったという四階建ての物件を見つけると、さっそく開店準備に入った。コックは「ときわ」から引き抜き、会計は日仏銀行を辞めた舟橋周市にまかせた。店は二階に中国風の大サロンと個室、四階にはモダンな寝室があり、武林一家はここで寝泊まりすることとなったが、一家の主であるはずの無想庵には居場所がない。しかたなく、地下室に机を据えて、そこで翻訳をしたり、日本の雑誌に送る原稿を書いた。

「湖月」パリ支店は一九二四年十一月七日にオープンしたが、おりからの好景気に沸く日本からは金満家の観光客がつめかけ、たいそうな賑わいとなった。パリに立ち寄る日本の名士のほとんどが訪れた。山本夏彦は、この「湖月」パリ支店開店でおおいに張り切っている文子をこんなふうに描いている。

「文子は起きぬけにひと風呂あびて丹念な化粧をすますと寝室の大姿見の前で、さながら芸者の座敷着のようにありったけの着物をひろげ、それをとっかえひっかえ着かざって三階二階一階の客席に顔を出した。そのうちの目ぼしい客と食卓を共にすると、パリ見物の案内に出かけたり、そうでないときは夕飯の客を店につれてきたりした。その特別な客についてロさがないコック場の連中は、文子の亭主がそこにいるのに、見れども見えないのかあることないこと言って興じた」(『無想庵物語』)

やがて、そうした「特別な客」の中から文子はさらに「特別な一人」を選んで、店につれてきた。これが農政学の秀才・池本喜三夫である。かくして文子を巡る相姦図は、無想庵に川村、それに池本を加えて、賑やかな多角形をかたちづくることになるのである。

手玉に取られた男たち

「湖月」パリ支店を一九二四年十一月にケプレル通りに開店させた武林文子は張り切って働きはじめた。すると、妖気に吸い寄せられたように男どもが群らがってきたが、パリ大学社会学部で農政学を学んでいた池本喜三夫もそうした一人だった。

では、文子はあまたの客の中からなぜ池本を選んだか？　例によって、いかにも金がありそうだと踏んだからだ。しかし、文子は「計算高いくせに目端がきかない」ダメンズの典型だから、籠絡した男のことごとくが「短期的な金持ち」でしかない。池本もこの例に漏れなかった。高級住宅地のパッシーに月一三〇〇フランもする立派なアパルトマンを借りて、文子とイヴォンヌと三人で暮らしはじめたはいいが、三カ月もたたないうち、メッキが剝げだす。

それと軌を一にして文子の方も運が反転しはじめる。年が変わると同時に、あれほど賑わっていた「湖月」の客足がパッタリと途絶えたうえに、妊娠していることが判明したのだ。父親は川村と思われたが、たしかなことは文子にもわからない。文子は中絶を決意したが、違法な掻爬《そうは》は命と引き換えだった。果たせるかな、中絶後、文子は店に出られなくなり、客足はさらに遠のいた。

「銀行の残は五千フランしかない。日仏銀行の副支配人は大丈夫だとうけあいながら不渡りにした。文子は病気を養うのに農政学の秀才としばらく南欧に姿をかくした。夜逃げである。こうして店は自動的につぶれるのである」(『無想庵物語』)

川村はそれでも、「湖月」支店を支えようと、一九二五年二月十二日の夜、今後の方針について文子と会談を持ったが、文子は無想庵と川村で「湖月」を経営してくれ、自分は金持ちの池本の世話になるから、と平然といってのけた。

翌朝、川村が目覚めると、文子は池本とイヴォンヌをつれて逐電していた。川村は絶望のうちに「湖月」支店の残務整理を続けた。

では、その間、文子は池本とどうしていたのだろうか？　ニースとモンテカルロの中間にあるキャップ・フェラの豪華ホテルで豪遊していたのである。

無想庵は別れ際に文子からクギを刺されていたにもかかわらず、知人から三〇〇フラン借りるとキャップ・フェラまで会いに来てしまった。無想庵の代表作の『「Cocu」のなげき』はこのときに書かれたのである。

「〔文子は〕さうして、まつたく同情のない目を伏せたまま、――なんだつて勝手に出てきたの？と、にがにがしい調子で、まづつめたくわたしをなじつた」

そして、安いペンションを見つけて引っ越せと命じるしまつである。かくて、無想庵は、ついに、コキュの嘆きを発するに至る。

「原因はすべてわたしに金のないことからだ。わたし自身にまつたくといふものの欠けてゐることとからだ。世才のみならず、生活に対する努力の念の、病的に薄弱な、自分ながらあきれるほどの、なまけものであることからだ。さうして、それにもかかはらず、わたしの妻が、いくつになつても、あまりにその容貌と、姿かたちの美しさを減ぜぬことからだ。（中略）『あらゆる幸福は、出費者のものだ』——さう思つて、わたしは、人知れず心で泣いた」

その晩、池本が呼びにきて、風呂場まで来てくれという文子の伝言を伝えた。無想庵は胸をときめかしつつ、浴室のドアを開けた。

「薔薇色に水々しい妻の全肉体が、たちまち、燃ゆるわたしの瞳孔を射つた。わたしのからだは、ぶるぶるとふるへた。

——ここで着物をぬいで、すぐあとへおはひりなさい。と、大きなタオルで背中を拭ひながら、無表情に妻はいつた。

わたしは、思はず、タオルの上から、彼女のからだをひしとばかり抱きしめた。さうして、燃えるやうな熱い息づかひで、彼女の口びるを追ひもとめた。彼女は、たくみに顔をそむけながら、わかつてゐるよ……わかつてゐるよ……わかつてゐるけど、わたしは意気地無し大きらひ、弱虫は大きらひ……辛抱して傑作をお書きなさい。と、あたかもだだっこどもでも教へさとすやうに、言葉やさしくなだめすかしながら、妻は手ばやく着物をきて、さつさと外へ出てしまつた」（以上　武林無想庵『無想庵獨語』収録「『Cocu』のなげき」）

しかし、そのうちに、Cocu のなげきをかこつのは無想庵一人ではなくなった。池本もまたその仲間に加わることになったのだ。じつは、池本の実家は資産家でもなんでもなく、洋行の費用は婚約者の実家若山家が出世払いで立て替えてくれたものにすぎなかったが、南仏への逃避行が一カ月、二カ月と続くうち、送金の催促に不審を抱いた若山家が事情を調べさせ、送金を止めてしまったのだ。そうなると、金の切れ目が縁の切れ目で、池本に対する文子の態度も急に冷たくなる。

では、文子が次なる金づるとして頭に思い浮かべたのはだれだったのだろうか？　なんと、借金を背負わせたあげくに捨ててきた川村だった。

舞台デビュー

一九二五年の三月、「湖月」パリ店の再建もままならず、日本に帰ろうかと考えていた川村のもとに、文子から電報が舞い込む。相談したいことがあるから来てくれというのである。あれほど文子を恨んでいた川村だが、文子から誘われると居ても立ってもいられなくなり、その日のうちにニースへと駆けつけた。ところが、ニースに着いてみると、金策の件は片付いたということで、川村はていよく厄介払いされる。

金策というのはこうだった。養家への言い訳を兼ねていったん帰国することになった池本に対し、文子と無想庵は札幌の土地の権利書と白紙委任状を渡し、土地を売却してくるように依頼したのだった。

しかたなく、川村は泣きの涙でパリに戻り、「湖月」の残務整理を続けることにしたが、その帰りの汽車で乗り合わせたハーグの商人から、博打で一文なしになったからと言われてピストルを一〇〇フランで買わされることになる。ピストルを買ったくらいだから、川村も自殺を考えていたのかもしれない。

ところが、パリに戻ると、川村のもとに耳寄りな話が舞い込む。一九二五年の四月に開幕するパリ万博の日本部門にレストランを出店しないかという誘いである。

レストランは大好評で、川村の手元にはかなりの金が貯まった。すると、それを嗅ぎつけたように、文子からの手紙が届く。腎臓炎で床に臥せっている、ついては日本に帰る算段をしてくれないか、云々。今度もまた、川村はだらしなくスイスのベルンまで文子に会いにでかけてしまう。

文子が川村に会って伝えた依頼の内容は、次の様なものだった。すなわち、池本に札幌の土地の処分を依頼したが、ここはやはり無想庵自身にシベリヤ経由で日本に帰ってもらうほうがいい。自分は、無想庵と別れて自活の道を考えるが、当面、川村に面倒を見てくれないか、というのである。何という厚かましい言い分であろうか！　しかし、川村は、文子に言い寄られるや、とたんにフニャフニャとなってしまうのであった。

結局、文子の提案どおり、川村と文子はイヴォンヌとともにパリ一六区ダヴィウー街二四番地のアパルトマンで生活を始め、無想庵は郊外のロバンソンで一人で暮らすこととなったが、川村の喜びもつかのま、アパルトマンには無想庵が蟄居先のロバンソンを抜け出してしばしば会いにくる。文子は邪険にするが、無想庵は追い払われてもついてくる犬のように母子に面会を求めた。

川村にとってもう一つ不愉快なことがあった。小森敏（トシ・コモリ）という舞踏家が文子の踊りに目をつけ、一緒に舞台に立たないかと誘いをかけてきたのだ。川村は嫉妬から文子を苛み、アパルトマンを出た。これがモンテカルロ事件の伏線となるのである。

この頃、舞踏家としてデビューを果たした文子はドーダの絶頂にあった。

「私が小森さんのパートナーではじめて舞台に出たのは、シャンゼリゼエの裏通りにあるカナディアン倶楽部で、世界博覧会でパリへ集った国際人たちのすばらしい夜会《ソワレ》だった。私たちはその余興《アトラクシヨン》に頼まれたのだ。そして踊りはへただったたが、お面をかぶらないほんものの日本女《ジャポネーズ》だというので、めずらしがられてさかんに拍手を送られ、私はいく度も舞台に出て日本流にお辞儀をさせられた。私はそうした華やかな歓びで、久し振りに別の世界へよみがえったような幸福をおぼえた」（『わたしの白書』）

実際、これをきっかけに、コモリ・文子のカップルはモンマルトルの芸術キャバレーで引っ張りだこになる。ある晩、モンマルトルのポチニエールという文学カフェで踊りを披露すると、文学者らしい陽気な一団の席に呼ばれた。文子が自分の夫はメダンでゾラを翻訳しているというと、紳士の一人がこれを亭主に見せたら喜ぶはずといって名刺を渡した。名刺にはファスケルとあった。ゾラの版元である大出版社ファスケル書店の店主ウージェーヌ・ファスケルであった。翌週の木曜日に、レストラン・マキシムでファスケルに再会すると、ファスケルはモーリス・メーテルリンクを紹介してくれた。文子は帯の間から白い扇子を出してサインを頼んだ。メーテルリンクは白扇と文子を見比べながら、「日本の偉大な世紀はもはや存在しないと思っていたが、それは誤りだった。今日、それを眼前に見たのだから」と書いてくれた。ドーダ女・文子にとって、勲章となるような夢の一夜だった。だが、やがて夢は終わり、残酷な覚醒がやってくる。

頬を撃ち抜かれて

十一月初旬、日本に戻っていた池本が若山家の娘と結婚して夫婦でパリにやってきた。委託した札幌の土地の処分は済み、一万五千円の対価が池本に支払われたという通知が拓銀から届いていたので、無想庵は喜び勇んで池本のもとに駆けつけたが、池本は無想庵に会おうともせず、次のような言葉を人づてに寄越した。

すなわち、無想庵と文子にはリヴィエラでひどい目にあった。無想庵には四千五百円の貸しがあり、土地整理の依頼で日仏を往復した旅の費用を差し引くと、無想庵に払う金は残らない、云々。

かくて、無想庵と文子が絵に描いていた餅はみごとに消えた。じつは、川村も文子の人気を当て込んでパリにダンシング・ホールを開く計画を持っていたのだが、これも挫折した。だが、川村はあきらめなかった。文子の踊りを中心にしたダンシング・ホールをモンテカルロのオックスフォード・レストランに開く契約を結んだのである。モンテカルロに到着した川村は大車輪で準備に取り掛かり、一九二五年の大晦日の夜にダンシング・ホールは文子のキモノ舞踏で華々しくオープンすることとなる。

ところが、一週間もしないうちに、文子は舞台に立つのはいやだと言い始めた。そして、一九二六年一月七日、ついに事件は起こったのである。

きっかけはシカゴ・トリビューンの記者のインタビューを受けた文子が自己宣伝に終始し、ダンシング・ホールのことをほとんど語らなかったことにあった。その点を川村がなじると、文子は突如激高し、もう踊らないと宣言したので、怒った川村は文子の横面を張り飛ばした。しばらくしてダンシング・ホールに戻ると、文子が西洋人に囲まれながら、男に殴られたと怒鳴っている。これで川村はカーッと頭に血が上った。

「それからどの位経つたか、恐らくは一分とは経つてゐなかつたらうか、ピストルの爆音に驚かされて私の意識がかすかに甦つて来た。私は何をしたのか、振袖姿美しく着飾った彼女、文子が姿を乱して打ち倒れてゐた」（「武林文子を撃つまで」「サンデー毎日」一九二七年三月十三日号）

一時間後、川村はモンテカルロ警察に自首した。裁判では実刑五カ月と十八日の恩情判決が出て、川村はこの年のうちに日本に戻った。

文子はというと、こちらは頬を弾丸で撃ち抜かれても奇跡的に一命を取り留めた。急を聞いて駆けつけてきた無想庵は献身的に文子を看護し、退院後はニース近くの漁村クロ・ド・キャーニュのコヴィ夫妻の家で静養を続けさせた。子供のいないコヴィ夫妻はイヴォンヌをかわいがったので、文子と無想庵は娘を夫妻に託してパリに戻ることにしたが、パリまでの旅費がない。そこで知り合いの朝日新聞特派員・重徳泗水に窮状を訴えると、重徳は独断で本社に「無想庵餓死に瀕す」と電報を打ってくれた。これが日本で反響を呼び、改造社などから数千円の金が無想庵のもとに送られた。こうして夫妻はなんとかパリに戻ることができた。

だが、元気が回復すると、文子は相変わらず生活力のない無想庵が我慢できなくなる。アトラクションの口がかかれば小森とコンビを組んでドイツだろうとイタリーだろうと、どこにでも出掛けた。

ほうり出された無想庵は、一九二八年にパリにやってきた辻潤・まこと親子のもとに転がりこんだり、「ルヴュ・フランコ・ニッポンヌ」を出している松尾邦之助の印刷所に居候したりしていたが、そのうちに文子にまた男ができたらしいことを知る。一九二九年にベルリンのウインテル・ガルテンで公演したとき、文子は朝日新聞のベルリン特派員・黒田礼二と知り合い、例によって金銭ずくの恋愛感情を働かせたのである。

無想庵との別れ

文子は無想庵に「あんたこのさい、日本の様子を見てこない？」と言って帰国を促した。無想庵は文子が「あの人は、じつに利巧だねえ」と言ったときキラリと眼が光ったのを見逃さなかった。

「妻がある特殊な男に、特別の関心を持つた場合にのみ現す表情を、わたしはよく知つてゐました」。それもそのはず、文子の表情は鵠沼の東家で無想庵に言い寄ったときに見せたそれだったのだ。しかし、無一文の無想庵にはなすすべがない。「時間がきたので、わたしは、カバンを持つて立ち上がり、外へでやうとしたとき、イヴォンヌがワット泣きだして、わたしにすがりつきました」（以上「『Cocu』のなげき」）

日本に戻ると折からの円本ブームで、懐は思いのほか潤った。ゾラ全集も春秋社から出すことが決まって、七月の末にとんぼ返りでパリに戻った。しかし、一向にゾラ全集が出る様子がないので、無想庵は翌一九三〇年の三月にまた日本に帰った。

このとき、昔の親友の山本露葉を訪ね、露葉が死んだのを知ると、三男の夏彦を連れてパリに戻ったのである。

文子はメゾン・ラフィットにヴィラを見つけると、無想庵とイヴォンヌと夏彦をそこに押し込め、自分は日本に行って一稼ぎしてくると言ってシベリア鉄道に飛び乗った。一九三一年のことである。

「文子は大連から大阪まで飛行機で帰った。ジェネラルモータースの知人に電報を打って、東海道を自動車で踏破することにした。断髪で大振袖のドライバーは珍しいから宣伝になると話はすぐまとまった。一文なしではあるけれど、定宿は帝国ホテルである。弱味を見せてはいけない、仕事と金は必ず舞いこむと待っているとはたして舞いこんだ。日活で映画をとる話である。ギャラは千円。村田実監督、原作主演武林文子、市川春代、宇留木浩『一九三二年の母』である。文子はこれをあとでパリで上映するつもりである」（山本夏彦『無想庵物語』）

一九三三年の夏、文子はパリに戻ると、ビヤンクールの見はらしのいいアパートを借り、イヴォンヌと二人きりの生活をすると宣言し無想庵に帰国をすすめた。

無想庵は、この愛想づかしに「さようなら、もう来ない」と言ってアパルトマンを出た。マルセイユでいよいよ食い詰めたとき奇跡的に「強制送還」が可能になり、一九三四年に日本に戻ることができた。

そのころ、文子には新しい男ができていた。エチオピア皇太子と黒田子爵令嬢の婚約の話が持ち上がったので、取材のため単身エチオピアに乗り込む決心を固め、アントワープにやってきたところ、そこで商社を営む宮田耕三と知り合って結婚の約束を交わしたのである。

しかし、それには無想庵と離婚しなければならない。かくして、一九三五年十月、文子は日本に戻ると、『夜明け前』の出版パーティーに出席していた無想庵を呼び出して、離婚届に判を押させた。

こうして、文子は今度こそ、ついに自分でいうところの「幸福な妖婦」となることに成功した。戦後、大阪と東京でレストランを経営し、財をなすと、夫婦でベルギーに戻って宮田商会を復活させた。そして元気に老後を生き抜いたあと、冒頭で記したように、文子はイヴォンヌの後を追うように、一九六六年に帰日中、急逝したのである。

いっぽう、イヴォンヌは派手すぎる母親に当てられたのか、アルコール依存症となり、自殺騒ぎを繰り返したあげく、一九三七年に日本に戻って幼なじみの山本夏彦と辻まことの三人でおままごと遊びのような恋愛をして、どちらにするか迷った後、辻まことと最初の結婚をした。辻まこととの間には三人の子供が生まれたが、戦後、文子の命令で辻と離婚し、朝倉晃仁という男と再婚して、アントワープに帰った。朝倉と別れてからは深酒が進み、睡眠薬を飲み過ぎて一九六五年に死んだ。

では、無想庵はどうしたかといえば、一九三八年、波多朝子と知り合い、愛人関係になった後、一九四三年に完全失明。戦後は、共産党に入党したのが話題になったくらいで完全に世間から忘れられ、朝子夫人に口述筆記させた『むさうあん物語』をガリ版刷りで限定三百部発刊した後、一九六二年に夫人に看取られながら永眠した。

『むさうあん物語』の刊行は、無想庵死後も、朝子夫人とその連れ子の市川廣康によって続けられ、全四十四冊別巻三冊で完結した。山本夏彦は「世間には不思議な情熱があるがこれはその一つである」と結んでいる。

とにかく、お騒がせに終始した夫婦であり、親子であったが、しかし、彼らがいなかったら、パリの日本人社会もずいぶんと地味でこぢんまりとしたものになっていたはずである。ドーダ女が猖獗《しょうけつ》している今日、中平・武林・宮田文子も彼女たちの偶像として劇的に復活するのではないか。そんな気がしてならない昨今である。

諏訪老人についての短い覚書

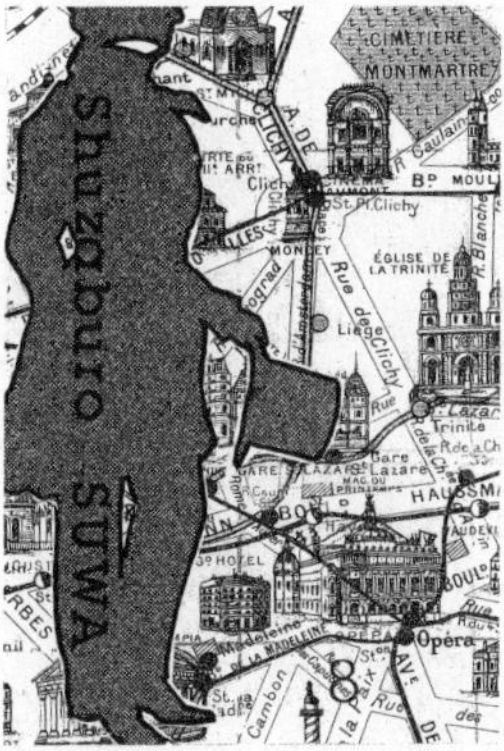

「石黒敬七」の章で軽く触れたように、一九二〇年代のパリには明治初年（一八七〇年代）に留学生としてフランスの地を踏んだまま、短期間の帰国を除いて、日本に戻らず徒らに齢を重ねた「パリ残留日本人」が何人かいたが、その中で、圧倒的に有名なのは、パリはモンマルトルの裾野、アヴニュ・ド・クリシー六番地に「諏訪ホテル」を経営していた諏訪老人こと諏訪《す わ》秀三郎《しゅうざぶろう》だろう。

この諏訪秀三郎については、当初、石黒敬七が『巴里雀』に書き留めた情報がすべてであると思われていたが、その後の調べで、少しずつ、この謎の人物の来歴がわかってきた。そこで、掉尾《とうび》を飾る意味で、結局は祖国に帰った「パリの日本人」のカウンターパートとして、「パリ残留日本人」の代表格たる諏訪秀三郎を取り上げてみるのも悪くないかもしれない。

『巴里雀』収録のエッセイ「モンマルトルの主」を、石黒敬七は、「諏訪老人といへば、一度巴里に足を止めた日本人の旅行者で誰知らぬ者もない位、有名であつた」という文章から書き始めている。

「有名であつた」と過去形になっているのは、一九三三年（昭和八）の二月、諏訪の遺体が、ベルギーのアントワープ近郊の運河で発見されたからである。「額にピストル貫通の跡があつた」が、自殺か他殺かは不明だった。石黒は、死にいたる諏訪の軌跡をたどって行けば、おのずから、彼がパリ残留日本人になった理由もわかってくるだろうとして、彼の来歴を追っている。

諏訪秀三郎（一八五五—一九三二）が弱冠十七歳でフランスに渡ったのは一八七二年（明治五）のこと。陸軍派遣の公費留学生としてであった。つまり、諏訪は、将来の日本を背負って立つはずのエリート中のエリートだったのである。

石黒は、「一説によれば、寺内元帥や上原元帥等も皆同期の生徒で、一緒に渡仏したといふ事である」と書いているが、これは誤りで、寺内正毅《まさたけ》元帥（一八五二—一九一九）も、上原勇作元帥（一八五六—一九三三）もフランスに留学してはいるものの、留学期間は諏訪秀三郎とずれている。すなわち、前者は一八八二年から八六年、後者は一八八一年から八五年である。

ただ、寺内、上原、諏訪がほぼ同年配の陸軍エリートであったことは確かで、この意味では石黒の次のようなイフもありえたかもしれない。

「であるから、諏訪老も日本に帰つて来て、軍籍に身を止め、西南、日清、北清、日露、日独、満州と各戦争に戦死もせずに生き延びてゐたら、元帥、陸軍大将、従一位、勲一等、功一級、伯爵、諏訪秀三郎となつてゐなかつたと誰も保証する事は出来まい」（以下、断りのない限り『巴里雀』）

この石黒のイフを裏付ける一つの証拠がある。諏訪と一緒にフランスに赴いた六人の留学生の出世頭・曽禰荒助の履歴である。曽禰は、一八七七年（明治十）に帰国すると、陸軍省から太政官に転じ、フランス公使として条約改正に努力したあと、法相、農商務相、蔵相を歴任し、最後は韓国統監となって位人臣を極めた。つまり、諏訪も曽禰くらいは出世できたかもしれないということだ。

だが、諏訪にはこうしたエリートコースを拒む強い理由があった。それは女だった、というのが石黒の勘ぐりである。

この推測は表面的に見れば、大きく外してはいない。たしかに、諏訪が「パリ残留日本人」となる直接の原因はパリの女性だった。ただ、諏訪がその女性と知り合ったのは、一度日本に帰国した後のことだったようである。

事実、石黒は、諏訪老の口から、明治七年に一度日本に帰り、欧米視察の旅に出た井上馨のお供として再びパリにやってきたと直接聞いたとしている。この話が本当なら、井上馨が妻子および随行者と一緒にアメリカ経由でヨーロッパに向かったのが明治九年十月だから、諏訪のパリ再訪は早くても明治十年の春ということになる。

「諏訪さんも、それから三四年間は一心に勉強し、愈々命が下つて帰朝する事になつた——明治十一二年頃であらう。

確かに船に乗つて日本へ帰つた筈の諏訪さんが、半年程の後、また、ヒヨツコリ巴里に姿を現した。友人達はビツクリして喜び且つ怪しんで迎へた。が、諏訪さんにはすでに堅く云ひ交わした一人のパリジエンヌがゐたのであつた。多感な青年士官諏訪さんは、どうしても日本迄帰る事が出来ず途中――多分シンガポール辺――から、廻れ右をして再び巴里の懐かしい彼女の腕の中に帰つて来たのであつた」

良くできた恋物語だが、細部は多少違っているようである。まず、第一に、諏訪は井上馨の随行者として第二次パリ留学を終えた後、シンガポールから引き返したのではなく、明治十一年のうちに日本に帰国して、陸軍省に復命している。明治十二年の『官員録』には十一等出仕として諏訪秀三郎の名前があるからだ。

ところが、この明治十二年を最後にその名前は『官員録』からは消える。それもそのはず、この十二年の十二月には、ベルギー女性との結婚願が政府に申請されているのである。当時は、日本人と外国人との結婚は、政府の許可が必要だったのだ。石黒は、諏訪の最初の結婚相手はパリジェンヌだったと思いこんでいたようだが、実際はベルギー国籍の女性だったのだ。

かくして、諏訪は陸軍での栄達という道を捨て、明治十三年（一八八〇）にはパリに旅立つことになるのである。

では、諏訪がほれ込んで、祖国を捨てる決心までした恋女房とは、どのような女性であったのか？　石黒は、諏訪と同じく「パリ残留日本人」となった佐野善通老人に聞いた話として、次のようなことを書き留めている。

「佐野老の語る所によれば、諏訪さんの恋人の美しさは例へ様なきものであつた。諺に云ふ『君と寝ようか』は諏訪さんの場合は『君と寝ようか元帥とろか。何の元帥君と寝よ』と替ふべきであつた」

こうして、諏訪は最愛の恋人と結婚し、パリで所帯を持ったわけだが、しかし、官費留学生でなくなった諏訪に、生計の道があるわけはない。どうやって糊口の資をひねりだしたのだろうか?

「そこで、盛り場モンマルトルの大通りに五間ばかりのアパルトマンを借りて、日本旅館を経営する事にした。その旅館、即ち、ホテル・スワが、この間老人の死ぬまであつたホテルである。それが多分明治十三四年頃であつたと思ふ」

石黒は触れてはいないが、おそらくは、この若い夫婦のホテル開業資金となったのは、ベルギー人の奥さんの持参金であったと思われる。当時は、正式に結婚した女性で、それなりの家柄の出であれば、持参金が必ずついてきたからである。

ところで、諏訪のこの「何の元帥君と寝よ」の純愛物語は、これまで、石黒を始めとする語り部によって、ひたすら諏訪の恋情のなせるわざであるとされてきたが、ここに一つ新説を唱える人が現れた。日本旅行作家協会、雑学倶楽部等の会員だった沼田忠孝氏である。私は、二〇〇〇年に雑学倶楽部の「雑学大賞」を受賞したさい、懇親会で沼田氏から直接に御高説を伺った。

それによると、諏訪秀三郎は江戸詰め六十石の紀州藩士・諏訪新右衛門の三男で、竹橋事件と閔妃暗殺という明治の二大事件の首謀者と見なされている岡本柳之助の弟であったという。岡本は諏訪新右衛門の次男として一八五二年に江戸に生まれ、当時の習慣にしたがって岡本家の養子となり、岡本姓を名乗った。紀州藩の神童と呼ばれ、明治政府の軍人となってからは出世街道を歩んだが、明治十一年、西南戦争の論功を不満として蜂起した近衛砲兵隊の反乱、いわゆる「竹橋事件」に連座して無位無官の身となり、やがて大陸浪人として満州の荒野で暗躍することになる。その自伝『風雲回顧録』は中公文庫に入っている。

こうした事実は、沼田氏が、紀州藩士という諏訪の出身を手がかりに「和歌山新報」で情報の提供を募ったところ、和歌山市立博物館学芸員の武内善信氏から回答が寄せられて判明したという（「和歌山新報」一九九九年三月十六日号）。

これを知って沼田氏の頭にひらめいたのは、諏訪の帰国・再渡仏の時期と、兄・岡本柳之助の下獄のそれとの一致であった。

竹橋事件が勃発したのは明治十一年八月二十三日、鎮圧されたのが翌日。逮捕された将兵のうち五十三名が十月十五日に深川越中島の刑場で銃殺された。

しかし、これとは別に、東京鎮台予備砲兵第一大隊の大隊長だった岡本柳之助少佐も有罪判決を受けていた。蜂起当日、岡本は兵を引き連れて王子に行軍し、蜂起への参加を拒んだが、暴動の企てを知りながら通報を怠ったこと、及び、行軍中に兵士が反乱に加わろうとするのを阻止できなかったことを理由に「奪官」の判決を受けたのである。明治十二年二月二十六日のことだった。

これらの日付を合わせて考えると、次のような推測が可能になる。

明治十年の末か十一年の初め、ベルギー人の恋人と泣きの涙で別れてフランスを発った諏訪は、日本に着いて早々頼りにしていた兄が竹橋事件の首謀者と疑われて下獄したのを知ることになる。そして、明治十二年、兄が奪官の判決を受けたため、もはや陸軍で出世する道は閉ざされたと悟るに至る。いっそ日本を捨ててフランスに渡り、恋人との愛に身を捧げたほうがよいのではないか。こうして、諏訪はベルギー人の恋人との国際結婚を政府に願い出たのである。

さて、以上が、諏訪ホテルの経営者として、多くの日本人に親しまれた諏訪秀三郎の隠れた一面だが、それとは別に、石黒が本人から聞き出した留学中のエピソードには、なかなか興味深いものがあるので、一つ紹介しておこう。

「諏訪さんが、友人と一室で勉強している所へ一人の紳士が飛び込んで来て、かくまつてくれといふたので、室に入れてやると、暫くして出ていつたが、その後、その紳士から丁寧な晩餐に招待された。その紳士は、ヴヰクトル・ユーゴーであつた。英国にかくれて、帰つて来る途中を熱狂した市民に殺到されて這々の態で逃げ込んだのが、偶然にも、諏訪さんの室であつた」

ユゴーと語り合った日本人が存在していたのである！　ただ、このエピソードにはその真実性を疑う人もいる。「英国にかくれて、帰つて来る途中」云々をユゴーが一八七〇年九月の第二帝政崩壊で英国領のガーンジー島から凱旋帰国したときのことを指すなら、辻褄が合わないからだ。しかし、パリ・コミューンに同情的だったという理由で再び流謫《るたく》の身になってガーンジー島に帰り、一八七三年に再度パリに戻ったときのこととするなら、一応は符合している。

それはさておき、最後に、どうしても諏訪の謎の死のことを論じておかなければなるまい。果たして自殺だったのか他殺だったのか？

他殺説は、諏訪の妻の姪のもとに一万数千フランを送るという手紙が届いたにもかかわらず、為替は送られていなかったという事実、および、アントワープ近郊の運河で遺体が発見されたとき、財布に二二フラン二〇サンチームしか入っていなかった事実を理由にしている。アントワープのギャングか不良日本人の餌食になったのではないか、というのである。

一方、自殺説は、諏訪が一九三二年（昭和七）に二度目の妻を亡くしたばかりで、心身ともに疲れきっていたことを理由にしている。おまけに、遺体のポケットから発見された地図には四カ所ほど×マークがついていたが、諏訪が死体で発見された場所はその×マークの一つだった。

石黒は以上の両論を併記したあと、次のように結論づけている。

「先頃、確田克巳君が巴里から帰つて来て、諏訪さんの自殺説が確かになつた――といふのは、諏訪さんは、銀行にもう預金が一文もなかつた事、ピストルの穴が、額の真中に明いてゐた事等である。

即ち、夫人の病気の為め、ホテルは不振となり、金はどし〳〵かゝる、たうとう夫人の死と共に、破産となつた事。

ピストルの弾があつらえ向きに、眉間の真中に当つてゐた事等が自殺説を裏書きしてゐるといふのである」

私などは、この石黒の説明にもまだ納得の行かないものを感ずるが、それはまあよしとしよう。問題は、この死に方が「パリ残留日本人」となった元陸軍軍人にふさわしいかどうかということである。

というのも、若き日に、諏訪のライバルと目された上原勇作や寺内正毅はパリの虜にならずに無事帰国し、陸軍元帥まで登りつめたあげくに畳の上で死んだのに対し、竹橋事件の影に追われる様にパリに身を沈めた諏訪は最後、眉間を銃弾で撃ち抜かれて（あるいは撃ち抜いて）息絶えたからである。運命は糾《あざな》える縄の如し。竹橋事件で発せられた銃弾は、それを逃れようとした元軍人を五十五年も追い回したあげくに、ついにその目的を達した。

そんな気がしてならない非運の一生であったのだ。

あとがき

二〇〇八年、私は『パリの異邦人』という本を中央公論新社から上梓した。この本は、主に、二十世紀の前半にパリに長期滞在して、その思い出を小説や回想録に記したヘミングウェイ、ヘンリー・ミラー、アナイス・ニン、ジョージ・オーウェル、ライナー・マリア・リルケなどの作家や詩人を中心にして、パリのなにが彼らをかくも魅了したのかを探る試みだった。

ところで、この本を執筆しているうちに、私の心には、「次はパリの日本人だな」という思いが兆《きざ》していた。

なぜなら、日本人のパリ体験は、「パリの異邦人」という位相は同じでも、やはり、コーカソイドである彼らのそれとはかなり違ったものがあるはずと予感できたからである。このときから、明治・大正・昭和と続く戦前の日本人が残したパリ回想録の類いを収集する作業が始まった。その量は、思っていたよりも遥かに多く、「昔は、だれでもパリに遊びさえすれば、本が一冊書けたのだな」と感心するほど大量のパリものが出版されていた。

しかし、収集を続けるうちに、『パリの異邦人』とは少し違った角度から問題を考えてみる必要があるのではないかと思えてきた。

なんのことかといえば、それは、こと文学および美術のジャンルに関する限り、日本人のパリ体験というのは、永井荷風のようなパリ・フィル（極端なパリ好き）か横光利一のようなパリ・フォビー（極端なパリ嫌い）のいずれかのかたちを取るしかないという不満である。どうも、文学者や芸術家はパリに対する思い入れが深い分、両極端に流れるようなのである。したがって、文学者や芸術家を中心とする「パリの日本人」では、網をかぶせる範囲を広くしても、所詮は二元論に陥るだけということになる。これは正直、面白くない。

そこで、取り上げる対象を少しずらし、文学者や芸術家以外の「パリの日本人」、具体的にいえば、政治家、企業家、ジャーナリスト、宮様、美術商、収集家、スキャンダラスな話題をふりまいた女性などを中心にその体験を検討してみることにした。

彼らなら、パリに対する思い入れが少ない分、文学者や芸術家とは違った反応が拾えるのではないかと期待したからである。唯一の例外は、獅子文六だが、これは、文学者や芸術家に特有の二元論的パリ体験を際立たせておくのに必要と判断したためである。

その結果がどうなったかは読者各自の御判断に任せるとして、私の最終的な感想を一言述べさせていただければ、文学者や芸術家でない方が面白いパリ体験ができるのではないか、ということである。

なぜなのだろう？

それはおそらく、彼らが文学者や芸術家とは異なり、「頭」からではなく、「生活」からパリに入ったからだろう。「パリで生活すること」、じつはこれこそが日本人にとって一番難しいことなのであるが、彼らは、いずれも早い時期にこの難題に直面し、これをクリアーしたあとに「なにものか」を摑みとったのである。もちろん、その「なにものか」を摑みとった分、文学者や芸術家が見たものを見ないで帰ってきたということはある。だが、それでも、彼らが、パリの「なにものか」を摑みとったという事実に変わりはない。なお非文学者、非芸術家の「パリの日本人」の大物としては、渋沢栄一、中江兆民、それに薩摩治郎八がいるが、この三人については、私はすでに伝記（渋沢：『渋沢栄一』（文藝春秋）、中江：『ドーダの近代史』（朝日新聞社）、薩摩：『蕩尽王、パリをゆく――薩摩治郎八伝』（新潮選書））を書いているので、本書では、省略した。

最後になったが、締め切りがないとなにも書かないという私の悪癖を逆用して、さまざまなメディアを使って無理やり締め切りを作り出し、ついに途中でストップしていた連載を完遂させてくれた恩人として、新潮社選書編集部の庄司一郎氏におおいなる感謝の言葉を送りたい。庄司氏がいなければ、本書は日の目を見ずに終わったに違いないからである。

二〇〇九年九月十六日

鹿島茂

パリの昭和天皇　文庫版あとがきに代えて

『昭和天皇実録』の第三巻が刊行の運びとなり、大正十年三月三日から半年間のヨーロッパ御巡遊のあらましが明らかになった。私のようなフランス屋にとっては、やはり、二十歳の皇太子だった昭和天皇が五月三〇日から一カ月余り滞在したフランス（途中、十一日間のベルギー、オランダ旅行を挟む）に対してどのような印象をもったのか、その点を是非知りたいと思う。そこで、この期間にフォーカスして『昭和天皇実録』を読みこんでみよう。

大正十年（一九二一）五月三十日、裕仁《ひろひと》皇太子の御召艦「香取《かとり》」と旗艦「鹿島《かしま》」はドーヴァー海峡を渡り、フランスの駆逐艦五隻の放つ十五発の祝砲を受けながらル・アーブル港に入った。両艦が接岸すると、石井菊次郎《いしいきくじろう》駐仏大使、一等書記・芦田均《あしだひとし》ら日本側スタッフと海軍少将ポール・アマブル・ジェエンヌらのフランス側スタッフおよびセーヌ・アンフェリユール県知事ラルマンとル・アーブル市長レオン・メイエールが「香取」に来艦し、歓迎の辞を述べた。

イギリス訪問に際しては英国皇太子が出迎えたのに対し、フランス側の歓迎スタッフがかなり「格下」であるような印象を受けるのは、イギリス訪問が日英同盟ゆえに「公式」であったのに対し、フランス訪問は「非公式」とされていたからで、フランス側も「非公式」に対応した手続きを取ったのである。

しかし、訪問が「非公式」であるだけに、裕仁皇太子はフランスでは非常にリラックスした気分で旅程をこなすことができた。戦後、宮中記者団との会見に臨んだとき、昭和天皇はヨーロッパ御巡遊で初めて「自由を知った」と語られたが、その「自由」のイメージの何パーセントかはパリ滞在の経験から形成されたものであるにちがいない。

翌五月三十一日、一行はル・アーブルから汽車に乗り、午後三時にサン・ラザール駅に着いた。ここでも、フランス側の儀礼は非公式扱いで、ミルラン大統領もブリアン首相も代理を立て、閣僚で歓迎団に加わったのはアレクサンドル・マロー内相とギストー海相くらいだった。

その晩、裕仁皇太子はエトワール広場から放射状に広がる大通りの一つであるオッシュ大通りにあった駐仏大使官邸（現在の日本大使館）に旅装を解いた。以後、パリ滞在中はここが御泊所となる。日本から随伴してきた閑院宮《かんいんのみや》載仁《ことひと》親王はオテル・ド・クリヨン、供奉員は珍田捨巳《ちんだすてみ》以下、オテル・マジェスティックにそれぞれ宿泊した。

日付が六月に変わった翌日、裕仁皇太子はフロックコートにシルクハット姿で、大統領官邸にアレクサンドル・ミルラン大統領を「公式訪問」した。

このときは、さすがにフランス側もアリスティード・ブリアン首相以下閣僚総出で出迎えたが、注目すべきは、フランス側が参列者として陸軍元帥ジョゼフ・ジョッフル、同フエルディナン・フォッシュという第一次世界大戦の「二大英雄」を参列させたことである。大戦が終ってまだ日が浅い一九二一年の六月、フランスの愛国心は最高の盛り上がりを見せていた頃だから、連合国側に立って参戦してくれた日本に対し、また、戦場跡の見学を申し入れた裕仁皇太子に対し、大戦の英雄を列席させるのが最高の礼儀と判断したのだろうと考えるのが普通だが、私は以下のような少し穿った解釈をしてみたい。

それは、『昭和天皇実録』に記述された日仏のメッセージのやりとりから見えてくることである。

「饗宴中、ミルラン大統領は、日本への答礼使としてジョッフル陸軍元帥を任命した件、並びに皇太子のフランス国内御視察の案内役としてペタン陸軍元帥を任命した件を発表する」

さらに、ミルラン大統領の歓迎辞でも次のような趣旨が述べられた。

「今此の両殿下〔注・裕仁皇太子と閑院宮〕の御訪問を得た事は、大戦の主要舞台である仏国と、日本とを結合する新なる保証であります。

幸に殿下が戦場の跡を訪ねて、名誉ある我が戦士に、其の好意を寄せ給ふならば、仏国の感謝は之に過ぎたものはありませぬ」

これに対して、裕仁皇太子の御答辞は以下のようなものであった。

「不日予は追憶多き、且つ名誉ある戦場を親しく巡視する予定でありますが、其の旅行によって、予の得べき教訓は定めし大なるものがあるでありませう。而して堅実勤勉なる仏国々民が、如何に其の荒廃の跡を復旧し、規律と安泰との裡に新なる繁栄の基礎を築きつゝあるかを視ることは、予の欣幸とする所であります」

　さて、これらの歓迎辞と答辞を二つ並べてみると、鋭い感性の人なら、そこにある種のズレがあることに気づくはずだ。思うに、フランス側は、戦場見学を希望した皇太子の意図を正しく見抜けず、戦争好きの軍事オタクと思い込んだ節があるのだ。

　じつは、裕仁皇太子がフランス訪問で戦場跡の見学を希望したのは、バッキンガム宮殿に滞在中、ジョージ五世からフランス訪問に際しては是非ともフランス・ベルギー国境のイギリス軍の戦いの跡を訪れてほしいと懇願されたことがきっかけとなっていた。

　裕仁皇太子はジョージ五世に対して父親に対するような愛情を感じていたこともあり、忠告に率直に従ったのであるが、裕仁皇太子が非凡なのは、こうしたジョージ五世の希望の中に、国家元首たるものは戦争の悲惨さを正しく知っておくべきだとする「非戦の思想」を正確に読み取ったことである。

　しかし、フランス側にとって、そのような「非戦の思想」は想像の埒外にあったので、裕仁皇太子が戦場見学を希望していると聞かされると、これを「尚武の国ニッポン」の君主らしい軍事オタクの発想と受けとって、そのように配慮してしまったのである。このすれ違いは、フランス側が設定した見学コースの中にあらわれてくるが、とりあえずは裕仁皇太子の日程を追ってみよう。

翌六月二日、裕仁皇太子は凱旋門下の無名戦士の墓に献花した後、午前十一時から、フランス在留邦人十二名との単独拝謁を行った。その中には、伴野商店主伴野文三郎、日仏銀行パリ本店副支配人日疋誠、諏訪旅館主諏訪秀三郎などがいた。中でも、かつて近衛将校だった諏訪秀三郎にとっては、この拝謁の日は「人生最良の一日」だったにちがいない。

在留邦人二百七十三人は、後日、オーギュスト・ロダン作のカリヤティッド女人柱像を裕仁皇太子に献上した。

午後三時三十分から、背広に着替えた裕仁皇太子はエッフェル塔に向かった。ここは、パリ滞在のハイライトの一つなので『昭和天皇実録』からそのまま引用しておこう。

「この日エッフェル塔頂竿上には常掲のフランス国旗に代わり、大型の日章旗が掲げられる。同塔の設計者ギュスターヴ・エッフェル（中略）、パリ市議会議長モリス・レ・コルベーユ等の奉迎を受けられ、エッフェルの案内にて展望台までエレベーターにて御登臨になり、さらに特に日章旗を掲揚された塔頂部まで鉄梯子にて登られ、エッフェル及び沢田廉三の説明により四囲を御眺望になり、種々御下問になる（エッフェルは耳聾のため、その娘が通弁する）。（中略）それより、エッフェルより御間食の饗応を受けられ、乾杯の際にはエッフェルより歓迎の演説あり、記念として限定版エッフェル塔解説書の献上を受けられる。また随行の式部官西園寺八郎は塔上売店にてエッフェル塔小型模型を購入し、記念として皇太子に献上する」

この最後のところには、ちょっとした秘話が隠されているのでそれを紹介しておきたい。波多野勝『裕仁皇太子ヨーロッパ外遊記』（草思社）に語られているエピソードである。

裕仁皇太子一行がエレベーターに乗り込もうとしたとき、ロンドンから一行に密着取材してきた時事新報特派員・後藤武男《ごとうたけお》がすべりこんできた。後藤はロンドンで裕仁皇太子が買い物をしたとき大胆にも直接、声を掛けたことがきっかけで、以来、随行の一人のような顔をして同行してきたのである。結果的に、後藤のこの大胆さが良い結果を生む。

エレベーターを降りると、裕仁皇太子は二階展望台を歩き始めたが、フロアーの一角にあった土産物屋の主人が「お土産はいかが？」と呼びかけると立ち止まり、エッフェル塔の模型や絵葉書を興味深そうに眺め始めた。そして、前を歩いていた通訳の山本《やまもと》大佐を呼び止めると、良子皇太子妃や秩父宮のために模型や絵葉書を買うように命じた。店主は合計で二七五〇フランになりますと返事した。ちなみに、当時の一フランは現在の約五百円の貨幣価値だから、二七五〇フランは約十三万円くらい。土産物にしてはかなりの金額だ。

山本大佐は手持ちがなかったので、石井菊次郎大使に金を払ってくれるように頼んだが、石井大使もまさか現金が必要になるとは思っていなかったので持ち合わせがない。結局、随行の者の所有額をすべて足しても二七五〇フランには届かないことが判明した。

「この間のやりとりを店主は不思議そうな顔で眺めていた。皇太子は西園寺八郎とともにすでに階段を登って展望台に上がってしまっていた。

山本は西園寺に一縷の望みをかけて階段をかけ上がり、『お土産が買えないで困るよ、みんな金がないのだ』と訴えた。万事休すだった。ところが西園寺も『おれだって財布なぞもっていないよ』とつれない返事だった。そこへ後藤が二人の様子を見に展望台に上がってきた。西園寺は『ちょと後藤君、頼みがある。きみ、金をもっているかい』と聞いた。後藤は『あります』と答えたが、これを聞くと西園寺の顔は一変した。『よかった』。事情を聞いた後藤は物陰に隠れてスボンのベルトをはずし、腹帯の折目に隠していた紙包みをとりだすと、二七五〇フランを数えて西園寺に手渡した。この金は西園寺から山本の手に渡り、ようやく土産を買い上げたのである。

供奉員たちはまさかエッフェル塔で買物をするとは考えてもいなかったので財布をもっていなかったが、当時ロンドン特派員だった後藤は、非常時の至急報を打電するために大金をもっていた。それが役だったのである」

代金は、一行がイタリアを訪問したとき、西園寺からナポリで返されたが、後藤はその金を受けとってしまったことを後でおおいに悔やんだ。「昭和天皇に金を貸した男」として自慢できたと思ったからである。

このエッフェル塔見学の後、裕仁皇太子は、セーヌ川の対岸にあるトロカデロ公園内の淡水魚水族館を訪れ、鱒《ます》の養育状況を観察したが、おそらく、この水族館は魚類学者である裕仁皇太子にとってパリで最も興味深いスポットだったにちがいない。その証拠に、裕仁皇太子は忙しい日程を縫って、パリを離れる前日の七月六日にもここを再訪している。

「〔七月〕六日　水曜日　午前、竹下海軍中将を従えられパリ市街にお出かけになり、マガザン・デュ・ループル、ついでオペラ大通にて買い物を楽しまれる。それよりチュイルリー公園を御散策になり、ついで先月二日にお成りのトロカデロ公園の淡水魚水族館への再度お立ち寄りを特に希望され、同所にて鱒の発育状態を示す水槽などを御観察の後、大使官邸に御帰還になる」

パリを離れる前にどうしてももう一度見ておきたかったのが鱒の水槽だったというのは、いかにも昭和天皇らしいエピソードではないだろうか。

以後、各種の歓迎会や返礼の晩餐会などの日程をこなしながら、裕仁皇太子はシャン・ゼリゼ、コンコルド広場、チュイルリ公園、ルーヴル美術館などの名所旧跡を見学してまわるが、その次にフランス側が用意したとおぼしき「見学コース」を眺めて見ると、そこには例によって軍事オタクへの「配慮」がはっきりと窺える。「軍事オタクなのだから、ナポレオンが好きに違いない」という思い込みである。

それは、アンヴァリッド（廢兵院）の見学で明らかになる。

「十一時三十分頃アンヴァリッド（廢兵院）にお成りになり、（中略）ドーム教会においてナポレオン一世の墓に御会釈をされ、また、マルテール少将より、ナポレオンがアウステリッツ会戦にて使用した剣を示され、御自身にて手に取り御覧になる。続いて附属の陸軍博物館を御巡覧になり、最後に廢兵院収容中の廢兵のために寄付金を贈られ、御泊所大使官邸へ還啓される」

こうしたフランス側の思い込みによる「軍事オタク＝ナポレオン好きのための見学コース」は、四日に設定されたフォンテーヌブロー・マルメゾン見学でいよいよ明らかになる。すなわち、途中、陸軍砲兵学校で各種軍事教練を視察した後、サヴォイ・ホテルに到着した裕仁皇太子は供奉のペタン元帥らと会食を済ませると、次に、ナポレオンゆかりのフォンテーヌブロー宮殿でフォンテーヌブロー友の会（名誉総裁・フォッシュ元帥）が主催したナポレオン死後百周年式典に臨んで、右にフォッシュ元帥、左にペタン元帥を従えて、コルネイユ作の英雄劇『ル・シッド』を観劇したのである。翌五日にはナポレオンとジョゼフィーヌゆかりのマルメゾンを見学した。

この間、フランス側は、フォンテーヌブローでもマルメゾンでも保存官が付ききりでナポレオンやジョゼフィーヌについての「解説」を施し、「軍事オタクの皇太子」の興味に応えたつもりでいた。

ところで、こう書くと、日本人からは、ナポレオンはフランスの大英雄であるのだから、フランス側が皇太子の見学コースにナポレオンゆかりの場所を多く組み込んだのは、なにも皇太子を軍事オタクと思い込んだことにはならないではないかという反論がでるだろうが、これは「フランス共和国」というものをよく知らない日本人の誤解である。

というのも、ナポレオン三世の第二帝政を打倒して成立したフランス共和国は、いまも昔もナポレオンを「公式の英雄」とは認めていないのである。ナポレオン死後百周年記念式典が「フォンテーヌブロー友の会」主催で開かれたのは、ナポレオンはあくまで、民間人が崇拝する「非公式の英雄」に過ぎないからなのだ。

そうした「非公式の英雄」扱いのまぎれもない証拠として、つい最近まで、ナポレオンの名を冠した通りや大通りや広場がパリには存在していなかったという事実を挙げることができる。ボナパルト通りは存在するが、ナポレオン通りもナポレオン大通りも存在していないのである。

これを説明するには、ナポレオン・ボナパルトが皇帝になったさい、公式文書には「ボナパルト」という姓名を外してただ「フランス皇帝ナポレオン」と署名した事実を挙げれば足りるだろう。フランス共和国としては「ボナパルト」は共和国の一将軍の姓であるから認めるにしても、ナポレオンは皇帝の名であるから、これを共和国の通りの名前に冠することはできないのである。

ナポレオンが「非公式の英雄」であるにもかかわらずゆかりの地を特別に見学コースに組み込んだフランス側の配慮はやはり、裕仁皇太子の戦場見学希望を軍事オタク・プリンスのナポレオン崇拝と誤解したことから来ているのである。

では、こうした配慮に対して裕仁皇太子は感激を示したかというと、少なくとも『昭和天皇実録』には一言もそんなことは書かれてはいない。むしろ、特にページを割いて書かれているのはサン・クルー庭園（ここもナポレオンゆかりの土地）で発せられた次のような感想である。

「途中、アンドレ・ル・ノートル設計のサン・クルー公園に立ち寄られ、御散策になる。日曜の休日に、家族連れの市民などが此処彼処に集まり遊戯する様子、叢や木陰に憩う男性、女性の様子を御覧になり、日本にはこのような場所がない旨の感想を漏らされる」

ことほどさように、裕仁皇太子にはフランス側が誤解したような軍事オタクの面はいささかもなく、この日のナポレオン・ツアーで最も感動したのはサン・クルーの小市民的平和であったのだ。

ところで、フランス側の接待プランはたしかに「ナポレオン特別コース的」なものをメインにはしていたが、いかにも文化国家フランスらしく、オペラ座等での観劇を組み込むのを忘れてはいなかった。裕仁皇太子は、六月三日の夜にはオペラ座でマスネー作曲の『タイス』を御覧になったし、六日にはオデオン座で『マクベス』を観劇されているからだ。ただし、このオデオン座での『マクベス』観劇は、フランス側がスケジュールを組んだものではなく、裕仁皇太子の即興的なアイディアから生まれたものであった。

すなわち、この日の予定表には、ミルラン大統領による公式招待に対する返礼として石井大使が大統領や首相を招待した大使官邸での晩餐会が夜に入っていたのだが、裕仁皇太子はこれを早めに切り上げ、ミルラン大統領夫妻らとともにオデオン座に向ったのだ。その理由について『昭和天皇実録』は次のように説明している。

すなわち、この日はフランス政府が世界大戦後の米仏関係促進を期して招聘した米国人演出家・俳優ジェームズ・K・ハケットによる『マクベス』の初日だったが、ミルラン大統領は裕仁皇太子との晩餐会に出席する必要ができたので『マクベス』観劇を中止する旨、ハケットに通知した。ハケットはこれを聞いて非常に落胆したが、それを大使官員から伝え聞いた裕仁皇太子はハケットに同情し、晩餐会を早めに切り上げて、ミルラン大統領夫妻とともにオデオン座に向かったのである。

大統領夫妻と裕仁皇太子が第二幕第一場の終わり頃にオデオン座に到着したとき、その場には駐仏米国大使と英国大使が居合わせていたため、楽団はまず君が代を演奏したあと、米・英・仏の順で国歌を演奏して歓迎の意をあらわした。幕間には、裕仁皇太子、ミルラン大統領、それに米英の大使と石井大使は大統領休憩室にて歓談した。裕仁皇太子はこの初演の収入が慈善団体に寄付されることを知ると、自らも寄付金を与え、翌日にはハケット夫人に花束を贈呈した。

「この日の観劇につき、七日付『ニューヨーク・ヘラルド』パリ版は、世界の四大強国の公式・非公式の代表者が芸術を媒介にして会した国際的な出来事として評価する。また、後日ハケット自身が供奉員の外務書記官沢田節蔵に面会して語ったところによれば、ハケットは、皇太子の台覧を賜わった事を無上の光栄として、直ちにその事実を米国大統領に打電したという」

まことにあっぱれな外交官ぶりではないか。裕仁皇太子こそ、まちがいなく最高の親善使節だったのである。

では、裕仁皇太子が強く希望した戦場見学はどうだったかというと、これは大変な強行軍ながら、激戦地のほとんどを網羅するほどの徹底ぶりだった。以下、日程と視察地を挙げておく。

六月十三日、ベルギー訪問のさいに、オステンド、イーゼル河口、イープルを見学。このうち、イープルはジョージ五世から見学を慫慂されたイギリス軍の激戦地で、裕仁皇太子はジョージ五世に次のような電報を発送した。

「白国及ビ英国軍ノ戦線ヲ巡視セル機会ニ於テ、陛下ノ御健詳ヲ祈ル。予ガ佇立スル目前ノ光景ハ、陛下ノ予ニ告ゲ給ヒシ如ク『イープル戦場ノ流血凄惨』ノ語ヲ痛切ニ想起セシメ、予ヲシテ感激・敬虔ノ念、無量ナラシム。　　　　裕　仁」

六月二十五日　ペタン元帥ほかの供奉により、独仏軍の激戦地ヴェルダン要塞、ヴォー要塞、ドゥオーモン堡塁、オードロモン石切場、モール・オームの高地を見学。ペタン元帥は自分が指揮した戦いを地図等を用いながら詳しく説明した。

「周囲は到るところに弾痕を留め、砲弾の破片、防毒マスク等がなお地上に残存する。付近に戦死者の遺族と思われる一婦人が、僧侶と共に柩を携え遺骨を収集する様子も一行の目に入る」

六月二十九日　陸軍元帥デスペレー等の供奉により、ソンム地方の戦場や破壊された村々を見学。

「かつて存したと思われる果樹園、森林、村落は跡形もなく、砲弾、爆薬のため粉砕された岩石は砂礫と化して地面を覆い、所々には英仏聯合軍・独軍双方が行った坑道戦による巨大なクレーターが見られ、その一つにお入りになり、デスペレー元帥より説明をお聞きになる。（中略）途中、激戦の跡ならざるはなく、鉄条網・塹壕等はなお残存し、かつて村落の存した場所には煉瓦屑・鉄屑等が堆積し、これら荒廃地には雑草が茂るのみで、到るところに戦死者の墓が見られる。ギユーモンも村落は完全に破壊され、皇太子は同所の英軍戦死者墓地に花環を供えられる」

七月三日　ドイツ軍の砲撃で破壊されたランスの大聖堂、ポンペール堡塁、エーヌ河畔、カリフォルニー高地、ユルトビーズなどの激戦地を見学。

これらの描写から、裕仁皇太子が目にした戦場跡の悲惨な光景が容易に想像されるが、では裕仁皇太子は、具体的にどのような感想を抱いたのか？『昭和天皇実録』には六月二十五日にヴェルダン要塞等を見学した際に漏らされた次のような言葉が拾われている。
「なお皇太子は戦跡御視察中、戦争というものは実に悲惨なものだ、との感想を漏らされたという」

このようにフランス訪問のかなり多くの日程が戦場の見学に費やされたが、それでは、裕仁皇太子にいわゆる「自由時間」はなかったのかというと、数日ではあるが「私人」として背広姿でパリの街を歩き、「自由」を満喫された日もあった。

「〔六月〕九日　木曜日　午前、背広服の軽装を召され海軍中将竹下勇・式部官西園寺八郎・東宮武官及川古志郎等扈従にてパリ市内を御散策になり、自由に買い物などをされる。特にフォーブール・サン・アントワンヌ通百番地の著名な家具商メルシエ・フレールにおいては、陳列された各種家具・壁紙等を御覧の上、トランプ卓一脚をお求めになる」

メルシエ・フレールは、フォーブール・サン・タントワーヌ通り百番地で一九八五年まで営業していた高級家具・絨毯店。一九二〇年代にはニューヨークにも支店を出していた。裕仁皇太子はよほどお気に召したらしく、六月二十二日の午後にも店に出掛けている。

「御自身の選定にて、ターデ・スティカ作の油絵『獅子の出立』、ムニエ作の油絵『ル・パストゥール』、及びマホガニー製遊戯台等を購入される。それより、市内の一商店に立ち寄られ、店頭において御自身にてネクタイを選択され、店員にフランス語にて価格等をお尋ねの上、お買い上げになる」

注として挿入された文章によると、ムニエ作の「ル・パストゥール（羊飼い）」は高松宮宣仁親王へのお土産とし、スティカ作の「獅子の出立」は御手許に留められた後、奈良武次が侍従武官長を退任するさいに餞別として下賜されたという。

しかし、「自由時間」のうちで、最も楽しかったのは、六月二十一日にノートル＝ダム大聖堂を「一旅行者」として見学し、グラン・マガザン・デュ・ルーヴルで御土産を買いものをした後、メトロに乗車したことだろう。

「帰路は同百貨店前のパレ・ロワイヤル駅より地下鉄に御乗車、ジョルジュ・サンク駅にて下車され、それより自動車にて御泊所に御帰還になる。なお、ジョルジュ・サンク駅にて御降車の際、切符をお持ちのまま同駅の改札を通過される。御帰国後、御生涯を通じてこの切符を大切に保管される」

パリのメトロでは、今も昔も、入口での改札はあるが出口での改札はない。裕仁皇太子が切符を回収されずに持ち帰ることができたのはそのためである。最後のエピソードは、『恐怖の報酬』で、仏領ギアナに流れてきたイヴ・モンタンがメトロの切符を宝物のように大切にしている場面を思い出させる。

裕仁皇太子にとって、パリのメトロの切符は、「自由」という「あまりにも短かった我らが夏の輝き」（ボードレール）の貴重な思い出の品（スーヴニール）だったにちがいない。

解説

森まゆみ

　不思議な事に、『パリの日本人』の解説を書くように依頼のメールが来たのはまさに私が同じ著者の『パリ時間旅行』を持ってパリの町を歩いていたときだった。若くて感受性のある頃にパリを訪れた著者と違って、私のパリとの出会いは不幸だ。四十代になってはじめて、娘と甥を連れてローマに行くトランジットでパリに一泊した。すでに二十年も前のこと。

　たった一日、シャンゼリゼでムール貝を食べたり、エッフェル塔を見上げたり、バトームッシュに乗ったり、いわゆるお上りさん観光をしたが、ルーブルは混んでいて入れなかったし、英語で何を聞いても本書に言う「外国人だからといって容赦しない早口フランス語」が返って来た。それから数度、パリに行ったが、最初の「意地悪された感」がまだ尾を引いている。

　人生をふりかえると、パリには憧れていたのだ。小学校にはいって間もなく「少女フレンド」「マーガレット」が創刊され、グラビアにはよく、花の都パリや小粋なベレー帽を被ったお嬢さんの写真が出ていた。中学の頃はフランス革命にかぶれ、ツヴァイク『マリー・アントワネット』やミシュレの『フランス革命史』を熟読し、サン＝ジュストに夢中になった（今思えばバカ）。高校ではランボー、ヴェルレーヌ、イヨネスコ、カミュ、サルトル、デュラス、ビュートル、わけもわからないのに読んだ。実存主義やヌーボー・ロマンの全盛期で、赤毛のコーン・バンディがカルチェ・ラタンで暴れていた頃だ。片思いは強いのに、私は現実のパリに受け入れてもらったことがない。

明治以来の日本人もそうだったのかしら。フランスに初めて上陸した日本人は支倉常長《はせくらつねなが》だという。伊達政宗《だてまさむね》の慶長遣欧《けいちょうけんおう》使節で一六一五年に地中海沿いのサントロペに上陸した。一八〇八年に長崎出島《でじま》のオランダ商館長が日本人にフランス語を教えたという記録がある。それから半世紀、一八五八年、江戸で日仏修好通商条約が結ばれた。そのときの代表はグロ男爵で日本側は水野忠徳《みずのただのり》、通訳はカション神父が務めた。といっても当時まだキリスト教は禁教。カション神父はパリミッションことパリの外国宣教会神学校を出て、一八五五年に琉球《りゅうきゅう》国首里《しゅり》に到る。布教は出来なかったが一年半ほどの滞在中に日本語を習得した。水野はカションの流暢な日本語に驚いたといわれる。のちにフランス公使、ベルクールやロッシュの通訳も務め、一八六五年に横浜仏語伝習所の実質的な校長となった。

イギリスのハリー・パークス公使が薩長に軍事的肩入れしたのにたいし、幕府はフランス軍軍事顧問団におんぶにだっこで幕府陸軍の強化を目指した。仏語伝習所では全権公使のレオン・ロッシュが責任者を務め、地理、歴史、数学、幾何学、英語、馬術などを教えた。小栗忠順《おぐりただまさ》、栗本鋤雲《くりもとじょうん》、川路聖謨《かわじとしあきら》など親仏派幕臣の身内も学んだという。フランスに戻ったカションは一八六七年、将軍慶喜《よしのぶ》の弟、徳川昭武《あきたけ》のパリ万博視察使節団の通訳も務めることになる。

こうして幕末には日仏のたくさんの交流が生まれる一方、フランス海軍と岡山藩士の戦闘や、フランス水兵十一人が殺害された堺《さかい》事件（森鷗外《もりおうがい》と大岡昇平《おおおかしょうへい》に著作がある）などの不幸な事件もあったことを忘れたくない。

そうしてみると「官」軍の山陰道鎮撫《さんいんどうちんぶ》総督であった若き堂上貴族西園寺公望《さいおんじきんもち》（一八四九―一九四〇）の一八七〇年、政府の命によるフランス留学というのは相当早い。「フランスはヨーロッパ文明の中心で、法律制度もととのっている」というのが、志望の理由だ。彼は開成学校（東大の前身）でフランス語を学び、太平洋を従者も連れずに渡り、アメリカに立ち寄ってグラント将軍と会見し、大陸横断鉄道に乗ってニューヨークに出、イギリス経由で花の都パリに着くのである。

私はこの最後の元老と言われ、組閣の名手だった西園寺公がわりと好きだ。生涯正妻を持たず、側室を連れて政敵でもある桂太郎《かつらたろう》と痛飲したなどと言うエピソードには呆れるが、発言や行動は最後までリベラルであった。フランスに十年も留学していたのは知っていたが、本書を読むまで遊び好きのお殿様が贅沢で自由なパリ生活から帰りたくなかったのだと思っていた。

ところが、西園寺は私塾で三年かけて大学受験資格（バカロレア）を取り、パリ大学に正式に履修登録をし、四年学んで全課程を修了し学位試験こそ通らなかったが実にまじめに勉強したのだと知り、たまげた。自分だけが特権的に一四〇〇ドル給付されることを心苦しく思い、一〇〇〇ドルで苦学したというので、ますます好きになった。パリ・コミューンについても私世代はマルクスと大佛次郎《おさらぎじろう》と『レ・ミゼラブル』の印象が強く、西園寺が書き留めている連盟兵の暴虐とパリ市民の関係などは知らなかった。

一方で西園寺はクレマンソー、ガンベッタ、ゴンクール、ジュディット・ゴーチエなどの政治家や文化人と交わり世界を広げるとともに、それがのちのに大変重要な意味をなす。例えば第一次大戦後のパリ講和条約（一九一七）の全権公使は西園寺だった。鹿島さんは大変な資料を狩猟して、さりげない名筆で西園寺のポルトレを描き、それはどんな詳細な伝記よりも彼の本質をついているように思える。

西園寺の二年後の一九七二年に旧幕臣のジャーナリスト成島柳北《なるしまりゅうほく》（一八三七―一八八四）がパリに向かう。儒者の家に生まれ、将軍の侍講であった彼は、柳橋の郷土史家でもあり、先ほどのロッシュの軍事顧問団と接触して騎兵、砲兵、歩兵の伝習を実施する。明治維新で向島に逼塞《ひっそく》せざるをえなかった柳北の才能を見いだし、一年間の欧州漫遊のお供を仰せ付けたのが東本願寺新法主の現如上人で、柳北、欣喜雀躍したのは言うまでもない。

鹿島さんは柳北の見たパリは要塞と工場のパリではなく、劇場と美術館、娼館とダンスホールの「軟派のパリ」だったといっている。小銭収集、スペクタクル、オペラ座。その「花月新誌」の報告にパリへの憧れをかき立てたのが、永井荷風《ながいかふう》というのは面白い。

柳北の十三年後、一八八五年に外交官としてパリに赴いたのが原敬《はらたかし》（一八五六―一九二一）である。逆賊とされた奥羽越列藩同盟《おううえつれっぱんどうめい》の南部《なんぶ》藩の出身で、戊辰《ぼしん》六十年祭を盛岡でやったこと、平民宰相と呼ばれたが東京駅頭で右翼青年中岡艮一《なかおかこんいち》に暗殺されたこと、などは知っていたが、はっきりした人物イメージがない。フランス語は新潟カソリック教会でエヴラール神父に習った。それを活かして報知新聞の翻訳係になり、外務省に入り、パリに一等書記官として赴任するという三段跳びを果たすとは。著者は、パリに来る日本の皇族、顕官と人脈を作ったことが、平民宰相誕生につながったのではないか、という。そのアテンドの隙間に「エジプト混合裁判」の翻訳をしていたのは万国裁判所の必要性を訴えたかったとしても、原敬のパリは内向きのパリ。外交官はみんなこんなものかもしれない。

林忠正《はやしただまさ》（一八五三―一九〇六）という一八七八年に渡仏し、日本美術をパリに紹介し、日本人画家の世話をした美術商を私は知らなかった。彼が持ちかえったたくさんの西洋絵画を年の離れた妻がオークションで売っぱらったというのも面白い。ここは子孫の書いた詳細な伝記に気圧されて、やや著者の筆が遠慮がちなように感じられる。

東久邇宮稔彦王《ひがしくにのみやなるひこ》（一八八七―一九九〇）は、明治天皇の内親王を妻に迎えながら、一九一五年、パリに留学、まるで「ローマの休日」の王女みたいに自由に酔いしれた。西園寺とは違い、国費から多大な留学費用を出してもらいながら、現地に愛人を作って羽を伸ばし、糸の切れた凧になった。そのネアカなプリンスが書いた回想記はたいそう正直で愉快だ。クレマンソー、モネ、ペタン元帥などとも交際し、帰国後、日米戦争はすべきでないと訴え、西園寺以外には無視されたその彼が、終戦直後の総理大臣になるとは。さらに新宗教を起したり、安保の際に岸信介《きしのぶすけ》に退陣を迫るなんて、まさに事実は小説より奇なり。

京都の起業家となる稲畑勝太郎《いなばたかつたろう》（一八六二―一九四九）は一八七七年、京都府からの派遣で十五歳でフランス留学をした。リヨンで染色技術を学び、京都で稲畑商店を創業、学友リュミエール兄との交遊からシネマトグラフの輸入をしたり、ポール・クローデルらとともに関西日仏学館を建設したりと実に多彩な活動をした。この章のみならず傍役が実に魅力的だ。

松尾邦之助《まつおくにのすけ》（一八九九―一九七五）は辻潤《つじじゅん》やパリのアナキストを調べた時に、本を集めたことがある。文章が読みやすいし古びていない。一九二二年、渡仏、パリ大学高等社会学院を卒業。パリで娼婦だけでなく、学生の恋人を得た。そしてパリに留まり日本人向けの「パリ週報」を出したり、来る日本人の世話をしたりする。林芙美子《はやしふみこ》も辻潤も彼の世話になった。そういう結節点にいた。

一言もフランス語が出来ないまま、柔道を広めようといういかにもワセダらしい無謀な新潟人石黒敬七《いしぐろけいしち》（一八九七―一九七四）の世話をしたのも松尾である。一九二五年渡仏、アイディアは卓抜で気楽に何でも実行する石黒は、松尾を焚き付け「巴里週報」を出させる。そして巴里訪問の政治家や画家を娼館に案内してはその生態を飽きることなく書き続けたとか。

一九二二年に演劇の勉強が目的で巴里にやってきた作家の獅子文六《ししぶんろく》（一八九三―一九六九）の墓は谷中《やなか》墓地にあり、フランス人の妻マリー・ショウミーがいた事は知っていた。これは慶應出のお坊ちゃん、著者のいう「二代目山の手人」の留学だが、妻は日本に馴染めず帰ってしまう。わずかに残された『達磨町七番地』の虚構を著者は丹念に現地調査する。

最後の中平文子《なかひらふみこ》（一八八八―一九六六）は山本夏彦《やまもとなつひこ》が「あれは娼婦のタイプ」といっている。一九二〇年、パリに行きたいがために、武林無想庵《たけばやしむそうあん》に近づいて結婚、金の切れ目が縁の切れ目、別の男とモンテカルロでダンス興行を目論み、嫉妬した男に撃たれる。波瀾万丈の末、ちゃっかり寛容な富豪夫人に収まるというお得な人生だったが、その蔭で泣いた人は多い。

以上、すばらしい本文の索引程度であるが、どの人も面白い。でも一番面白いのは巻末番外編の諏訪秀三郎《すわしゅうざぶろう》かもしれない。一八七二年に陸軍省から留学した超エリートながら、立身出世の道をすて、かの地の女性と結婚した。まるで森鷗外『舞姫』の逆バージョンだ。女の虜になったのか、「パリの虜」になったのか、その外の事情があったのか、判然としない。しかしパリには「残留日本人」にさせる、なにか芳醇《ほうじゅん》にして退廃した悪魔のような力があるらしい。鹿島さんもまたそれに魅せられた一人なのかもしれない。

（もり・まゆみ　作家）

本書は『パリの日本人』（二〇〇九年十月　新潮選書）を文庫化したものです。

中公文庫

パリの日本人《にほんじん》

2015年12月20日　初版発行

著　者　鹿《か》島《しま》　茂《しげる》

発行者　大橋善光

発行所　中央公論新社
〒100-8152　東京都千代田区大手町1-7-1
電話　販売 03-5299-1730　編集 03-5299-1890
URL http://www.chuko.co.jp/

ＤＴＰ　ハンズ・ミケ
印　刷　三晃印刷
製　本　小泉製本

Published by CHUOKORON-SHINSHA, INC.
Printed in Japan　ISBN978-4-12-206206-1 C1195

中公文庫既刊より

各書目の下段の数字はISBNコードです。978-4-12が省略してあります。

か-56-1 パリ時間旅行 鹿島茂
オスマン改造以前、19世紀パリの原風景へと誘うエッセイ集。ボードレール、プルーストの時代のパリが鮮やかに甦る。図版多数収載。〈解説〉小川洋子
203459-4

か-56-2 明日は舞踏会 鹿島茂
19世紀パリ、乙女たちの憧れは華やかな舞踏会！ フロベール、バルザックなどの作品を題材に、当時の女性の夢と現実を活写する。〈解説〉岸本葉子
203618-5

か-56-3 パリ・世紀末パノラマ館 エッフェル塔からチョコレートまで 鹿島茂
19世紀末、先進、躍動、享楽、芸術、退廃が渦巻く幻想都市パリ。その風俗・事象の変遷を遍く紹介する魅惑の時間旅行。図版多数。〈解説〉竹宮惠子
203758-8

か-56-4 パリ五段活用 時間の迷宮都市を歩く 鹿島茂
マリ・アントワネット、バルザック、プルースト――パリには多くの記憶が眠る。食べる、歩くなど八つのテーマでパリを読み解く知的ガイド。〈解説〉にむらじゅんこ
204192-9

か-56-9 文学的パリガイド 鹿島茂
24の観光地と24人の文学者を結ぶことで、パリの文学的トポグラフィが浮かび上がる。新しいパリが見つかる、鹿島流パリの歩き方。〈解説〉雨宮塔子
205182-9

か-56-10 パリの秘密 鹿島茂
エッフェル塔、モンマルトルの丘から名もなき通りの片隅まで……時を経てなお、パリに満ちる秘密の香り。夢の名残を追って現代と過去を行き来する、瀟洒なエッセイ集。
205297-0

か-56-11 パリの異邦人 鹿島茂
訪れる人に新しい生命を与え、人生を変えてしまう街――パリ。リルケ、ヘミングウェイ、オーウェルら、触媒都市・パリに魅せられた異邦人たちの肖像。
205483-7